Le Corps bavard

Du même auteur

Dites-moi à quoi il joue, je vous dirai comment il va, Marabout, 2011.

Dans l'intime des mères, Marabout, 2010.

Moïse, Œdipe, Superman. De l'abandon à l'adoption (avec Catherine Sellenet et François Vallée), Fayard, 2003.

De l'une à l'autre. De la grossesse à l'abandon, Hommes et perspectives, 1997.

Sophie Marinopoulos

Le Corps bavard

MARABOUT

Tendre à une compréhension de la vie psychique
est une ouverture à la tolérance.
« La tolérance n'est pas une concession que je fais à l'autre
mais la reconnaissance du principe que la vérité m'échappe. »

Paul Ricœur

À Envan, Chloé, Blanche et Yannis.

Sommaire

La page d'avant 11
Pour introduire 15
Chapitre premier. Ce que le corps prononce 27
Chapitre II. Enveloppe-Moi 51
Chapitre III. L'empreinte du regard 85
Chapitre IV. Le corps des sens 131
Chapitre V. Le corps indic 179
Chapitre VI. Le corps du désir 209
Chapitre VII. Corps publics 237
Nul ne peut conclure 279
Bibliographie 283

La page d'avant

Dans la naissance du Sujet, on date le jour de son arrivée, son anniversaire, désormais fêté en tant qu'événement. Mais comment dater son commencement ? La naissance d'avant la naissance, sa protohistoire, disent certains, alors que les enfants demandent : « Et avant d'être une graine, j'étais quoi ? », signifiant au mieux la *page d'avant*, celle du désir qui n'est pas encore incarné mais qui appartient déjà à l'histoire.

L'enfance finie, les questions de la vie deviennent autres, parfois lancinantes, parfois parcimonieuses, prenant diverses tournures – « Qui suis-je ? », « D'où je viens ? », « Quelle est ma place ? », « Pourquoi cette vie plutôt qu'une autre ? », « Mes choix sont-ils les bons ? », « Aurais-je pu faire autrement ? », « Suis-je aimé ? »...

Sans fin et intemporelles, ces interrogations surgissent, introduisant le *doute* du bien-fondé de la vie même du Sujet, attaquant sa propre valeur, remplaçant la légèreté de son être en une lourdeur sourde. Les questions sont invisibles, sans mots, parfois même privées de pensées conscientes, comme si elles pouvaient se passer de celui qui s'énonce. Étrange est celui qui parle sans le savoir, qui doute sans en parler, laissant au désir les galons d'un savoir qu'il est le seul à posséder.

En devenant corps, le désir a amarré son histoire, créant l'enfant. Cette mission accomplie, son flux impétueux demeure, obligeant le Sujet qui l'abrite à le refouler. Canalisé en l'inconscient, il reste agissant en sa chair.

Et ce corps de chair grandit, évolue, enivré par sa sensorialité qui lui offre tant de moyens d'expression. Ainsi relié, le corps des sens, tel un magicien, transforme ce qu'il éprouve en images, en émotions, en pensées, dans une spectaculaire métamorphose qui le fait corps psychique.

Et s'il n'a pas encore la parole, il attend son heure en *parlant le corps* dans des rencontres qui guident son geste, devenant un corps symbolique, celui qui plus tard énoncera des *mots-chair* tels que « Je peux pas le sentir », « Les bras m'en tombent », « J'ai mal au cœur », « Je l'ai dans la peau ». Ces métaphores d'images vécues ont précédé la conscience et alimenté l'inconscient, fournissant un dictionnaire charnel auquel le corps ne cessera de se référer, avide d'écrire le récit de sa vie.

Vie que ce corps aux mots insatiables va rythmer, scandant notre croissance virtuelle sur le chemin de la pensée.

Corps bavard qui devient un veilleur de vie, un éveilleur d'histoire, un narrateur incontesté de la naissance du Sujet. Pris dans l'inconscient, il est présent, fidèle, indestructible, porteur de nos sevrages successifs qui nous permettent de *devenir*.

Se sevrer du corps utérin, se sevrer du corps-sein, se sevrer du corps-peau, du corps des sens qui l'éveillent. Se sevrer pour cesser de communiquer dans les maux du plaisir et pour advenir un être de langage, autonome, qui accède au plaisir du parler.

Nous allons introduire l'aventure avec l'enfant qui mange son goût, notre petit guide au parler incroyable que nous retiendrons juste pendant quelques pages pour réaliser à quel point le corps qui se souvient est capable de remonter le temps, jusqu'à palper son être pour se retrouver.

Il y aura cet autre enfant au visage paisible, qui nous plongera dans l'antre de sa bouche fermée qui ne peut parler et qui le crie en serrant les dents, laissant au corps psychique toute sa force du *dire*.

Nous verrons un enfant sur la plage, à califourchon sur le dos de sa mère et pinçant les rebords de sa peau comme on se pince pour s'assurer de la réalité des choses, dessinant des mots tactiles, à la rencontre de ses propres sevrages. Fier et nostalgique comme le sont les enfants qui grandissent, regrettant le passé, jouissant de l'instant, ignorant le futur.

De nos yeux lecteurs, nous assisterons l'enfant qui quête le regard le faisant naître, telle une potion, baume de mots annonciateurs de bienvenue. Puis nous explorerons les effets des regards, porteurs de la vie, de la reconnaissance, de l'amour. Des regards d'adultes qui jouent à s'aimer, à se faire mal, à se quitter sans craindre de se perdre, juste le temps de se manquer. Nous vibrerons avec eux, nous reconnaissant parfois, connaissant sans se l'avouer la langue des yeux et leurs expressions ambivalentes, en quête d'un regard narcissisant restaurateur.

Nous suivrons l'odeur des mots, celle qui abolit l'amnésie infantile et nous envahit tous d'images-souvenirs. Qui n'a pas reconnu une odeur et avec elle une scène de sa propre vie, rangée, oubliée dans le tiroir du passé ? Elle nous soutire des émotions précoces et envahissantes quand, sous son pouvoir, l'odeur nous oblige à nous relier à ce qui était amnésie. Pour cela, nous l'aimons dans une reconnaissance émue ou la détestons en raison de sa mémoire jamais défaillante. Mais nous en sommes habités, et ne pouvons l'éviter. Le corps bavard a l'odeur des mots de sa propre chair. Il en fait un guide, une arme, une carapace, un destin.

Et le corps continue ainsi à nous révéler ce que nous ne savons plus dire, devenant un *indic*, celui qui nous trahit en confiant à la chair une expression de son intimité alors dévoilée. Se sentant abusé au départ, le corps comprend très vite que la trahison n'en est pas une, puisqu'elle conduit à la rencontre de l'interprète de l'âme, celui qui ouvre la voix et les mots qu'elle déverse.

Il nous permettra également de lever le voile sur son désir, dans une impudique révélation qui laisse sans voix face à son pouvoir de donner la vie quand on ne le souhaite pas ou de la confisquer quand on l'espère, réveillant dans nos jugements hâtifs l'étrangeté de nos pairs et de nous-mêmes.

Avec ces témoins, notre vie défilera vite, très vite, car leur enfance est un bout de la nôtre, comme leur univers adulte, nous étourdissant quand ils nous conduiront au plus près de nos origines, dans une quête originaire où les faux-fuyants n'ont pas lieu d'être. Le corps bavard est franc, direct, sans encombre, parfois cruel tant il dénonce, pouvant aussi ouvrir vers le soulagement quand il emmène avec lui les mots salvateurs.

Livre qui finira par quitter le corps singulier pour explorer le corps social, puis le corps politique avec ses enjeux, ses débats, ses omissions que le corps bavard décèle tel un incorrigible communicant. Pourquoi ne l'écoutons-nous pas plus souvent ?

Pour lire le corps bavard, nous convoquons votre curiosité afin de soutenir nos héros réels, ceux qui ont traversé *pour de vrai* ces aventures de la vie.

Lire à cœur ouvert pour comprendre, seulement comprendre, en lâchant prise, pour dévorer les mots du corps bavard, dans un mouvement régressif d'oralité sublimée, indispensable à tout lecteur.

Pour introduire

Le goût des mots

« Mais qu'est-ce que tu fais, Victor ? On joue à faire semblant ! » s'exclame le thérapeute en voyant son petit patient engloutir une cuillerée pleine de sable.

L'enfant fixe celui qui vient de parler. Ses yeux tout ronds sont immobiles comme s'il devenait en un instant un personnage du musée Grévin. Pas un son ne sort de sa bouche, mais son regard possède une intensité communicative intrigante.

« Tu en as plein la bouche. On était en train de jouer à se faire à manger et toi tu te mets à prendre le sable pour de vrai dans ta bouche. Tu goûtes ? »

L'enfant, sans perdre de vue l'adulte et semblant mettre tout son corps au ralenti, monte lentement à nouveau une cuillère de sable à la bouche. La *bouche-mécanique* s'ouvre et se referme. Son visage impassible est dénué de toute provocation pendant qu'il rumine, mâchant le sable, mélangé aux excrétions de son nez qui ne cessent de s'écouler. Les lèvres bougent avec application dans un mouvement de consciencieuses mixtions.

« Ça a l'air très sérieux ce que tu es en train de faire ; tu fais du bruit avec tes dents et tu y penses en même temps avec tout ton corps… »

L'enfant avale difficilement le contenu de sa bouche, reprend sa respiration lourdement, continuant à mâcher les grains rugueux.

Le silence occupe la conversation suspendue.

Il s'éloigne du bac à sable, laissant là cuillère et assiette, pour marcher dans le bureau, le remplissant des bruits de ses pas qu'il fixe avidement, semblant toucher leur son avec ses pupilles.

Quel étrange sentiment de complétude naissant du bruit des pieds associé au son des grains sous ses dents ! Bruits de sa vie du moment, qui le contient et le verticalise. Comme si ces mouvements et ces mixtions, cumulés avec les bruits provoqués, devenaient un espace utérin qui activait un éprouvé de soi. Cette sensation était si présente qu'elle se laissait voir en un tracé virtuel qui émanait du bien-être de l'enfant. Il n'avait besoin d'aucun être parlant dans ce jeu de la vie à rebours, et aucun mot ne pouvait alors décrire les courbes de sa pensée naissante. Il lui fallait seulement la présence de la vie, incarnée par le corps du thérapeute, qui ponctuait ses mouvements de mots interprétants. Et là, hors des regards, il saisissait des expériences subjectives, s'appuyant sur son corps qui éprouve, qui ressent et sent en même temps.

Oserions-nous dire qu'il retournait psychiquement là d'où il venait, dans son âge utérin, pour extraire comme un *bout de lui-même* qui aujourd'hui lui échappait ? Époque où il tenait debout allongé grâce à cette colonne vertébrale des sens qui lui permettait de se ressentir de la tête aux pieds. Époque où *il se sentait en vie*, se préparant à se *savoir vivant* quand il serait *grand*, doté d'une conscience.

« Ze manze mon goût », laisse tomber l'enfant entre deux enjambées, tout en gardant sur la langue le sable ingéré qui va l'habiter tout au long de sa séance, signe de sa propre continuité.

Et, en le mangeant, il mange le rythme de sa propre mixtion, éprouve ce que cela lui fait, ce que cela me procure, m'entraînant dans cette histoire, créant ainsi une ouverture sur des échanges sensoriels et émotionnels. Dans ces aires intersubjectives d'expériences, Victor fait naître un partage à l'origine de sa vie de communicant. Il me parle son corps, je l'écoute.

Il mange son goût et je le bois des yeux, dans un être-ensemble où deux corps bavards sont amenés à disserter sur le sujet du désir. Étrange dialogue que celui qui se passe de mots pour aller si loin dans le partage et qui en même temps inaugure les mots.

Tableau d'un corps bavard qui ne peut éviter ce qu'il est en train de vivre, souffrant d'un mal qui ne peut pas encore s'énoncer, ignorant lui-même de quoi il retourne. Il souffre psychiquement et il est touché dans sa construction intime, méconnue, refoulée mais jamais oubliée.

Dans cette quête qui conduit Victor à retourner *en la mère*, il cherche cette part de lui-même qui s'est imprégnée de la chair, là où les mots sont venus se creuser dans la matière brute du corps. C'est du sérieux. Et, dans son aventure singulière, notre explorateur en herbe permet à sa propre subjectivation de se déployer. Sentir, ressentir, pour communiquer, pour toucher sa vie à tâtons, dans ses propres entrailles.

Il redevient une bouche qui déglutit, ramenant au présent son être fœtal avalant son liquide amniotique pour aller jusqu'à palper sa propre chair. « Pince-moi, je crois rêver », disons-nous plus communément quand, surpris par un événement, nous tenons à nous assurer de notre existence réelle. Ou bien encore nous « touchons du bois » pour convoquer la chance ou éloigner la peur. Toujours et encore, le *corps tactile* est appelé à la rescousse, comme s'il possédait des pouvoirs surnaturels. Le contact nous permet une rencontre charnelle plus réelle que la réalité. En sommes-nous seulement conscients ?

Il en est de même pour Victor, trop jeune pour ces expressions complexes. Lui rumine, poussant son corps à ressentir l'organe. C'est sa façon à lui de *se pincer*. Il a besoin de retrouver dans son *corps-chair* le trajet qui lui a permis de naître corps psychique dans un corps charnel.

Sa *pensée sensorielle* réanimée, érotisée, l'accompagne dans cette séance où, devenu un enquêteur des sens, dans la quête de son Moi ébauché et perdu, il a un cruel besoin de se souvenir.

Et ce qu'il ressent au plus fort de sa chair, c'est le désir qui aujourd'hui lui échappe et l'affole. Le désir dont il est issu, le désir qu'il a saisi pour en faire de la vie, sa vie, comme on attrape un relais, solidement, conscient qu'il est *un* parmi d'autres et que ces autres-là attendent de lui quelque chose. Il ne doit pas défaillir pour rester dans la course. Il est l'enfant de ses parents, un maillon dans la lignée familiale. Leurs regards conjugués sont en attente des signes de son appartenance. Aussi, il en appelle à ses tripes, son sexe, sa chair, son âme, son cœur, son corps. Il en appelle à tous pour redevenir ce corps incarné et chéri qui comble sans compter, recevant de l'amour et en distribuant, conscient qu'il faut se séparer, vivre pour soi tout en restant lié, relié, pour l'instant, pour toujours. A-t-il fauté ? S'est-il trompé ? Les a-t-il trompés, eux, ceux qui ont fait naître le désir et avec lui sa chair, devenue *lui* ?

Il est sans réponse, Victor, aussi il *travaille*[1] consciencieusement pour échapper à la rupture avec ses proches, et il espère bien capter une image entière de lui-même, petit Narcisse comblant sa mère, répondant à ses attentes et construisant sa place parmi les siens. Encore fœtus, bébé attendu, il était ce Sujet de tous les rêves, de tous les plaisirs. Il participait à sa préhistoire, faisant naître chez ses futurs parents des mots, des pensées l'envisageant.

1. Retrouver son être archaïque dans une séance de psychothérapie est un travail sur soi. L'enfant joue avec son thérapeute, médiation ludique dans laquelle il joue sa vie.

Pour cela, il se manifestait, donnait des signes de sa vie, répondait à leurs attentes en montrant son meilleur profil aux échographies.

Dans cette vie intra-utérine, il mangeait ses sens, se nourrissait de perceptions sonores, gustatives, olfactives, visuelles, tactiles. Il les avalait et s'endormait, épuisé. Dans son repaire protégé, il goûtait sa mère, son monde, son devenir ; il touchait les parois utérines et les palpait ; il sentait et ressentait en même temps ; il entendait sa mère vibrer et la voyait en noir, concentrant ses déplacements en pirouettes répétitives, entrecoupées d'immobilisations reposantes. Le fœtus qu'il était vivait et attendait son heure. À l'époque, il était un acteur utérin parfait et cette image de lui annonçait une naissance parentale heureuse.

Ses parents étaient d'ailleurs prêts à l'adopter, ce bébé imaginaire qu'ils avaient fabriqué. Ils l'investissaient tel un objet d'amour à venir, sûrs que cet enfant les comblerait. Il devenait *un vrai bébé* séduisant sa mère jusqu'à plus soif, et en retour il recevait un liquide amniotique composé de substances nourrissantes assorties de pensées imaginaires et fantasmatiques. Les deux cumulés avaient goût d'élixir. Goût sans pareil. Il en était abreuvé, enivré. Se nourrir de l'autre appartient à toute rencontre affective, amoureuse. Alors il faut s'y atteler pour ne pas rompre ce sentiment à peine éprouvé.

Était-il heureux ? Peut-être pas si l'on s'en tient à l'impossible sentiment dans la vie fœtale, mais il nageait dans une atmosphère liquide où son corps léger jouait avec ce qu'il recevait : un son, une vibration, un frottement, un mouvement, une onde, une odeur étaient un monde de jouets qui l'exaltait. Et c'est cette légèreté que l'enfant recherche, devenant un simple *corps-bouche* qui avale, ignorant le monde des mots. Il veut re-sentir ce qu'il éprouvait avant : la sensation d'être contenu dans une pensée au goût d'amour. Mais un amour franc, vrai, qui aime la personne telle qu'elle est et pas telle qu'elle le souhaite.

Là est la légèreté, là est le bon goût de la vie, notre quête collective du *bien-être*, sorte de Graal psychique. C'est un ressenti fondamental que de se sentir exister, que d'être bien avec soi-même, seul ou accompagné. Que de vivre ce que nous avons envie de vivre, pour nous-mêmes et non pas au regard de ce que l'on attend de nous. Faire des choix personnels qui ne soient pas dictés par un extérieur. L'autonomie psychique est au prix de cette assurance.

Mais il existe des êtres qui se perdent quand ils sont seuls, se vivant abandonnés. Ils deviennent un *corps-symptôme* qui ne cesse de se plaindre, évoquant la *moitié disparue* qui fait d'eux un être amputé. Laisser un bout de soi en l'autre comporte en effet un risque de déchirure et de malaise terrifiant. C'est une grave erreur et le corps le sait si bien qu'il s'agrippe à celui qui veut s'éloigner. La sécurité interne est un juste équilibre entre présence et absence. L'autre parti, il faut pouvoir le garder en soi pour ne pas vivre le sentiment d'une perte. Si l'exercice est réussi, l'absent manquera mais ne sera pas perdu.

C'est un processus guidé par les images successives de sa construction personnelle, ce qui revient à posséder dans son *imagier-chair* l'image de celui qui s'est absenté. Ainsi, sans lui, l'être reste cependant *avec* lui et garde une continuité de son Moi.

Aujourd'hui, Victor se sent privé de cette sécurité interne, qui lui échappe depuis quelques jours, quelques semaines, quelques mois. Victor ne sait pas. Victor ne compte pas car il ne sait pas compter, alors il rebrousse chemin, prend appui sur son corps, comme ferait un enfant comptant sur ses doigts quand il possède si mal le calcul mental. Instinctivement, il sent qu'il peut à nouveau compter sur son corps, qui va le conduire à l'exact moment où il s'est perdu, période où il est devenu un enfant exaspérant par ses symptômes : immature, mangeant mal, refusant de devenir propre, d'être bien intégré à l'école.

C'est à partir de là que les parents ont été déçus, le couvrant de regards ombrageux en l'accusant d'assombrir l'image familiale. Par effet miroir, les images des uns et des autres sont devenues des reflets brisés. D'un côté des parents désarçonnés, de l'autre un enfant étrange, dérangeant, exaspérant.

« Qu'est-ce que tu as ? » lui demandent tour à tour sa mère et son père, excédés de le voir refuser d'être grand.

Et l'enfant fait ses yeux ronds, comme si les mots n'avaient plus de sens. Son être souffre cet *arrêt sur image* de lui-même et son corps le signifie. Il a perdu momentanément, imaginairement, des bouts de sa vie. Il est un Sujet symbolique privé de mémoire psychique. Il est coupé des mots au point que, quand il se met de nouveau à parler, il crée une parole hybride, moitié mots, moitié corps, « Ze manze mon goût », qui raconte son histoire, piochant çà et là dans des temps de croissance de son corps des récits de lui.

Bonne pioche ? Mauvaise pioche ? Ni l'une ni l'autre, seulement des tentatives pour mélanger à nouveau le jeu de sa vie en vue d'une meilleure distribution de soi. Quelle pensée folle… Cela n'a pas de sens, dirait un être raisonnable. Mais Victor ne peut pas se permettre de l'être.

Dans sa recherche intime, Victor contacte son Moi, constitué comme un mille-feuille. Cela ne lui est pas réservé : nous sommes tous ainsi, *Moi-mille-feuille* qui additionne les expériences libidinales en posant couche après couche de fins feuillets de soi. C'est notre lot commun de les revisiter et, comme un géologue, de voir le temps passé qui divulgue l'histoire. Seulement, les strates de notre croissance ne sont pas alignées comme celles de la terre. Moins ordrée, chaque épaisseur du futur Moi est bien là en le corps, mais dans une désorganisation qui ne rend pas la tâche facile à Victor.

Il arrive souvent d'ailleurs que le Sujet se serve de son corps pour se replier dans un stade libidinal passé. Il le fait quand il souffre, quand il se sent dépassé par lui-même, quand une angoisse l'envahit, quand il ne sait plus où il en est, devenant alors un corps impudique qui met à nu le Sujet vêtu.

Telle cette silhouette aperçue assise dans le noir, au cinéma, les yeux apeurés rivés sur l'écran, corps enroulé en position fœtale, pouce dans la bouche qu'elle suce avidement. Le retour à la lumière à la fin du film laissera apparaître une femme d'une trentaine d'années à la démarche affirmée au bras de son compagnon, le regard hautain. L'enfant en la femme s'expose dans l'obscurité, et la femme ayant quitté l'enfance s'affiche à la lumière. Deux personnages en un que le corps signifie. Deux personnages aux libidos contrastées mais à la source commune.

Victor n'est pas au bout de ses peines, mais il ne renoncera plus. Ce qu'il réalise ne s'interrompt pas. Nombreux sont ceux qui, à l'image de Victor, tentent de donner du sens à ce qu'ils traversent. Personne ne peut vivre pleinement en se sentant en rupture avec les événements de sa propre vie. Un récit ne peut être discontinu, au risque de se transformer en non-sens. Alors, quand ce sentiment de perte est là, envahissant, le corps, tel un fidèle gardien de l'âme, se manifeste, devient bavard.

Idées fausses et mises en garde

Écouter le corps bavard ne revient pas à faire une lecture de surface de la gestuelle apparente ou des comportements caricaturaux de ceux qui nous entourent. La profondeur de notre esprit ne peut pas se contenter de la superficialité de l'analyse.

Reconnaissons que nous apprécions, dans des moments de douce rêverie, de feuilleter des ouvrages dits « psychologiques ».

Les comportements exposés, les manies décryptées, les tenues vestimentaires visitées, la morphologie détaillée et toutes autres approches définissant une expression de l'homme passionnent de plus en plus.

Pour le lecteur solitaire du moment, c'est l'occasion d'appréhender une compréhension différente de ses pairs, mais aussi de lui-même. Il parcourt ainsi les pages remplies de descriptions d'inconnus qui très vite font surgir des images familières. Il en reconnaît certains, quand ce n'est pas lui-même, dans les portraits proposés et s'amuse de ce nouveau regard qu'il pose sur ses proches. Dans sa lecture insolite, il est livré à un doux jeu de voyeurisme discret et bon enfant.

À l'insu de tous, en reprenant plus tard le chemin de son travail, le lecteur anonyme se sent doté d'une approche troublante grâce à ces savoirs nouveaux sur le langage gestuel, le vêtement qui révèle, la morphologie qui évoque. Il se surprend à lire en ce corps qu'il croit ainsi bavard. Il se pense en l'autre, traversant son intimité, le dévoilant.

Son regard devient celui d'un enquêteur, en quête de l'histoire racontée par le silence de celui qui se tait. Ses yeux se mettent à faire parler celui qui ne dit rien et il se découvre pensant sur les silences qui en disent plus long que bien des discours. Bien sûr, ses interprétations peuvent prendre des allures de dérives, faisant naître des portraits surprenants, influant parfois sur les relations construites, mais qu'importe, la curiosité animée y trouve tout son compte. Et il n'est pas le seul à pratiquer ainsi le décryptage du corps. De nombreux lecteurs anonymes se relaient et dévorent sans gêne des lignes impudiques qui prétendent révéler ce que l'autre dit à son insu. Le corps ainsi décrypté devient un indic, un traître. Celui par lequel tout peut arriver. Mais n'est-ce pas le propre du corps d'être celui par lequel *ça* arrive ?

Il y a aussi ces expériences qui mêlent le corps et l'esprit. Et que bon nombre d'entre nous pratiquent. Ceux-là essayent des méthodes de relaxation venues d'ailleurs, participent à des groupes d'expression corporelle, se font masser, respirent des eaux chaudes, se font envelopper dans des boues – en un mot, sont à l'écoute de leur corps, attendant de lui qu'il les révèle. Ces approches très régressives d'eux-mêmes au travers d'un corps soigné, à l'image des nourrissons, les apaisent.

Le groupe écoutant leur fait l'effet d'une mère bienveillante qui les porte ; les soins de peau réveillent leurs sens endormis ; les eaux attisent des réminiscences d'émotions oubliées ; la boue chauffe leur corps telle une seconde peau renforçant l'existante.

Tous ces temps dans la vie rapide des hommes modernes les restaurent et leur permettent de douces régressions qui prennent des allures d'automaternage.

En soi, ces moments de détente, indispensables pour la santé psychique, sont à encourager. Ils favorisent une union entre le corps et ses éprouvés, redonnant un rythme d'écoute de soi propice au calme psychique. Ils permettent le bien-être et le repos de l'âme, mais ils ne la soignent pas quand celle-ci est altérée.

Aussi, nous devons prévenir le lecteur : si l'homme pense être à l'écoute de lui-même ou des autres dans ces activités dites ludiques, il se trompe. Il en devient d'ailleurs un imposteur pour lui-même et pour autrui. Il se vit voleur des pensées les plus secrètes, or il est un simple malfaiteur à la satisfaction facile. En se contentant d'interpréter de petits signes sur soi et sur tout autre, il butine des poussières de mots de corps prétendument signifiantes. Ce qu'il ignore, c'est qu'il est passé à côté de son butin. Celui-ci n'est pas *sur* le corps mais *en* le corps.

Nos pensées intimes, privées, celles qui nous caractérisent, sont contenues dans une enveloppe, derrière la membrane peau. C'est une sorte de coffre-fort dans une chambre forte. Aussi, pour y pénétrer, il ne suffit pas de savoir faire sauter une serrure avec un tournevis comme un simple malfrat. Il faut connaître les mécanismes complexes de ces pièces blindées remplies de lingots d'or.

Comprendre superficiellement ne suffit pas, car la parole de l'intime se calligraphie avant de se dire et possède une syntaxe digne des langues les plus nobles.

Chapitre premier

Ce que le corps prononce

Naître communicant

Tout commence à la naissance, quand le bébé humain a des activités simples et répétitives : il dort, mange, ouvre les yeux, pleure. De celles-ci naît une production complexe.

Il ne peut pas s'en étonner ni même s'en réjouir, puisqu'il ne peut pas penser. Pas encore. Son corps, pris dans des éprouvés multiples, tente de mettre de l'ordre dans tout ce qu'il ressent grâce à ses cinq tentacules sensoriels, appelés communément les cinq sens, tous à l'écoute des bons soins reçus.

Nous sommes là dans l'antichambre du langage, dans sa terre originelle, celle qui est chargée de fabriquer le bon terreau à l'origine des mots. Car, avant de parler, l'enfant qui ressent se tait, mais il ne dit pas rien pour autant puisqu'il prépare la fonction communicative du langage dans sa chair.

Dans tout ce que le corps éprouve, et que nous pourrions nous risquer à appeler le monde de l'*éprouvable*, le ressenti règne en maître, chatouillant le corps pour l'amener à réagir et donc à interagir. Sensibles, les sens à fleur de peau du corps éveillé vont permettre à celui-ci de passer une étape qui, dans sa vie de petit homme en devenir, est fondamentale.

Réveillé, désirant, le corps commence à voir apparaître à partir de ses ressentis des images, sortes de contours flous d'un monde qui se représente. Celui-ci prend les commandes du corps éprouvé en vue de créer à partir de ce qu'il ressent des *personnages-images* qui vont le conduire à des éprouvés nouveaux, plus sophistiqués, appelés émotions. Et voilà ce corps qui va se mettre à aimer, ou au contraire à ne pas aimer, ce qui le traverse, fabriquant alors des palettes de plus en plus riches d'un monde devenu émotionnel et pensable.

En résumé et en vitesse accélérée, cela revient à dire qu'un corps éprouve, ressent, sent, imagine, fantasme et pense. En sens inverse, il pense grâce aux fantasmes qui imaginent ce qui l'émeut et l'éprouve.

La pensée est alors comme une bulle surgie du néant, aux traits vaporeux, un corps parlant à partir duquel les simples mouvements de la vie feront naître, plus tard, le langage.

L'être parlant, à l'aube de sa naissance, se limite dans un premier temps à tendre la bouche vers quelque chose qu'il ne connaît pas, dont il ignore l'existence, mais que tout son corps lui recommande à travers son bataillon de réflexes. Par ce mouvement de bouche tirée, il signifie sa faim, il dit son désir. Ensuite, dès la première expérience de tétée faite, il n'aura de cesse de la refaire, encore et encore, se nourrissant jusqu'à ce que son corps ressente la satiété et lui communique son apaisement. Repu d'une nourriture avant tout imaginative, il se sent riche d'une expérience nouvelle composée justement de cette image surgie de son corps apaisé. Et la rythmicité des expériences trouve là tout son sens. Sans elle, pas de fabrication d'images, pas de corps pensant, pas de mots à venir.

À noter que, dans ces premières expériences où son corps devient bavard pour lui-même, le bébé va aussi absorber avec tout son être un autre que lui-même. Il lui faudra un peu de temps pour réaliser que son corps est séparé de celui qui le nourrit et s'en occupe. Mais, en en prenant conscience, il va être avide de renouveler cette rencontre, voulant se confronter à cette nouveauté humanisante : être deux. Être deux pour se parler, se rencontrer, en se regardant, en se touchant, en s'imaginant, en se laissant traverser par les images de celui qui vous pense. Dialogue de silences où les phrases se composent de signes grâce à un corps bavard qui communique et partage.

La pensée se présente donc au départ comme un imagier, et rien, ni la modernité, ni les avancées scientifiques et technologiques, n'a changé la naissance des êtres parlants. « La parole donne au corps sa dimension imaginaire et, à l'aide du geste, l'érotise[1]. »

Ce corps pensant, tel un terrain fertile, prépare l'éclosion de la « substance psychique », celle qui transformera l'organe charnel en un Sujet humain. Corps de chair et corps de tête vont se lancer dans l'aventure de la vie, à l'instar de ces couples célèbres – Laurel et Hardy, Astérix et Obélix –, inséparables amis qui acceptent bon an mal an pour l'un d'être chair, pour l'autre d'être pensée. Les corps contrastés – maigre et gros – notent bien comment la pensée est précédée dans l'acception collective par une représentation dont la puissance n'est pas corporelle mais psychique. Bien sûr, ces deux-là ne peuvent rien l'un sans l'autre, rappelant que la force est dans la rencontre, puisqu'ils se construisent en miroir et se complètent.

Si le corps est bavard et non langage, c'est justement parce qu'il commence sans mots, sans sons, et distingue le nouveau-né de tous les êtres vivants. Son aptitude à signifier repose sur la rencontre d'un mouvement de corps accueilli par une pensée qui le décrypte.

Le bébé est capable de communiquer en images et de décoder ces dernières. À un jour, il *parle* déjà, et il ne fera jamais mieux

1. Francis Hofstein, *L'Amour du corps*, Odile Jacob, 2005.

jusqu'à 99 ans. Par cet acte de pensée communicante, il est humain, et humain il restera.

À notre naissance, à J + 0, soit à l'aube de notre carrière de communicants, nous ne pouvions imaginer cette réalité. Seule notre bouche tendue, ouverte ou obstruée dans un rythme continu, composait notre monde. Dans ce petit rien, il y avait tout ce qui construit notre monde de parlants : soi, l'autre, et un désir mutuel de rencontre.

Il nous arrive, quand nous sommes confrontés à une situation où un adulte ne parle plus, de puiser dans ce savoir oublié. Nous nous penchons alors sur le corps d'un aimé dans le coma, lui parlons, lui racontons notre journée et apprenons à ressentir ce que son corps vivant sans vitalité apparente tente de nous dire. Les infirmières qui connaissent bien cet homme ou cette femme peuvent transmettre à la famille son état d'esprit du jour, commentant sa journée comme s'il (elle) l'avait vécue réellement. Toujours en éveil face au corps endormi, elles se font interprètes des sens éveillés de celui qu'elles soignent et traduisent aux visiteurs ce que le corps immobile leur dit, rendant bavard le silence de leur patient, dialoguant sans bruit.

Ainsi, par notre arrivée au monde, nous sommes tous des grands spécialistes du langage du corps. Les enfants que nous avons été et ceux qui sont enfants aujourd'hui sont des maîtres en la matière.

Se taire pour mieux se parler appartient avant tout à l'enfance, cet espace-temps sans cesse recherché, devenu un passé, mais qui nous agite parfois. C'est seulement quand nous puisons dans notre enfance évanouie que nous retrouvons cette communication exceptionnelle. Notre vie émotionnelle, affective, est à l'origine de ces retrouvailles car le sentiment éprouvé guide de nouveau notre corps parlant.

Les très jeunes enfants ne parlent pas et donc *ne parlent pas pour ne rien dire*. Leur langage est direct et sans encombre. Ils sont capables de transmettre une information, des émotions, des affects, des agirs à venir. Par une attitude, un regard, un geste, ils construisent une vraie conversation fluide, précise et sans quiproquo.

Cette langue du silence m'a attirée tel un puissant aimant. Mes yeux, mon corps ont demandé aux enfants rencontrés : « Apprenez-moi votre langue, dites-moi le silence pour que je puisse vous parler. »

Et ces enfants, tels des guides rigoureux, m'ont soumise à l'épreuve du temps, m'obligeant à attendre et à attendre encore, mettant en suspens le temps de la vie.

À l'heure du *tout doit aller vite*, ils m'ont posée dans un rythme scandé par le souffle des silences de leurs mots non prononcés. Ils m'ont éprouvée, touchée par ces regards indescriptibles aux phrases complexes, par leurs mains aux gestes étranges et dansants, par leurs caresses aux mots meurtriers.

J'ai plongé dans l'abîme de ce monde souterrain, corps bavards qui mettent en lumière nos mots, ceux à l'origine du langage que le corps signifie si bien et qu'il me reste à transmettre, accompagnée des enfants que j'ai rencontrés.

Quand tout était langage

La transmission a toujours été au cœur des préoccupations des psychanalystes. Mais, outre mettre des mots là où justement les mots butent, j'ai pour ma part le souhait de partager, par la médiation du corps bavard, ce qu'est la naissance d'un être psychique, ce que nous sommes tous.

Nous naissons êtres de chair, mais devenons des humains grâce à ce corps qui devient habité. Pensées, fantasmes, représentations, projections en tout genre lui donnent vie, la vie d'un petit homme qui va grandir dans ces images projetées, s'en saisissant, jouant avec elles, les transformant, tentant parfois de leur échapper ou au contraire de se calquer sur elles. L'enfant va lire dans un visage le mot de *mère*, dans un autre celui de *père*, peut-être ceux de *frères*, de *sœurs*, *de grands-parents*, d'*amis*. À leur contact il va animer sa curiosité, ordrer ces personnages, leur donner une place dans son affectivité, les rendre importants ou secondaires. Il va éprouver une gamme d'affects infinie. Il va les aimer, les fuir, les imiter, les détester. Il va être un acteur de sa vie, écrivant au fur et à mesure les chapitres de son histoire.

Il va se découvrir marchant, comprenant, entendant, relevant le subtil monde des mots. Il va s'y jeter, se mettre à parler, pour faire plaisir, pour avoir du plaisir, parce qu'à chaque son prononcé tout le monde le regarde en applaudissant ou en riant. Ainsi, si jeune, il sait donner du plaisir. Ce sentiment n'a pas de prix et, maintenant qu'il le tient, il a bien l'intention de le garder. Donner du plaisir, c'est la garantie de l'élixir du bien-être.

Mais le temps passe et les applaudissements se font moins nombreux, les regards plus furtifs, les mots absents. L'enfant découvre que son récit est un roman dans lequel il n'est pas le héros mais un personnage parmi d'autres. Que le plaisir qu'il transmet n'est pas unique, pas permanent, et même qu'il peut provoquer du déplaisir. La peur vient avec cette découverte, suivie de l'angoisse de perdre les aimés, ceux qui avaient pris une place majeure dans sa fable de la vie. S'inscrit alors le doute sur ce qu'il vit, sur les siens, sur lui-même. Le doute est comme une maladie bénigne : mal soignée, elle peut devenir terrible, redoutablement dangereuse, capable de gangrener le corps psychique, qui se met à s'infecter sur un mode inodore.

Enfants et adultes connaissent parfois la *maladie du doute* et ses terribles malaises : douter de soi, de ses qualités, de l'amour reçu, de l'intérêt qu'on nous porte, de son intelligence.

Et le corps en est le messager. Il sait dire ce qui ne se prononce pas. Le doute, il le côtoie si souvent qu'il en est devenu le spécialiste. Il le pousse à s'exprimer pour qu'il ne reste pas tapi dans l'ombre du corps de celui qui en est victime.

Victor, l'enfant brisé dans sa construction symbolique, connaît le doute. Celui-ci fait de lui un infatigable chercheur de son âme. Il sait que dans sa chair qui vibre se trouve l'antidote qui tuera le doute. Il ne renonce pas à sa recherche et s'applique à se comprendre.

Il existe des millions de Victor, enfants ou adultes aux prises avec leur histoire interrompue, malmenés dans leur être. Nous tenons à aller à leur rencontre au rythme de leur corps pensant et bavard.

C'est en particulier après une séance fatigante, face à un enfant mutique subissant une avalanche de paroles parentales, que ma décision d'écrire a été définitivement prise. Ce que j'avais reçu d'enseignements du corps bavard ne pouvait rester plus longtemps sous silence. Et l'épreuve des mots écrits ou prononcés appartenait désormais à mon propre désir. Celui-ci, projeté dans l'ouvrage, allait naviguer dans le monde de la psyché dévoilée.

L'enfant sans mots pourrait nous faire penser, dans un premier réflexe logique, qu'il ne peut pas parler puisque ses parents ne lui en laissent pas la place. Mais cette observation de surface en appelle à notre jugement, et elle devient une prise de position qui accuse sous la forme : « Les parents parlent trop », les rendant responsables du mutisme de l'enfant. Or les choses ne sont pas si simples, et il ne s'agit pas de juger mais de signifier, c'est-à-dire de se positionner dans une écoute interprétative, indispensable au soin à venir de l'enfant.

Nous sommes là au cœur même de la confusion régnante qui pointe un prétendu savoir de la psyché. Les parents qui me consultaient étaient les premières victimes de cette confusion. Férus de psychologie, ayant lu les écrits de Françoise Dolto – au point qu'ils étaient atteints de ce que j'appellerais une *doltomania* aiguë –, ils ne pouvaient s'arrêter de parler.

La doltomania touche généralement des personnes non psychanalystes, se référant au travail de Dolto et véhiculant l'idée que la parole est libératrice. Cette pensée a pris racine dans une simple petite phrase, au départ sans prétention : *Tout est langage*, devenue le titre le plus célèbre des ouvrages psy. À partir de là, une génération entière s'est enflammée autour d'un concept : parler à l'enfant, *tout* lui dire. Cette interprétation est venue jeter un discrédit sur l'énorme travail de recherche de Dolto à propos des capacités de relation langagière du petit homme à peine né.

À travers tous ses travaux, Françoise Dolto a soutenu et démontré comment le bébé, parce qu'il est un être de désir, peut dès sa naissance communiquer. Elle nous a permis de comprendre qu'à aucune étape de son développement il ne renonce à son « désir inextinguible[1] » d'entrer en relation avec le monde qui l'entoure. De ses expériences il tire un enseignement, transformant ce corps de chair en corps-mémoire qui entretient sans cesse des échanges dont la quantité et la qualité sont garantes de sa continuité d'être et de sa naissance d'être parlant. Tout au long de sa vie, l'homme viendra se ressourcer dans ce qui est à l'origine d'un sentiment de soi.

1. Françoise Dolto, *Tout est langage*, Vertiges-Carrère, 1987.

À chaque étape décisive, à chaque moment difficile, chacun d'entre nous viendra là, au cœur de sa propre histoire, chercher les réponses et la sérénité nécessaires pour affronter les défis de la vie.

Mais ce savoir que Françoise Dolto a tenté de nous transmettre a été détourné en chemin, créant une confusion qui a encore la vie dure.

Cette confusion se situe après 1968, une époque où la jeunesse a besoin de slogans ravageurs et libérateurs. Pendant que les jeunes de 20 ans découvrent la liberté sexuelle et les nouveaux rapports garçons-filles, leurs aînés, les trentenaires, déjà parents, expérimentent de nouveaux rapports avec leurs descendants. Débarrassés des carcans sociaux, ils libèrent leur parole et parlent à leurs enfants, oublieux de la pudeur, souhaitant écarter cette stupide notion générationnelle qui placerait les parents du côté des vieux. Ils se vivent jeunes et comme copains avec leur progéniture, les uns et les autres s'avouant tout, se confiant tout, dans une ambiance où le partage et la proximité prennent des allures de transparence, de rapprochement des espaces de chacun, espace intime compris. Les règles volent en éclats, les limites deviennent floues, les différences de génération sont à reléguer au rang d'idée poussiéreuse.

Nous ne sommes pas guéris de cette grande révolution qui, passé le temps des bénéfices, commence à réclamer des dividendes et semble décidée à faire payer aux générations suivantes le prix fort de ce plaisir assouvi par celles qui les ont précédées.

Depuis le tournant légendaire de 1968 et la libération de la parole parentale, les enfants en ont entendu, et en entendent encore, de toutes les couleurs et sous toutes les formes. Aujourd'hui encore les annonces sont permanentes, farfelues, intrusives et parfois destructives. Pétrifiés par les mots d'adultes, les enfants subissent depuis maintenant près de quarante ans cette fausse idée reçue.

De plus en plus contraints *d'écouter*, ils en deviennent distraits, silencieux, hypotoniques, dans l'attente, quand ce n'est pas hyperactifs, agressifs, violents. La défense est plurielle et, si les enfants ne peuvent pas imposer le silence aux adultes, car les forces sont inégales, ils savent par leur corps échapper à l'emprise de leurs mots. Ces nouveaux symptômes de l'enfance sont un langage à part entière que nous nous devons d'écouter. Là est un corps bavard, une transmission qui nous enseigne sur l'état psychique des enfants d'aujourd'hui.

Dolto n'a pas inventé la libération des mots, mais elle est intervenue dans une époque propice à la confusion quant au sens de ses propos. Aurait-elle vraiment dit, au temps de *Tout est langage*, qu'il fallait lâcher des avalanches de mots sur l'enfant pour qu'il *sache* ce que son père et sa mère vivent avec lui ? Parlait-elle de la liberté de parole ? Aurait-elle affirmé qu'il fallait ainsi saouler un enfant *des mots de mère, des mots de père* ? Aurait-elle supporté ce *capharnaüm de bouches* ?

Cette femme intuitive, praticienne libérée qui consultait en présence de ses pairs dans un souci de transmission, démontrait toute la puissance de son génie. « Le corps n'est pas qu'un corps, le corps est langage », affirmait-elle. Le corps parle et nous devons apprendre à l'écouter. Regarder l'enfant dans son corps en observant le corps de l'enfant, c'est en cela que consistaient les prémisses de son enseignement. Tous ceux qui l'ont suivie ont pu constater la véracité de ses propos et découvrir physiquement, en l'éprouvant, comment le corps parle. Car, persuadée que cette part intime de l'être, le psychisme, ne pouvait se comprendre qu'en étant éprouvée, elle avait mis en place une consultation pour les bébés et les jeunes enfants à laquelle assistaient quelques analystes. Présents pendant les rendez-vous, ils la voyaient ainsi parler aux enfants et mettre en œuvre son incroyable créativité interprétative. En effet, comme tente de le faire tout psychanalyste pour enfants expérimenté, elle lisait en son patient ses images psychiques et leurs altérations. Elle pensait que nous avions un grand intérêt à nous appliquer à approcher en pensée l'imagerie psychique du corps, car elle était un des accès à la compréhension des troubles psychosomatiques, replis de l'homme quand il va mal ou se sent mal.

Dans son discours légendaire, le bébé à peine né est tout entier dans une préoccupation de rencontre. Rencontrer un autre que soi fait partie de notre patrimoine d'être humain, et quand nous en sommes privés nous nous appauvrissons jusqu'à en disparaître. Le bébé le sait si bien qu'il est sans cesse tourné vers cette préoccupation.

Il est réceptif à la parole qui lui est adressée et tente avec son bagage sensoriel de tendre vers nous son corps qui écoute. Mais, dans le monde des bébés, les sens s'interchangent, permettant ainsi de nombreuses combinaisons. Ils observent avec leur peau, touchent avec leurs yeux, goûtent avec leurs mains, sentent avec leurs oreilles, entendent avec leur corps, nous captant tels des fils invisibles qui nous lient et nous relient jusqu'à eux. Cœur du corps bavard qui dicte son désir dans l'étrangeté de ce parler corporel.

Le corps à corps avec un enfant est un système informatique d'une complexité qu'aucun informaticien, même le plus renommé, ne pourra égaler. Il en découle une communication sophistiquée, qui emprunte des parcours si variés que, pour aller vers la compréhension du message, il nous faut nous aussi nous brancher au-delà de nos deux oreilles et utiliser nos sens en éveil.

Mais savons-nous encore prendre le temps d'entendre au-delà des mots ? Savons-nous justement écouter avec notre peau et toucher avec nos yeux ?

Le manque de temps pour se consacrer à ce dialogue si subtil, qui met en mouvement toute la personne, est l'ennemi de notre écoute. Nous courons, zappons, voulons être là et ailleurs, consommons de l'enfant, du couple, de l'autre, et sommes capables d'être ensemble sans jamais nous rencontrer. Notre époque est exigeante, rapide, ère de communication qui ne communique plus, préférant informer, fabriquant de vraies solitudes.

L'adulte parleur n'a plus besoin de l'autre charnel pour parler ; il lui suffit d'un fil, d'une pompe à mots, et il est perfusé au corps-machine, celui qui débite les mots des nouveaux échanges : téléphone portable et SMS, ordinateur et e-mails, téléphone et fax, sans parler des lieux publics où l'hôtesse d'accueil est devenue une borne parlante, un distributeur ou un guichet automatique.

Ensuite, on se désole de voir notre jeunesse ne plus savoir parler, ne plus connaître les règles de politesse, ne plus savoir se *comporter en public*. Devenons-nous des handicapés de la rencontre ? Même les rencontres amoureuses, pourtant lieu privilégié du retour au langage du corps, où un regard est un mot, un geste une demande, une attitude une déclaration, utilisent ces moyens technologiques. Même si parfois nous pouvons le regretter, nous assistons impuissants à cette modernisation de l'échange.

Mais, avec l'enfant à naître, l'inconnu reste au cœur de la rencontre et il nous faut de nouveau composer avec une communication oubliée, celle du corps qui éprouve, devine, expérimente et signifie.

La rencontre avec le bébé nous ramène ainsi à des préoccupations bien humaines, terre à terre, où l'échange est sensoriel avant d'être langagier. Bien sûr, la première rencontre visuelle, incontournable aujourd'hui, se fera sur écran dans le cabinet du gynécologue, mais ensuite il faudra bien le rencontrer charnellement, cet enfant, et tenter de communiquer avec lui qui ne communique pas… comme nous.

Sur ce sujet, précisément, nous étions prévenus. Le bébé a une communication qui lui est propre et ce qu'il dit n'est pas du non-sens. Dolto en a fait son principal axe d'information et elle n'a jamais cessé de signifier le signifiant, c'est-à-dire de déchiffrer ce que le corps de l'enfant avait à nous dire. Infatigable dans ses certitudes, et dans un souci de prévention, elle prend la parole et sort de son cabinet pour transmettre le sens du *langage du corps* de ces petits patients qui ne savent pas encore parler. Avec ténacité, elle explique comment les enfants, bien avant l'accès au langage, communiquent, disent ce qu'ils sont et ce qu'ils vivent. Communicante émérite au franc-parler légendaire, elle s'adresse au plus grand nombre par l'intermédiaire de la radio. Ces interventions médiatiques ont marqué une époque mais, malheureusement, elles n'ont pas pu empêcher la méprise ni l'erreur d'interprétation.

Dolto aurait voulu que nous retenions que « tout a du sens, tout est langage car le corps communique sur notre état d'être, notre Moi le plus intime ». Cette faculté n'est pas réservée aux bébés et aux enfants d'âge prélangage, mais elle concerne aussi les adultes, dont le corps garde comme une empreinte une histoire personnelle qui peut se dire sans les mots.

Corps à corps

L'enfant qui me consultait avec ses parents était plongé dans un flot de paroles parentales inappropriées, désorganisées, sortes d'aveux plaqués, sans relief. Ces parents étaient sensibles au *parler vrai*, qui consiste à tout dire tout le temps à l'enfant. Noyé de mots, l'enfant asphyxié se taisait. Les premières images réelles qui me parvenaient étaient celles d'un enfant posé et tranquille, à la limite de la provocation dans cette posture d'indifférence face à l'image parentale surexcitée et dans le désir de le comprendre. Les images psychiques allaient-elles confirmer ce tableau ?

Après un premier temps d'écoute intense, je me sentis envahie par un malaise opaque. Rien de très exprimable, sinon un sentiment de lourdeur. Il est vrai que ces parents au parler ininterrompu étaient fatigants à écouter. Paradoxalement, malgré l'impressionnante quantité d'informations reçue, je n'apprenais pas grand-chose de l'enfant. C'était comme si les mots avaient perdu leurs qualités communicantes. Ces parents, dans leurs bavardages, ne me transmettaient rien. Quant à l'enfant, dans son attitude d'attente, il semblait me dire qu'il ne fallait rien espérer de lui.

J'en étais là avec eux, dans un tableau de réalité bien peu engageant mais nécessaire avant d'écouter le discours qui se cache derrière les mots, le plus intéressant à mes yeux puisqu'il conduit à l'inconscient. Et, à ce point de la consultation, c'est mon corps psychique qui prend le relais, écoute ce que chacun a à me dire, avec ou sans mots. Écoute intense qui nous relie à notre vie fantasmatique, ancrage de notre corps, lequel se remet à penser comme autrefois, en images. Nous le sollicitons sur ce langage silencieux, jamais tout à fait oublié mais bien peu réactivé. Il s'agit donc d'éprouver ce qui fait résonner le corps de l'enfant et de tenter de le métaboliser en émotion pour restituer cette dernière à l'enfant en présence de ses parents. La vie fantasmatique est au cœur de ce travail. Ainsi, pendant que des parents *raisonnent* de leurs mots, produit de leur raison, sur le sens du comportement de l'enfant, nous *résonnons* avec notre corps en écho au sien. Deux, trois, quatre conversations se superposent alors, se croisent pour enfin se rencontrer, car il s'agit toujours de se retrouver. Là est la rencontre.

Pour aujourd'hui, mes yeux se posent sur les lèvres de mes interlocuteurs, et machinalement je finis par ne plus les entendre, par seulement les voir. Toute mon écoute corporelle s'est imposé cet exercice, pour *voir, un voir qui sent*, de quoi il retourne.

Mon corps se penche, se branche, se laisse capter par ceux venus me parler en silence ou en mots. Plus rien n'existe en dehors de ces langages partagés, bruyants ou silencieux, prenant des allures de non-sens.

Fixée sur leurs bouches, je découvre les mouvements des mots qui vont à une vitesse étonnante, déclenchant un sentiment de vertige. Je me perds dans leurs bouches qui, sans le bruit des mots, m'apparaissent sous un autre jour : ouvertes, dévorantes, menaçantes. Les mots tombent en cascade et deviennent avalanche. Le rythme intensif de la parole se lit sur les lèvres tout en provoquant dans le corps qui s'exprime une visible accélération cardiaque suivie d'apnée. Les bruits de la vie du corps deviennent discontinus et j'ai sous les yeux un corps qui lutte.

Mon corps attentif reçoit alors une émotion brute, surgie du corps bavard que mes yeux écoutent. Elle ne porte pas encore de nom, mais c'est bien d'une émotion soudaine qu'il s'agit. Elle va nous aider plus tard dans la compréhension de la situation. Tel un enquêteur minutieux, je la garde en moi, je conserve ce que cet exercice m'a fait éprouver en vue de l'utiliser. Invisible, irréel si l'on s'en tient au contexte, cet affect apparu aura sûrement *son mot à dire* par la suite. Ne perdons pas de vue que nous sommes à la recherche du sens du comportement de l'enfant présent, de ce qu'il a à dire au fin fond de ce corps qui se signifie.

Les bandes dessinées fonctionnent ainsi, caricaturant un langage corporel, coupant le son des mots et rendant les mouvements excessifs. Ces derniers en deviennent drôles ou terrifiants, selon qu'ils sont ralentis ou accélérés. Petits et grands en raffolent. La bande dessinée n'est rien d'autre qu'une réminiscence d'un monde perdu que nous possédons en commun : le corps parlé. Mais, plus généralement, le cinéma s'est saisi des représentations de ce corps vivant qui s'énonce au rythme de ses mouvements. Au départ muet, le cinéma pariait sur les capacités de ses spectateurs à décoder la scène. À intervalles réguliers, ceux-ci étaient aidés par l'apparition de dialogues écrits qui ponctuaient le récit. Mais la trame sans mots permet une communication libre de toutes les interprétations. Le corps mis en scène tisse des histoires qui sont une succession de représentations signifiantes. L'histoire d'un enfant, comme l'histoire du cinéma, commence ainsi en dehors des mots et au-delà d'eux, mais toujours ancrée en les mots. Histoires d'images.

« Sans le son c'est pire que tout », ai-je le temps de me dire avant de remettre mystérieusement le son aux bouches, rebranchant ma pensée sur celle des parents. Les mots reprennent leur juste place. Ils sont bruyants, mots-ribambelle qui ne cessent d'être déversés. Reliée de nouveau à mes interlocuteurs par les mots prononcés, je tente une intervention, en vain. Ma voix porte mais n'arrive pas jusqu'à eux, qui occupent trop l'espace sonore. Ils ne peuvent pas m'entendre. Leurs propres énoncés se passent d'interlocuteur. On pourrait dire *qu'ils font les questions et les réponses*, obstruant l'espace du dialogue, devenant un tout : un énonceur, un énoncé, un récepteur.

Je décroche de nouveau, consciente de la part fuyante de mon attitude, et me réfugie dans une aire silencieuse protectrice. L'arythmie de mon corps, associée à la fluidité des mots déversés, provoque un effet de surcharge. Je me sens oppressée, ce qui m'oblige à reprendre goulûment ma respiration, à soulever démonstrativement ma cage thoracique. Ce changement de posture n'est pas noté par les deux parents, mais il a été vu, perçu par leur petit garçon, assis entre eux.

Je réalise qu'il a changé de posture lui aussi et qu'il me fixe à présent avec une intensité intimidante. Son corps est courbé en avant pour permettre à sa tête de prendre place entre ses bras, posés sur mon bureau. C'est un très bel enfant au visage lumineux et doux, mais si profond. Il ne bouge pas, ne joue pas, ne parle pas alors qu'il est en âge de le faire, et c'est bien la préoccupation parentale.

Ses yeux immobiles ne me lâchent pas. Je le regarde en retour. Je peux le sentir m'ausculter avec ses yeux.

Ne pas se lâcher, préserver ce corps à corps distancié, sensoriel, qui nous permet de nous entendre. Que dois-je répondre à ses parents anxieux, touchants dans leur souffrance, horripilants dans leurs plaintes ? Je cherche à capter la réponse dans ce petit corps bavard, dans ce que l'enfant fait vibrer en lui et tente de me dire. Échanges vibratoires. Saurai-je comprendre ?

Il a la réponse. Je sais qu'il sait et il sait que je sais qu'il sait.

Je repense à l'image qui m'a traversée tout à l'heure quand ma pensée fatiguée s'est reposée, quand j'ai coupé le son des paroles des parents et fixé mes yeux sur leurs bouches. Le gouffre m'est apparu et avec lui ma perte. J'étais tel un corps sombrant dans le vide. Mon *corps-pensées* produisait ainsi une image en réponse à ce qu'il recevait. C'est à la réception de cette image que je me suis tue. Dans cette attitude spécifique, j'étais devenue le corps parlant de l'enfant et je voyais plus clair dans le rôle de cette bouche condamnée. Mon corps en résonance a permis la mise en lumière d'un affect mais aussi d'un schème relationnel précoce, archaïque, dans lequel apparaît un autre discours sur cet enfant. Il me faudra donc plus tard parler avec *eux*, parents souffrants qui projettent leur souffrance sur l'enfant mutique. Mots tus de l'enfant qui permettent de faire parler les parents et de les conduire enfin dans un lieu où le langage sans mots de l'enfant sera relié au langage des mots des parents.

Pour être plus juste, ce n'est pas la peur mais l'angoisse qui a jailli précédemment. Plus brute car moins sophistiquée que la peur, l'angoisse, parce qu'elle est sans objet réel, peut être terrible. Elle est comme un gaz liquide qui se répand à grande vitesse, remplissant un espace, ne négligeant aucun recoin, rendant nocif le moindre centimètre envahi. L'angoisse est ainsi, elle occupe le terrain, se glisse dans tout le corps, le parasitant, avec comme effet immédiat de capter la pensée, de la figer, de la rendre opaque, donc inopérante.

Ainsi, sans doute, l'enfant a eu peur quand il a commencé à être en âge d'avoir peur. Mais, bien avant, c'est une peur irraisonnée, dite angoisse, face à une mère trop aimante qui lui a été fatale. Il s'est senti dépassé, envahi, enlisé dans cette onde de frayeur devenue angoisse. Inexpliquée car inexplicable à première vue mais si apparente, si clairement identifiable dans ce langage de silence. Cette mère l'aime, l'aime trop, au point de vouloir le rendre enfant de sa pensée. Un devenir impossible pour un petit d'homme dont l'avenir est justement de se construire une histoire à venir, un destin libre de ses propres désirs. Mais la mère, elle, ne le sait pas. Elle pense qu'elle doit toujours être là, à parler de lui, avec lui, en son nom, à sa place. Elle le dévore de désir et le couvre de projets. Or un enfant réel, un enfant de chair, de la vie, ne peut pas devenir l'enfant imaginaire de sa mère. Bien sûr il est né de son désir, il a grandi de ses soins, mais il faut aussi que désir et soins se domptent. Pourra-t-elle le comprendre ? Raisonnablement, non, et c'est pourquoi l'enfant en est venu à ne jamais prononcer un mot. L'angoisse est arrivée avant les mots, tel un rempart le protégeant de l'invasion maternelle.

Le petit garçon ne parle pas parce qu'il n'est pas arrivé jusqu'à la construction des mots. Il s'est tu comme je me suis moi-même privée des mots quelques minutes plus tôt face à l'hémorragie verbale des parents. Ce ne sont pas seulement les mots qui ne sont pas arrivés à sa bouche. Bien avant d'être à l'âge des mots, il a cessé de parler : il a tu ses désirs, son appétence à découvrir, son besoin d'échanger, ses envies de rencontrer. Aussi, son ouverture bouche s'est sinistrée et n'a pu ensuite développer le langage. D'ailleurs, cette part de lui est désinvestie, comme le montrent ses lèvres hypotoniques, toujours entrouvertes, dans lesquelles il n'introduit rien.

Avant de servir au langage, la bouche, telle une « cavité primitive[1] », contrôle les échanges avec l'extérieur et l'intérieur. C'est un centre organisateur dont le rôle premier est de construire ce rapport au monde. Découverte qui passe par des émois sensoriels, érotisés, perceptions d'excitation et d'apaisement où la mère apparaît au travers de son objet sein. La bouche permet au bébé des échanges doux, tendres, où se mêlent la curiosité et le plaisir.

Or cet enfant ne joue pas avec sa bouche, ne jouit pas non plus avec elle, n'ayant ni doudou à sucer ni pouce à avaler. Il ne cherche pas d'activité de découverte, ne met rien à la bouche. Il mange quand on le lui demande et les aliments glissent au fur et à mesure qu'ils sont proposés, sans qu'aucun plaisir apparaisse. D'ailleurs, son expression générale est sérieuse et il semble sans cesse absorbé.

Juste avec ce bout de corps qui n'occupe pas sa fonction langage, une foule de discours sur cet enfant se font entendre. Parole non prononcée, observée autour d'une part de lui-même, la bouche, devenue un simple orifice. On y introduit du liquide et du solide pour répondre à ses besoins. Il les avale et son corps grandit, nourri dans sa seule dimension physiologique.

---

1. René A. Spitz, *De la naissance à la parole. La première année de la vie*, PUF, 1984.

Pour le soigner, nous devrons le comprendre et transmettre à ses parents perdus dans leurs mots embrouillés qu'il va leur falloir l'entendre autrement, avec nous puis sans nous. Ils vont penser perdre du temps tant cette approche va leur paraître obscure et longue. Puis, très vite, au fil des séances rythmant cette nouvelle vie ensemble, ils vont découvrir ce que sont les échanges, leur tonalité, leur force et leur qualité. Ils repartiront restaurés, rassurés, différents.

Le corps dépouillé

Pour l'heure, cet enfant consultant se sent dépouillé, tel un corps vivant sans vie qui ne rencontre jamais un autre que lui. Pas entendu dans son être en devenir, l'enfant se retrouve vidé de lui-même, corps flottant tel un bois mort à la dérive. Ses besoins sont assouvis. Il est nourri, soigné et accompagné dans la vie, mais son être désirant semble enterré sous la certitude de ne pas avoir d'expression propre possible. Il se doit d'être le désir de l'autre, son parent, chair de sa chair, fidèle en tout point, y compris dans ses aspirations.

Être l'enfant de son parent revient dans cette logique à être conforme à son attente. Enfant qu'ils ont imaginé, dessiné, pensé, et dont les pas ont été tracés avant même que ses pieds ne soient constitués dans le corps de sa mère. Cette situation est fréquente aujourd'hui dans notre vie de maîtrise où nous avons appris à faire reculer l'attente, les frustrations, les imprévus. Forts de ce pouvoir, nous exigeons les résultats qui ne peuvent pas manquer d'arriver.

Le couple qui nous consulte est représentatif de notre époque dans sa manière de mettre au monde des enfants et d'attendre d'eux qu'ils répondent en tout point à leurs projets de vie. Nous savons tout reproduire, aussi rien n'est impossible. Nous sommes dans l'ère du clonage *vs* l'ère biologique, et nous fantasmons à plaisir que le clonage psychique est à notre portée.

Les yeux dans le vague de ce beau petit garçon semblent en dire bien long sur cette pensée grotesque qui voudrait réduire l'enfant qu'il est à un double de son parent et le déguiser en désir assouvi.

Mais, parfois, l'enfant ramène l'adulte vers son statut d'être humain, mortel et impuissant, irrationnel et inattendu. L'enfant, celui qui parle avec ses yeux et dit avec sa peau qu'il ne pourra jamais être dans la peau d'un autre que lui-même, quitte à *en crever*.

La détermination passive des yeux de mon petit patient est un discours à elle toute seule. Il m'explique qu'il est ce qu'il est et qu'il tient à poursuivre sa route d'être différent. Pour se différencier, il lui faut se taire et dire dans son silence son impossible statut d'enfant d'aujourd'hui, amas d'aspirations parentales non dégagé, non détaché.

L'enfant veut une histoire, une bien à lui qui commence et s'ancre avec ceux qui l'ont voulu dans leur propre vie : ses parents. C'est cela, une origine, son origine. Un homme et une femme qui souhaitent ensemble poursuivre la lignée familiale dans un désir d'immortalité inavouable. Et c'est le propre du désir d'être imperceptible puisque inconscient. Mais il est secondé par son voisin ami/ennemi le souhait, celui qui s'énonce fièrement dans une parole consciente et qui claironne fortement : « Je veux un enfant. »

Ces deux dimensions qui portent la naissance ou l'annulent, l'enfant va s'en charger en vue de se créer des origines personnelles. Celles-ci, bien différentes de l'origine originaire, sont faites d'expériences humaines qui le conduisent sur le chemin de son histoire. Histoire qui se construit par la différenciation d'avec ceux qui l'ont originé.

De l'enfant qui a perdu le goût des mots, signifiant sa perte du goût de l'autre, de soi, de son désir de rencontre, à celui qui a obstrué sa bouche, renonçant à devenir un être de langage, deux histoires qui tissent leur scénario dans la chair du Sujet. Corps bavards qui ont remplacé les mots par des symboles, proposant des rébus pour *jouer* à comprendre.

Chapitre II

Enveloppe-Moi

Du bout des doigts

« Ferme les yeux, ferme les yeux ! crie l'enfant plein d'excitation. Oh, s'il te plaît, on joue aux lettres... Deux minutes, juste deux minutes ! »

Sa mère rit et s'allonge docilement sur le ventre, prenant son temps comme pour mettre à l'épreuve le petit. Elle aime voir l'enfant ainsi, quémandant sa présence, son attention, son corps, comme si rien d'autre ne lui importait. Elle aime ces moments de connivence, d'intimité où il la réclame et secrètement la désire. Il est déjà si grand maintenant. À 4 ans on n'est plus un bébé, pas encore un grand, juste un enfant en passe de devenir grand. L'autonomie n'est pas celle d'un enfant de 10 ans, mais suffisante pour éloigner le corps de l'enfant du corps de sa mère. La proximité des corps qui se blottissent n'est plus d'actualité et elle le regrette, la mère.

Aujourd'hui, il faut que son fils soit bien fatigué pour se laisser aller à se réfugier dans les bras et accepter d'être couvert de baisers tendres. Il n'aime plus trop les « baisers bébé » et préfère nettement jouer à se dévorer. Mais ces nouvelles embrassades, ce n'est pas la même chose pour la mère. Le corps ne se laisse pas aller de la même façon. Il n'est plus tel un poupon mou qui se moule dans les bras, faisant des deux corps un seul. Les odeurs emmêlées, les peaux confondues annulent alors le couple et créent un personnage unique, eux. Personne ne peut participer à cette rencontre, pas même le père.

Parfois, elle lit dans ses magazines féminins préférés des articles qui parlent de la place du père. Ils vantent sa nouvelle position, identique à celle de la mère, son engagement dans la vie des enfants et leur proximité. Elle s'étonne d'autant d'incrédulité dans les enquêtes de ces psys en tout genre et de ces sociologues chevronnés, qui laissent planer l'idée d'une similitude entre les rôles parentaux. Serait-il question de leur propre quête du Graal ? Car croire que la mère et le père sont identiques dans leurs comportements est un leurre si grossier qu'il peut prêter à rire. Les corps ne se ressemblent pas. Un corps de femme n'est pas un corps d'homme. Aujourd'hui, seuls les enfants savent qu'un papa et une maman, ce n'est pas pareil.

Un corps de femme qui s'est arrondi, enveloppé pour accueillir l'enfant est un corps qui s'est charnellement modifié. Ce n'est pas seulement la peau qui s'est étirée jusqu'à en craquer. C'est l'esprit qui est devenu autre. Cette modification *psychocharnelle* n'est pas comparable à la transformation psychique que subissent les hommes dans leur devenir père. Ce vécu intime du corps fait trace, empreinte. Il bouleverse profondément l'esprit de celle qui a porté l'enfant. Ces propos n'enlèvent rien à l'expérience de la paternité. Ils veulent mettre de la différence là où le discours ambiant tend à tout identifier dans un identique confusionnant.

Aucune mère n'oublie son accouchement. Souvenir non pas d'une date mais de ce qui a fait date : le corps fécondant.

C'est pour toutes ces raisons que la dimension charnelle de ce contact mère-enfant est à la fois simple et immensément complexe.

L'enfant de la plage est né il y a quatre ans et maintenant il recherche plutôt le contact sur le mode d'un doux affrontement. D'ailleurs il ne se trompe pas, l'enfant. Il ne confond pas le corps de la mère et le corps du père, et c'est plus souvent dans les bras de son père qu'il se précipite. Ces bras sont bien plus désireux d'accueillir l'enfant ainsi, dans un contact tendu où la puissance paternelle va le tenir et le retenir sans aucun risque. Avec sa mère, c'est toujours la même chose. Il faut qu'elle crie : « Attention, tu vas me faire mal ! » Ou bien : « Tu es trop lourd maintenant, je ne peux pas te tenir. » Alors avec elle il joue aux « baisers mordeurs ». Il court, se jette dans ses bras et s'offre à sa bouche qui alors le mordille. Il aime ça, l'enfant, car il peut ainsi garder le contact avec sa mère. Il n'ose pas lui dire qu'il ressent dans son corps un plaisir nouveau, plus fort que celui que lui procurent les « baisers de bébé », un plaisir qui le chatouille partout et qui est très très fort. Il adore quand la dent rencontre la peau et ne mord pas vraiment. C'est difficile d'ailleurs d'arrêter les dents juste sur la peau serrée. Une fois il n'a pas réussi et il a mordu si fort que les dents étaient dessinées sur la peau de sa mère. Cela faisait une *mâchoire-peau*. Elle était en colère contre lui. Elle l'a repoussé très fort et lui a tourné le dos. Il a tout perdu en une seconde. Sa peau, son odeur, son corps, ses bras. Il a eu peur et a beaucoup pleuré.

Pour l'heure, ce jeu à deux, celui des corps allongés, tombe à pic pour la mère en manque de son enfant d'avant.

La plage est bondée mais l'enfant s'en moque, il parle fort comme s'il était seul au monde avec sa mère. Il est dans une bulle aux délimitations virtuelles.

L'enfant s'installe à califourchon sur le dos de sa mère, frotte ses mains pour retirer le sable collant, tentant parfois de saisir un grain minuscule entre ses doigts, le jetant en l'air et suivant son jet invisible. Ensuite il concentre son visage sur la partie plate du corps de sa mère, comme le jeu le demande. Il ne rit plus et tout son corps se tend vers cette seule activité : tracer des formes avec le doigt à même la peau. Il est si sérieux qu'il est difficile d'imaginer qu'il joue. Sa mère ne le voit pas mais elle devine son visage. Elle en dessine les contours et sourit en l'imaginant concentré sur son bout de peau. Elle sent son souffle léger qui envoie une chaleur moite de bouche d'enfant. Elle se concentre comme elle sait qu'il le voudrait. Là, tout à lui, elle attend. L'enfant le devine et à son tour il met à l'épreuve sa patience, profitant de ce moment si fort avec elle.

Il commence. La première lettre est tracée, mais si maladroitement que la mère est incapable de la deviner. Elle demande une seconde chance. Accordée par l'enfant généreux. Rien. Elle n'en sait rien. Elle sent le doigt dodu qui parcourt son dos mais ne peut en décoder le sens. Y en a-t-il un vraiment ? L'enfant ne sait pas encore écrire. Il a vu quelques lettres à l'école et on ne peut pas vraiment dire qu'il s'en souvienne. La mère le réalise en même temps que son impossible lecture. Elle comprend alors. Elle ne peut rien trouver car il ne dessine aucune forme signifiante. Il joue avec sa peau, qu'il parcourt tactilement, partageant un temps avec elle. Il ne veut sans doute rien d'autre que cette communion des sens, cette concentration sensorielle. Il se sent enveloppé, comme elle-même d'ailleurs. Enveloppe constituée de cette attention mutuelle. Il palpe la peau et parfois, à d'autres moments, il la saisit entre son pouce et son index, provoquant un pincement douloureux. La mère réagit, redresse son corps, manquant de faire tomber l'enfant, puis se rallonge. Elle lui demande de faire plus doucement, sinon elle arrête de jouer. Il promet, et poursuit sa découverte de la peau de sa mère. Il parle à sa peau réceptive, sans en attendre une quelconque réponse. Le jeu n'a pas cette exigence. Le dialogue de la peau occupe un bavardage chuchoté qui distille des petits mots d'amour, semblant dire à l'autre : « Tu te souviens... » Le doigt qui touche, caresse, pince, utilise une gamme de mots ébauchés par le geste.

L'enfant s'en souviendra et, devenu adulte, expérimentera de nouveau ces mots de peau dans des jeux amoureux, de séduction partagée. La sexualité enfantine éprouvée au travers des sens éveillés deviendra une sexualité affirmée dans des corps formés. Ainsi mature l'enfant vers sa vie d'adulte.

Dans ce jeu de doigts, jeu tactile, la nostalgie de la mère est pleine et entière. Nostalgie de la naissance de l'enfant lorsque, encore un bébé sous réflexe, il s'agrippait à des petits bouts de peau. Il ne s'en souvient pas mais le corps le réclame. Le corps de l'enfant veut toucher la peau de sa mère et mesurer cette frontière. Il peut enfoncer le doigt dans la peau mais il ne peut pas aller *en* la mère. Le corps réel délimité par la peau est impénétrable et on ne retourne pas dans l'antre maternel. On se blottit contre la mère. On la respire, l'enlace, la caresse, l'agrippe, mais on ne peut plus la visiter du dedans. À moins que…

L'enfant a fait une découverte. Il y a dans le corps un endroit rond, creux et mal refermé. Alors ?

Le nombril avec son creux captive les enfants, qui sentent qu'il y a là tout un monde de réponses aux questions informulées. C'est peut-être un passage possible. D'ailleurs, bien des enfants pensent qu'ils sont sortis par le nombril de leur mère. Ils commentent ce petit coin de peau avec plaisir et créent des histoires sans fin. Le nombril sert à faire manger le bébé, à le faire naître, à mettre la petite graine du papa. Le nombril appartient aux fantasmes enfantins et à la construction originaire. Il est l'objet de toutes les attentions. À la moindre occasion, les enfants tirent sur leur peau et se penchent pour voir le rond devenir ovale et enfin disparaître sous la tension excessive. Ils lâchent alors leur ventre et le retrouvent intact, rassurés. Le nombril ne bouge pas, ne se transforme pas, ne grandit pas. C'est un point fixe et immuable. Enfin un petit bout de corps qui accompagne fidèlement l'enfant sans se transformer. Il peut l'oublier pendant quelques jours, quelques mois ou quelques années, le nombril sera toujours ce qu'il était au départ.

Il n'en est pas de même du reste de son corps, qui en grandissant l'oblige à de nombreuses adaptations.

Car son corps, sans l'avertir, se met à grandir. Tout le monde semble content et fier en le voyant s'allonger. Pour lui, c'est plus compliqué, et le pire c'est que personne ne semble s'en rendre compte. Par exemple, il a à peine le temps d'être content de son nouveau manteau que sa mère décide qu'il est trop petit et qu'il faut aller en chercher un nouveau. Il va encore falloir changer de peau.

Alors l'enfant, lui, ne sait pas quoi penser. À chaque fois que son corps grandit, il a l'impression que ses parents deviennent différents. D'ailleurs, ils ne manquent pas de lui dire : « Tu es grand maintenant, tu peux t'habiller tout seul », ou bien encore : « Tu pourrais faire attention, à ton âge ce n'est pas normal de tout faire tomber comme ça. » Les mots désagréables ne cessent de pleuvoir depuis qu'il grandit. C'est bien la peine d'avoir cette mine béate chez le pédiatre quand il annonce : « Il a pris 2 centimètres. » L'enfant, lui, ne voit pas ce qui peut provoquer cette extase et ce sourire parental à la limite du supportable. Chaque centimètre dans son expérience d'enfant est un calvaire annoncé. Il y a même paraît-il des enfants qui arrêtent de grandir. On appelle cela le *syndrome de Peter Pan*. Incroyable, non ?... Peut-être est-ce la solution pour ne pas perdre ses parents ? Il faudrait que je leur en parle, se dit l'enfant. Non, mieux vaut se taire, lui répond sa petite voix intérieure.

J'aurai ta peau

Si l'enfant est parfois occupé à scruter son corps, à tirer sa peau pour voir si elle va éclater, ce dont il a peu conscience, c'est à quel point la *peau du dehors* se modifie tout au long de la vie.

Elle vieillit.

Bien sûr, tout cela se passe sous son regard, mais c'est bien loin de ses préoccupations, ou plus simplement encore *en dehors* de ses interprétations. Car lui il ne trouve pas que la peau de sa mère vieillit. Lui il voit les petites traces de son visage qui la rendent unique, si lumineuse.

Il aime apercevoir, quand elle se penche au-dessus de son lit, les plis de la peau qu'il peut pincer et tenir fort pour l'empêcher de partir. Il ne sait pas que sa mère râle en voyant sa peau plus souple, sa peau qui se relâche. Pour lui c'est un jeu entre eux, et il croit que cela durera toute la vie, *pour toujours*. D'ailleurs, l'enfant ne cesse de faire des promesses de *toujours* puisque, dans son esprit, la vie est continue et immuable.

Alors il veut la peau de sa mère pour toujours. Il la veut comme petit rebord d'agrippement possible. C'est un symbole pour lui, un signifiant à part entière. Il y tient plus que tout. Même quand il est en âge de voir que cette idée est un peu folle, il s'y tient comme on se tient à une croyance pour fortifier son axe personnel. Il pense que tant qu'il voit le visage de sa mère ainsi il pourra toujours se raccrocher à elle. Et la croyance a pour qualité de ne pas avoir besoin d'exister. Il lui suffit d'être dans la pensée de celui qui la tient. Les enfants ont plein de croyances qui sont là pour les accompagner dans leur processus de *grandir*. Elles aident le Sujet à être ce qu'il est.

À l'adolescence, on conçoit bien sûr les choses autrement. L'adolescent voit sa peau atteinte dans son intégrité, partir en lambeaux. Il pèle. Pelure de l'âge ingrat, dirons-nous, mais avant tout perte de soi qui va obliger le Sujet à se faire une nouvelle carapace. La peau de chair fragile sera remplacée par une peau de tête, constituée d'attitudes provocantes, de mots durs, de jugements coupants. L'adolescent se construira une peau qui tient à distance, que l'on n'a pas envie de caresser. Il fera ce qu'il peut pour soutenir ce moment de vie qui prend des allures d'épreuve. Il sait qu'il est fragile du fait de cette mue invisible. Il doit être sur ses gardes et se protéger, comme un brûlé qui évite qu'on le frôle tant sa peau est sensible.

L'adolescent perd souvent ses illusions d'enfant et du même coup s'attache à des idéaux qui lui permettent de s'affilier à d'autres comme lui. Le propre de l'adolescence est d'amorcer un éloignement physique par rapport à ceux auprès de qui il a *toujours* été, en compensant par des rapprochements physiques autres. Le plus dur, et ce qui aura des incidences sur tout le reste, c'est de supporter ce corps changeant, grandissant à une vitesse à la limite du supportable. S'ajoute à cela une peau rebelle qui ne cesse de s'enlaidir. On lui a dit, bien sûr, car on dit tout aux enfants et aux jeunes, que cela est dû aux hormones. Mais il n'en a que faire.

Le matin, quand il se lève et voit un nouveau visage, rouge, boutonneux, ou blanc de fatigue, jaune de la mauvaise nuit, il fuit le miroir et refuse les crèmes que sa mère a consciencieusement achetées. Elle lui a promis que celles-ci lui feraient « du bien », que très vite son visage serait lisse et sa peau « comme une peau de bébé ». Il n'en a que faire, des mots de sa mère et de la peau de bébé. Il n'est plus son bébé et elle le « gonfle » à vouloir ainsi se mêler de ses affaires. D'ailleurs, lui, il les « aime », ses boutons, et il n'en a « rien à faire » d'en avoir. Il tempête, part sans se retourner, le corps voûté, entendant derrière lui son père lui rappeler : « Tiens-toi droit ! » Facile pour lui qui est vieux et qui a oublié ce que c'est que d'avoir un squelette qui ne cesse de se transformer. Facile pour lui, le vieux, qui visiblement n'a pas été jeune. À l'entendre, lui, il avait une peau de bébé, un corps solide, une attitude adaptée et du respect pour ses parents. D'ailleurs, comble du bonheur, il connaît des jeunes comme cela : « Tu sais, le fils de Untel, lui, il ne parle pas comme ça à ses parents… Il ne se croit pas obligé de grogner tous les matins. » Mots qui tuent. Heureusement qu'il a mis sa nouvelle peau, armure contre les attaques répétées de ceux qui ont oublié.

Tous les adultes ne comprennent pas ce que disent les adolescents et ils reçoivent les mots de leurs enfants sur un mode littéral. Sans aucune distance, les adultes croient parfois que leurs adolescents pensent vraiment ce qu'ils disent. Qu'ils veulent réellement qu'on les laisse tranquilles, par exemple.

En réponse aux mots des adultes fusent les paroles de ces enfants qui ont l'âge de la révolte. Ils répondent, s'opposent, exigent, ne sont jamais contents. Ils se protègent ainsi de ce mouvement de la vie qui va trop vite, comme leur peau qui ne cesse de les trahir. Ils sont mal dans leur peau et le signifient bien maladroitement.

Les mots des parents, qui assènent par exemple ces insupportables comparaisons – car non, tous les jeunes ne réagissent pas de la même façon –, sont des coups bas qui leur font mal.

Oui, il y en a, des jeunes qui passent des heures dans la salle de bains. Obsessionnels de leur image, ils chassent le bouton et exigent des crèmes pour nettoyer, purifier, assainir, hydrater, nourrir, démaquiller. Il connaît bien ce phénomène puisque sa petite amie a toujours une demi-heure de retard à tous leurs rendez-vous et qu'elle arrive le visage impeccable, rose et net, comme dans les magazines. Il adore cela et plonge dans son cou pour respirer la fraîcheur de sa peau. Elle se laisse faire et rougit de plaisir quand il lui dit qu'elle est si belle. Il ne s'en rend pas compte mais instinctivement, au contact de l'enfant devenue femme, l'enfant devenu homme plonge son visage dans son cou, comme il a pu le faire autrefois avec une autre femme, sa mère. Il l'enveloppe de ses grands bras, gauchement, mais il la tient et s'y retient dans un corps à corps où l'amour s'exprime. Nouvelle rencontre charnelle, mais où cette fois la sexualité s'explore et a droit de cité. Quand, séduite, elle le laisse passer sa main sous son pull, il joue avec sa peau. Il la frôle, la caresse et la roule sous ses doigts, la pinçant légèrement, provoquant chez la jeune fille aimée un premier cri. Elle se plaint, il proteste : « Je ne t'ai même pas fait mal », et il continue, sur la peau consentante. Parfois elle le gronde entre ses cris, qui se terminent par des rires emmêlés. L'agrippement des corps enlacés viendra plus tard. Pour l'heure, le pincement le précède, annonçant l'amour des corps à venir.

Le corps préparé de la jeune fille est une invitation à leur intimité et il sait que c'est avec elle qu'il apprendra les gestes de l'amour. Il sent que leurs corps parlent le même langage. Il ne l'a pas appris, car cela ne s'apprend pas. Il l'a ressenti et elle aussi.

Enfin quelque chose qui échappe aux velléités des adultes d'aujourd'hui de tout enseigner aux enfants et aux jeunes. Enfin quelque chose qui ne s'enseigne pas et que seul le corps pourra apprendre, dans un parcours singulier. Là est la seule virginité. Terre inexplorée par un autre que soi. L'expérience des siens, ses parents, n'est pas son exploration, et le jeune homme est bien décidé à être seul au monde dans cette affaire.

« T'es pas dans ma tête, tu ne peux pas savoir ! » crie la jeune fille à sa mère qui tente de la mettre en garde contre les mauvaises fréquentations. Traduction : Moi c'est moi, toi c'est toi. Tes mots sont ceux de ta vie, les miens ne sont pas encore prononcés.

« Laissez-moi ma vie », semblent parfois nous dire ces jeunes gens et jeunes filles à l'aube de leur entrée dans le monde des découvertes libres. Difficile pour les parents protecteurs, qui voudraient que leurs expériences fassent expérience pour leurs enfants. Difficile d'admettre par exemple que la sexualité n'est pas qu'un objet d'études, de savoirs, de précautions, de prudence, de protection. Comme tout acte humain, il y a une part qui est inscrite du côté de *ce qui est à vivre*, une part pleine et entière du Sujet. C'est si violent pour un parent de voir son enfant prendre des risques.

Surtout qu'un *ado* ne se livre pas, ou peu, redoublant les fantasmes parentaux autour de dangers potentiels. Alors, dans des mouvements contraphobiques qui peuvent permettre de maîtriser un tant soit peu quelque chose de cet âge rebelle, les adultes parlent, communiquent, et l'adolescence devient un thème. Thème de travail, de réflexion, de recherche, de médiatisation. C'est ainsi que fleurit toute une littérature qui lui est consacrée. Les magazines s'en abreuvent, faisant rire les adolescents quand, en groupe, dans leur chambre transformée en blockhaus, en tas sur le lit, ils se racontent les derniers échos des adultes. En feuilletant le magazine de leur mère, ils découvrent une image d'eux-mêmes. Plus exactement, ils accèdent aux fantasmes des adultes à leur propos. Ils en rient, en plaisantent, prennent des postures condescendantes à l'égard des préoccupations inutiles de leurs « vieux ».

Mais au final ils passent des heures à parler de leurs parents. Car les adolescents ont besoin d'une façon ou d'une autre d'être reliés à eux. Ils ont besoin de sentir qu'ils restent le centre d'intérêt des adultes. Ils redoutent leur retrait d'intérêt comme ils redoutent la distance réelle avec leurs parents. Le pire qu'il pourrait leur arriver est que leurs relations réciproques deviennent *peau de chagrin*. Une tristesse qui viendrait du plus profond de soi, telle une peur ancestrale de perdre celui qu'on repousse. Dire haut et fort qu'on veut être libre et autonome ne veut pas dire qu'on veut être lâché par les siens. La séparation réclamée ne doit surtout pas être consommée trop tôt. Rien n'est plus troublant pour les adolescents que cette ambivalence qui les envahit sans cesse. Ils ont besoin d'être proches et à distance. Ils ont peur de cette croissance qui les happe vers un ailleurs et ils sont excités d'être si proches du départ. Le problème est qu'il n'y a pas de mots pour parler de deux envies contraires qui se manifestent en même temps. Nous manquons de vocabulaire pour cela. Aussi, le corps prend la relève. Son langage signifié, plus riche, plus subtil aussi, nomme l'informulable. Là est le langage de l'adolescent en devenir.

Alors, les magazines de leurs parents qui parlent d'eux, qui prouvent qu'ils restent au centre de leur amour et de leurs préoccupations, ils les aiment et ils ne veulent surtout pas que cela s'arrête.

Parfois, le père et la mère de l'adolescent ne comprennent pas ce qu'il dit dans ce discours du corps signifiant l'ambivalence. Ils sont perdus et se retranchent derrière une posture éducative qui se raccroche à ce qui leur semble bon pour leur enfant grandissant.

Il est des parents qui vont jusqu'à s'éloigner dans la réalité. Ils lâchent prise, *démissionnent*, provoquant chez l'adolescent lâché un vent de panique. Certains ne s'en remettent pas et vont alors vivre à travers leur corps toute l'angoisse provoquée par cette distance nouvelle. Ils vont tenter de combler la perte de l'autre en se raccrochant, en s'agrippant à des comportements inquiétants. Ils nous interpellent dans un corps si bavard que nous en sommes étourdis. Nous ne savons pas toujours écouter ce nouveau dialogue. Les mots ne leur servent plus pour communiquer, échanger, mais seulement pour critiquer, rejeter, attaquer. Nous sommes perdus à la hauteur de leur propre perte, qu'ils ont su nous communiquer.

« Laisse tomber, tu ne comprends rien » résume en deux phrasés l'exacte situation partagée. Chacun se sent *laissé tomber* par l'autre. Et de là personne ne se comprend plus, comme il en serait dans une conversation entre deux individus parlant des langues étrangères. L'adolescent utilise comme mode de communication un corps agissant pendant que l'adulte, vexé ou attaqué dans son être, se tait.

Grandir en tant qu'enfant ne va pas de soi, mais grandir en tant que parent est un vrai défi, d'autant que le parent ignore lui-même la nécessité de cette croissance. Il pense que sa parentalité est acquise par la seule présence de l'enfant et qu'elle n'a pas à subir des transformations. C'est la croissance de l'enfant qui va le surprendre dans ses croyances et le mettre dans des situations inconfortables.

Rencontrer son enfant devenu adolescent, c'est retrouver le langage du corps oublié, cet incorrigible bavard qui a tant à nous dire quand nous sommes à court de mots.

La peau psychique

Dans ces mêmes magazines, il y a des *corps-papier*, corps de femmes sveltes, d'hommes musclés, d'enfants à la vanille qui nous font rêver. Ces derniers brillent de santé et les adultes rayonnent de jeunesse. Cela n'est pas l'effet du hasard puisqu'ils sont bien conseillés. Chaque jour ils appliquent de la crème de beauté, mangent des aliments peu caloriques, sans gras et équilibrés, dorment ce qu'il faut, boivent sans exagération, se couvrent d'étoffes valorisantes. Tout semble n'être qu'équilibre, harmonie et beauté.

Nous les envions, ces corps-papier, de pouvoir ainsi se fabriquer une belle santé sans être atteints dans leur image par les coups de la vie. Nous aimerions leur demander comment ils font et suivre leurs conseils pour ressembler à notre tour à ces silhouettes provocatrices. Cette idée un peu folle nous traverse l'esprit le temps pour nos yeux baladeurs de nous imprégner des courbes corporelles sans défauts. Mais une fois repus de l'image, sortis de notre semi-duperie, nous retrouvons notre corps habité. Silhouette au locataire expressif qui se charge de nous grimer. Ici une ride, là un cerne, quand ce n'est pas un cheveu fatigué, un dos courbé.

Ce n'est pas d'un dédoublement de la personnalité que nous parlons ainsi, mais Freud nous avait prévenus et nous l'avons constaté : nous sommes deux en un. Dans le corps, un corps autre, différent, intouchable croyons-nous, invisible de toute évidence : un « corps animé[1] ». Lui aussi a acquis avec le temps une cosmétique, une diététique faites de pensées créatives et attentives.

Ce corps n'a pas de crèmes de jour ou de nuit pour le préserver mais il a besoin d'attention, de rythme, de présence, de rencontres sensorielles. Ce corps a besoin de l'autre, de sa pensée, de ses fantasmes, de ses affects.

Ce corps inconnu jusqu'alors est celui de l'esprit. Il est l'intime de celui qui vit dans cette enveloppe de chair. Il en est l'animateur et lui donne vie. Sans ce corps invisible, l'autre n'est rien.

« Je suis ton pile, tu es mon face, tu es l'envie et moi le geste... », chantait régulièrement Carla Bruni sur nos ondes, jusqu'à ce que nous nous en lassions. Elle aurait pu dédier cet air à ces deux-là, corps de chair et corps de l'âme. Quand ils sont rassemblés, ils reproduisent à l'infini des êtres singuliers. Nous sommes des pièces uniques. Alchimie d'ADN et de mystère.

Déjà cent ans que nous le savons. Déjà cent ans que notre corps s'est doublé de sa vie. Freud a eu le temps de naître, de grandir, de chercher, de découvrir, de souffrir et de mourir. La découverte est une vieille dame et il lui reste encore tant à vivre. Espérons qu'elle ne s'essoufflera pas et qu'elle continuera *bon pied bon œil* à nous accompagner.

Freud était passionné, excessif. Il a été aimé et haï comme tous les grands hommes. On ne peut pas aimer simplement un homme qui nous dépasse et qui vit ce que nous voudrions vivre. Il a fait de l'être humain sa vie. Il en a récolté des bonnes et des mauvaises choses. Et il a décidé de continuer et de comprendre, de chercher, d'aller là où personne n'était allé : dans le corps. Il l'a décrypté, étudié, et lui a donné ses lettres de noblesse.

1. Maurice Merleau-Ponty, *Signes*, Gallimard, 1960.

Il a fait des rencontres, des tas de rencontres enrichissantes, surprenantes, que personne d'autre n'a faites depuis. Sa compréhension est passée par l'observation des corps hystériques et il a permis l'émergence d'un essentiel : l'inconscient se manifeste dans le corps de l'homme et à travers lui. Cet inconscient est un corps à part entière, une part du Sujet, celle qui parle de lui sans qu'il ait besoin de prononcer des mots.

Le corps devient ainsi autre, un équivalent psychique, incontournable. Le corps parle. Il est l'interprète du Sujet, mais surtout il est à l'origine de sa formation.

Ces données nouvelles sur le corps devenu *habité* n'ont pas déclenché un enthousiasme débordant. Il y a eu les passionnés et les opposants.

Freud a souffert du fait de ces détracteurs. En découvrant l'inconscient, il n'a fait qu'ouvrir la caverne d'Ali Baba. À l'entrée de la grotte, quelques précieux cailloux que le père de la psychanalyse nous a offerts, mais dans ses profondeurs des richesses encore aujourd'hui inévaluables. Freud a eu des filles et des fils. Enfants par une filiation de pensée, qui ont emprunté un chemin identique à leur père. Un parcours dans les profondeurs de soi, de son corps pensant. Chemin identique pour des embûches différentes qui mènent à la soif de rencontres de soi et de l'autre. Questions illimitées. Qui est cet autre en moi ? Qu'est-ce qui, en l'autre, vient de moi ? Qui suis-je dans cet amas d'autres et de moi ? Pourquoi j'agis ainsi ? D'où me viennent ces idées ? Qui me pousse à être ce que je suis ?

Dans ces dédales de recherches faites d'origine originaire naissent des individus qui vont être réunis autour des questions qu'ils se posent. Les enfants de Freud ne sont pas des professionnels comme les autres. Ils ont su éprouver les résonances de leur corps et les ont mises au service d'une quête identitaire personnelle qui est devenue leur outil de travail.

Après tant de questions pour eux-mêmes, ils vont apprendre à renoncer à en poser pour les autres. Ils vont être disponibles, à l'écoute, sans attente, pour pouvoir recevoir ce à quoi ils ne s'attendent pas. Ils vont devoir écouter les mots, les silences, les larmes, les émotions, les courbes du corps exposé, pour apprendre de l'autre. Travail sur un corps porteur de fantasmes, de représentations, d'éprouvés bruts ou métabolisés. Corps qui retourne à l'accordage des origines.

On ne va pas chez un analyste comme on va chez un dentiste ou chez un autre professionnel soignant. Le choix doit être minutieux et surtout confié au corps qui ressent. Il ne s'agit pas de faire un choix réfléchi ou raisonnable mais de laisser le corps dire ce qu'il éprouve lors du premier échange. Les patients nous arrivent par hasard ou sur les conseils d'un ami qui a eu un *bon contact* avec nous. Cette notion de *bon contact*, on la doit à la naissance d'une rencontre qui s'est faite entre deux personnes, chacune projetant de soi dans des enjeux transférentiels et contre-transférentiels. Il s'agit donc avant tout d'un parcours unique. Chaque nouveau patient devra expérimenter sa propre rencontre et la qualifier pour lui-même.

Parmi ces analystes cliniciens, il y a aussi des chercheurs, rares mais brillants et enthousiastes, prêts à faire des découvertes éclairantes et précieuses. Dans le sillage du *Moi-corps*, identité corporelle incontestable que Freud, par ses intuitions géniales, avait pressentie, quelques adeptes ont poursuivi son travail, lui donnant de nouvelles approches. De ces cliniques exploratrices est née l'une des plus belles métaphores : la peau psychique, cette enveloppe invisible qui contient pulsion et émotion et fortifie l'image du Sujet qui s'ébauche.

Le corps psychique est comme le corps réel, il est délimité, constitué d'une enveloppe, d'une peau faite de membranes qui, une fois solidifiées, ont une fonction de contenance pour les pulsions, les éprouvés, les sensations, les affects, les émotions, les représentations.

Ce corps repose sur des concepts en série qui se succèdent et se complètent. Ils parlent de son développement, de sa santé, de son vieillissement, de ses fondamentaux qui le constituent.

Ce corps est comme l'autre, il grandit, vieillit, laissant des traces de sa croissance. Il passe d'un Moi percevant à un Moi conscient, à un Moi pensant, pour devenir un Moi réfléchissant. Par cette naissance, un corps de chair immature et sensoriel devient un corps engagé qui cherche à communiquer. Communication préverbale qui se servira du corps-chair comme d'une voie préférentielle pour vibrer à la vie.

Tout cela se passe très précocement et se joue dans des rencontres de corps de chair qui vibrent au travers de leurs sens en éveil. L'éprouvé est l'aïeul du mot. Il est son ébauche, son désir. L'éprouvé parle. Il dit le corps animé. Il va expérimenter comment il affecte un autre que lui et va être touché en retour par celui qu'il a affecté. Le partage émotionnel et affectif est une première étape pour le futur *parlant*. La première musique du langage à advenir. Ces échanges nés de ce corps qui rencontre, qui se découvre, sont au cœur de la croissance de la psyché. Corps virtuel qui se parle par un faisceau sensoriel.

Le problème est que le corps psychique n'est pas charnel et sa particularité – son invisibilité – nous demande d'emblée de faire appel à notre imagination, c'est-à-dire de mentaliser ce que nous éprouvons. Mettre de l'image sur une vibration de notre corps est un travail de mentalisation. C'est un exercice sur soi qui part de soi et d'un savoir qui se ressent avant de se décrire.

Mentaliser n'est pas intellectualiser. Confondre ces deux approches de l'homme peut entraver sa compréhension, ou nous rendre sourds aux expressions de ce corps bavard. Mentaliser, ce n'est pas raisonner, c'est se laisser aller à éprouver, à ressentir, c'est laisser rentrer en son corps quelque chose de la sensation et tenter de la visualiser. C'est retrouver des qualités perdues qui consistent en une communion avec son corps. C'est ce que cherche le petit enfant de la plage en jouant avec la peau de sa mère. Mais sa préoccupation n'est pas celle que nous croyons. Il ne veut pas cette mère qui se touche, il cherche celle *du dedans*. Celle qui sait éprouver avec lui dans une union parfaite. Il est nostalgique de ce passé oublié qui parfois l'envahit et le pousse à agir. Il veut redevenir l'hybride.

Nous pourrions dire plus simplement : n'essayez pas de comprendre pour comprendre mais laissez-vous aller et acceptez d'être surpris. Acceptez de voir en fermant les yeux. La demande paraît excentrique et pourtant il arrive que, *pour y voir plus clair*, nous fassions le choix de fermer les yeux. Ce n'est pas paradoxal, simplement cela requiert une vision qui n'est pas liée à la vue mais qui la dépasse. *Voir clair* consiste parfois à *être au clair*, ou à *se mettre au clair*, ce qui revient plus à prendre de la distance avec sa pensée. C'est tenter de prendre du recul pour ne pas juger à l'emporte-pièce. Regarder à l'intérieur de soi. La démarche est mentale et s'appuie sur une écoute sensorielle de soi-même. C'est un regard aveugle, un regard sans les yeux, un regard qui fonde une pensée éclairante.

Là est le corps bavard, celui que nous voulons rencontrer. Celui que l'enfant cherche en passant le doigt sur le corps de sa mère. C'est un contact avec l'intérieur de sa mère. Par la surface plate de la peau, il touche leur intimité commune et quête un sentiment de complétude, qui naît dans ce toucher. Communication silencieuse d'éprouvés. *Jeux de l'amour et du hasard* où le hasard, dans sa fonction d'entremetteur, convoque parfois des rencontres amoureuses. Certaines sont silencieuses, furtives, et les corps enlacés, emmêlés, vont se dire dans un amour charnel leur besoin d'un langage-peau. Parler la peau ou la faire parler dans les vibrations du désir permet de retrouver cette part oubliée de soi.

Si les enfants semblent si sérieux dans des activités qui nous paraissent anodines, c'est parce qu'il s'agit justement de la rencontre avec leur part psychique qui est en construction. Et leur engagement est intense dans tout ce qui touche à la compréhension d'eux-mêmes. Ce sont à chaque fois des quêtes de soi, des questions sur son propre commencement. Celles-ci s'ébauchent dans le corps charnel.

L'enfant qui a inventé le jeu du dos à toucher ferme les yeux pour créer cette image de corps mêlés. Dans cette proximité, il contacte un éprouvé ancien, veut toucher une première enveloppe de son être, celle qui n'est pas encore représentable. L'enfant ne le sait pas mais Didier Houzel l'appelle la *pellicule*, sorte de tension qui naît de la dynamique pulsionnelle de l'être, un des feuillets constituant l'enveloppe psychique. La *membrane* vient la compléter, telle une image de corps encore très primitive, peu élaborable, épaisseur d'une peau psychique qui réussit à laisser une trace de l'expérience pulsionnelle. Ce deuxième feuillet n'est pas plus consistant que le premier mais il permet de déposer une empreinte de ce passage. Il devient une consistance formée par un schéma corporel qui serait plutôt diffus du fait de son aspect liquide ou gazeux. Cette membrane, en se tissant, donne toute son importance à la peau psychique, comme une surface sur laquelle il peut rester une trace de l'expérience pulsionnelle ressentie par la pellicule. « La trace est l'amorce de la formation du symbole qui continuera la vie durant, en consolidant le monde psychique et son enveloppe[1]. »

La première ressent et paraît évaporée telle la pulsion, la deuxième s'épaissit au contact de l'expérience et reste en celui qui expérimente. Quant à la troisième, appelée par Didier Houzel

1. Didier Houzel, « L'enveloppe psychique : concepts et propriétés », *in* Didier Anzieu (dir.), *Les Enveloppes psychiques*, Dunod, 2003.

l'*habitat*, c'est une membrane limite, frontière, qui est le feuillet le plus externe de l'enveloppe psychique. Il se construit à partir du matériel perceptif qui vient introduire quelque chose de la répétition et de la stabilité.

Pourquoi ce nom, *habitat*, pour parler d'une notion si importante ? Pensait-il à l'habitat au sens propre, tel un lieu où l'on ne cesse de revenir, où l'on instaure son intimité ? Ce lieu délimité dans lequel on se replie pour se retrouver ?

Les trois feuillets tels qu'il les a conçus mènent à la construction du *self*. L'un en contact direct avec la pulsion, l'autre avec la vie émotionnelle et enfin le dernier avec les perceptions, tout cela conjugué construit l'enveloppe psychique. Et le corps est le centre des débats.

La peau psychique peut être fragilisée ou attaquée et il n'est pas rare de voir des « faux *self*[1] », comme dirait Winnicott, ou bien encore une « seconde peau[2] », dirait Esther Bick, signifiant ainsi un habitat vide, plus exactement une personnalité dont les membranes dissociées ne sont plus en contact. Maladie de la peau, mais celle-ci psychique.

On ne réalise pas à quel point, au départ, quand nous étions des nouveau-nés, nous avons été pris dans des corps emmêlés *mèrenfant*[3] qui ne permettent pas la distinction entre ce qui fait la mère et ce qui fait l'enfant.

L'enfant naît fragilisé par un corps immature dans sa motricité apparente, mais surtout dans son incroyable vécu psychique. Tant

1. Donald W. Winnicott, *L'Enfant et le monde extérieur*, Payot, 1975.
2. Esther Bick, *L'Expérience de la peau dans les relations d'objets précoces*, Payot, 1984.
3. Le *mèrenfant* est un personnage hybride où la mère et l'enfant sont indifférenciés psychiquement. Il s'agit d'un concept que j'ai élaboré au cours de ma pratique clinique.

que les enveloppes ne se sont pas constituées, le corps reçoit un amas de ressentis dits « éléments bêta[1] », sortes d'émois juxtaposés, violents et impensables, non métabolisables. L'enfant est assailli d'affects désorganisés qu'il n'arrive pas à se représenter. On voit un corps entier quand un bébé arrive au monde. Ce qu'on ne voit pas, c'est qu'il est en morceaux, attaqué de tensions, d'agressions dont il ne sait même pas si elles viennent de l'extérieur ou de l'intérieur de lui. Le corps de chair est délimité mais pas le corps psychique, ouvert à tous les vents. Heureusement, les soins maternels réguliers vont l'aider et lui permettre d'expérimenter du *bon*. Ainsi, son corps en morceaux ressent ces temps de détente, par exemple quand il était affamé et qu'il est repu. Petit à petit, ce qui faisait agression est contenu, transformé, permettant aux feuillets de se constituer, rendant métabolisables les affects, les émotions.

Petit à petit apparaissent un dedans et un dehors, une différenciation entre les affects et leurs représentations, entre l'imaginaire et le réel, entre les éléments animés et ceux inanimés, entre excitation et signification. En tentant de construire cette peau, le bébé veut avant tout éviter le chaos.

L'énergie psychique est alors stockée, analysée, classée et distinguée. Des contenus psychiques émergent, les pensées rendues pensables par l'appareil à penser de l'enfant composent le corps, qui devient un écran contenant.

Tout cela est bien complexe lorsqu'on le décrit sur ce mode scientifique et sérieux. Mais une pulsion, un affect, une sensation qui reste à l'état brut, qui ne se transforme pas en quelque chose de pensable, peut parfois occuper notre quotidien ou surgir dans un moment exceptionnel de notre vie. Il y a des attentats qui blessent des personnes dans leur chair et les attaquent dans leur âme,

1. Wilfred R. Bion, *Aux sources de l'expérience*, PUF, 1979.

mais il existe aussi des microtraumatismes qui manifestent des affects laissés à l'état brut, mettant le Sujet dans un état de sidération et écorchant son corps psychique.

L'exemple banal est celui d'un accident de voiture léger qui peut, par sa soudaineté, nous atteindre plus sourdement que nous ne l'aurions cru possible, et ce en l'absence de toute blessure physique. Vous avez beau essayer de *rassembler vos idées*, les choses restent confuses, *vous ne comprenez pas ce qui vous arrive*. On dit souvent un peu vite : « Il n'a rien, tout va bien », sans présager le fait que le corps invisible peut être, lui, grièvement touché. Or, en cas de lésion psychique, votre appareil à penser ne pense plus et vous voilà en prise directe sur votre Moi-peau, lui-même aux prises avec un mélange de pulsions, d'affects, de ressentis, donc d'éléments bêta projetés, juxtaposés, en désordre, qui ne trouvent pas de quoi les contenir. Cette expérience est non seulement désagréable mais elle peut être traumatisante du fait de son caractère d'effraction psychique. Vous ne vous reconnaissez pas. Vos réflexes habituels ou vos pensées vous échappent. L'expérience personnelle prend des allures de dépersonnalisation et peut conduire à un état psychique perturbé. Bien sûr, chaque Sujet réagit selon ce qu'il a construit avant et il est impossible de décrire une attitude unique.

Il convient de préciser que nous rencontrons tous chaque jour des personnalités fragiles peu enveloppées psychiquement. Leur peau vite écorchée, trouée, peut laisser s'échapper des émotions, des affects, quand ce ne sont pas des pulsions. Pour reprendre l'exemple de l'automobiliste choqué, on peut le voir soudainement perdre le contrôle, allant jusqu'à menacer physiquement ceux qui l'entourent.

Caché derrière un corps sain, le psychisme s'exprime sur un mode si primitif et inattendu qu'il peut faire des ravages. Prenons ce responsable d'entreprise dont le physique apparemment solide dissimule un corps psychique fruste, aux enveloppes trouées qui n'arrivent pas à remplir leur fonction de contenance. À la moindre contrariété, il peut devenir brut, corps bêta qui se déverse alors en mots violents sur des salariés qui n'en reviennent pas. Plus rien ne fait sens et la panique le prend au corps, corps qui s'agite, qui ne pense plus et agit. La frustration fait effet de traumatisme et l'atteint dans son identité à peine élaborée. Malgré son âge, c'est une part non construite de lui-même qui s'exprime. Les colères qui l'envahissent et le manque de maîtrise renvoient à un enfant de 4 ans qui tape du pied quand sa mère le contrarie. Tout prend des allures d'agression. L'autre, le mot, le geste et même la pensée de ceux qui le regardent. Terrifié, il fait face en se rassemblant dans une posture défensive qui lui permet de lutter contre son propre morcellement. Son corps devient carapace dans une dureté inimaginable. Rien ne l'arrête, pas même la réalité de la situation. Triste homme qui va, en se défendant, détruire ce qui a été construit avant lui. Car cet état d'être qui devient en termes professionnels un état d'esprit ne peut prendre en compte l'autre. Ces personnalités nommées à des postes de responsabilité dépensent tellement de ressources psychiques pour exister qu'elles ne peuvent pas être disponibles pour leurs missions directionnelles. Regrettable erreur de casting.

Les médias nous informent parfois de drames qui viennent mettre en scène ce concept inconnu. Nous avons en effet beaucoup entendu parler de ce jeune écolier qui a agressé sa professeur dans une soudaineté incompréhensible et avec une violence impensable. Mais l'impensable que traduirait ce corps excédé d'adolescent était une réponse à un autre impensable, absolument indétectable.

De façon bien compréhensible, la professeur avait exigé de son élève qu'il ôte son vêtement, signe qu'il s'installait dans le cours pour écouter ce qu'elle avait à lui transmettre. Scène de la vie quotidienne dans une classe. Or le jeune homme a refusé et la professeur s'est obstinée. Derrière cette scène banale s'en est jouée une tout autre qui concernait le corps psychique. Pour l'adolescent, enlever son blouson, c'était perdre sa peau contenante, celle qui le protégeait, le rassemblait. Il ne pouvait l'ôter sans prendre le risque d'être écorché. Il y avait là une notion de perte de soi, de son enveloppe, et cette demande simple devenait une agression avérée. En réponse, le jeune homme dénudé a explosé. N'étant plus contenu, il s'est retrouvé face à des pulsions libérées, sans doute dépassé lui-même par un corps qui ne lui appartenait plus vraiment. Il s'est jeté sur l'autre tel un animal blessé, poussé par un éprouvé brut qui venait défendre une dimension vitale. Accident terrible, terrifiant dans sa dimension d'incompréhension et de non-rencontre.

Cet éclairage n'a pas pour objet d'excuser mais de démontrer à quel point il est important de se pencher sur ce corps psychique agissant. Si le professeur avait eu connaissance de cette notion de *peau contenante*, pouvant être symbolisée par un vêtement, elle aurait sûrement compris et se serait comportée autrement. Elle aurait pris le temps, laissé le temps au jeune homme de se dévêtir, de s'approprier la décision de le faire sans être dans un rapport de forces venant dire : « C'est lui ou c'est moi. »

Personne ne veut être un lambeau, pas même cette petite fille autiste qui, dévêtue soudainement par sa mère, se transforme en un corps secoué de spasmes explosifs. Son corps jusque-là reposé, bien calé dans la poussette, devient morceaux. Elle n'arrive pas à lutter et se sent désagrégée. La tête se rejette en arrière, les membres se tendent tel des élastiques au bord de la rupture. Les bras se soulèvent, partent en arrière au risque de lui faire mal. Je m'approche, touche une de ses jambes, nomme ce qui vient de lui arriver et son impossibilité à contenir son corps. Ma caresse relie ces *morceaux-corps*, lui redonnant un Moi corporel entier. Elle est entière et sa maman a voulu faire vite pour compenser le retard au rendez-vous. Mais elle est bien là dans son corps et nous allons prendre le temps qu'il faut pour qu'elle se retrouve en vue de nous retrouver à nouveau.

En tant qu'adultes, nous souffrons quand nous voyons nos petits patients aux prises avec cette insupportable maladie de l'âme. Cette cicatrice béante du corps qui ne se ferme pas. Qui reste ouverte à tous les vents. Corps-orifices que tout peut pénétrer sans crier gare, car tout est pénétrant. Nous sommes pressés de travailler à la mise en place de ces peaux qui permettront à l'enfant d'avoir enfin un corps enveloppé, capable de le porter. Nous aimerions que cela aille vite, or le temps semble suspendu et impose un rythme de progression d'une lenteur parfois insoutenable. Il faut aux parents tant de courage et de patience pour vivre avec l'enfant et le découvrir dans ce qu'il est vraiment. Un enfant au corps de chair superbe mais au corps psychique blessé. Avec lui, beaucoup de choses sont possibles, à condition de rentrer dans ce qu'il vit, de mettre du sens sur ce qui n'en a pas.

L'âme pelée

« Je ne peux pas vous expliquer ce qui s'est passé exactement. C'est en dehors des mots. Je l'ai vécu dans mon corps. Quand je l'ai vu, j'ai été traversé par une onde de choc indéfinissable. C'est comme si j'explosais. J'étais foudroyé. C'est dans mon corps que cela s'est passé, est-ce que vous comprenez ? Dans mon corps ! ! »

Ce père en détresse essaie de mettre des mots sur ce qu'il vient de vivre. Il me parle de la naissance de son enfant, du bonheur de la naissance à annoncer à sa famille, plaisir dont il était rempli pendant que sa femme était en travail. Ensemble à attendre, ils vivaient cet accouchement comme le début d'une belle aventure. Confiants et rayonnants, ils patientaient. Mais, quand l'enfant est né, il présentait un aspect inattendu, et le père crut comprendre qu'il était atteint d'une maladie. Le pédiatre l'examina aussitôt et se retira en silence, sans un mot pour les parents qui venaient de naître.

Le gynécologue, quant à lui, a disparu. Il ne reviendra jamais voir le couple, pas même pour ses visites postnatales obligatoires. Ce silence et cette fuite du corps médical alourdiront considérablement la souffrance du père et de la mère, totalement perdus, dans un état d'éparpillement second.

Le père, dans un sursaut de survie, part à la recherche du pédiatre dans les couloirs de la maternité. Il veut savoir. Il veut entendre quelque chose, quelque chose qu'il ne peut prononcer lui-même seul. Il lui faut une rencontre humaine, des mots qui viendraient donner du sens à ce que son corps désintégré n'arrive plus à réunir. Il est en morceaux, *à ramasser à la petite cuillère*, dirait l'expression populaire, tellement vraie dans sa description de cet état psychique. Être en morceaux, avoir perdu son intégrité, être *écorché vif*, quoi de plus parlant, de plus signifiant pour dire que le psychisme saigne.

Et ce père tout neuf est en pleine hémorragie. Il a la force de courir chercher de l'aide dans les mots réparateurs, possiblement soignants. Le pédiatre retrouvé, le père lui demande : « Qu'en est-il ? » Le médecin garde le silence. Le père nomme alors : « Je pense que l'enfant est trisomique. » L'homme hoche la tête, pose la main sur son épaule et lui souhaite du courage.

Le père s'en souvient comme d'un mauvais rêve, avec le voile réservé à ceux-là. C'est là qu'il s'est désintégré, c'est là qu'il a perdu ses enveloppes, qu'il est devenu état brut, corps morcelé.

Plus de contenant, plus de contenu. Corps en vrac, corps-sac. Forme informe d'une chair blessée. Il faudra du temps à ce père pour retrouver *forme humaine*, pour sortir de son état de confusion et de démantèlement.

La mère a *réagi* différemment et l'onde de choc ne s'est pas propagée dans son corps. Elle décrit bien comment le clivage a opéré chez elle. Face à l'enfant, elle avait deux attitudes qui venaient donner sens à son état psychique. D'un côté, elle considérait l'enfant comme allant bien, avec cette particularité : la trisomie. Dans ce cas de figure elle était dissociée. Elle avait accouché d'un enfant qui allait bien mais elle n'était pas sa mère. Là, protégée par le déni de la réalité du handicap et dans un espace de non-filiation, elle pouvait s'occuper de lui et trouver un peu de sérénité. *L'enfant qu'elle avait mis au monde mais dont elle n'était pas la mère allait bien :* c'était l'appui de sa pensée. Son rapport à lui était normal et elle pouvait assumer les soins de maternage sans aucun problème. *Peau* et *pensée* pouvaient se conjuguer et fabriquer un soin laissant penser à une forme de normalité. Le peau-à-peau des premiers soins avec l'enfant pouvait se faire.

Mais, d'un autre côté, *elle avait conscience que cet enfant dont elle avait accouché était le sien, et qu'il était handicapé.* Cette pensée prenait alors la forme d'une énergie extérieure attaquante et venait faire exploser ses enveloppes psychiques. Son Moi ne pouvait plus protéger son psychisme de cette effraction. Sa propre peau psychique devenait lambeaux, elle ne pouvait offrir aucun contact à son enfant. Elle était tel un grand brûlé dont la peau attaquée est à vif. La souffrance psychique faisait que le moindre contact était une souffrance ajoutée. Cette mère aux prises avec son corps blessé que personne ne pouvait voir s'était vue lâcher son enfant au moment où la puéricultrice le lui posait dans les bras. Incompréhensible réaction pour un personnel qui n'est pas à même de décoder ce qui se passe en la mère, qui voit une mère au corps sain et ne peut soupçonner qu'elle est littéralement brûlée par ce contact.

Pour recevoir un enfant dans ses bras, la mère doit pouvoir supporter ce qu'il provoque sur elle comme projections, sachant que dans tous les cas les projections de l'enfant dans la psyché de la mère sont comme des turbulences que celle-ci doit être capable de contenir. Nous l'avons vu : le rôle des enveloppes psychiques, de la peau psychique, du Moi-peau, est un rôle de contenant. Il est une écorce, une épaisseur solide, permettant de contenir et d'unifier un Soi. Le Moi-peau du bébé est une partie de la mère que le bébé intériorise en ressentant comment elle le *tient* et le *contient*. Ces deux notions réunies sont devenues dans les écrits de Winnicott, cet auteur humaniste, le *holding*. Il a pour qualité de nommer l'enveloppement du bébé tant du côté des bras de la mère que du côté de sa pensée, d'où cette idée de *tenir* et *contenir*.

Le corps du bébé naît avec une unité visible, mais le psychisme, pour sa part, n'est pas unifié et il s'élabore tout au long des premiers mois de la vie de l'enfant. Si nous devions donner une image, nous dessinerions des morceaux épars et non reliés, comme un puzzle laissé à l'abandon. Ainsi, tout en grandissant dans une relation de soins sécurisants avec sa mère, l'enfant va grâce à elle se construire une unité psychique. Le rôle de la mère à cette époque-là est fondamental. C'est un rôle de protection, dit *pare-excitations*, face aux excitations à la fois externes et internes. Par exemple, en le nourrissant, elle calme sa faim et provoque la fin de la tension corporelle, ce qui lui permet de se détendre, de s'apaiser puis de s'endormir. La rythmicité des soins participe à l'élaboration de toute une série de mécanismes psychiques conduisant l'enfant à élaborer un Moi structuré, un sentiment d'unité, d'être, d'exister, de bien-être. L'enfant va s'approprier son corps, c'est-à-dire s'approprier une image de son corps. Pouvoir évoquer une image de son corps propre est ainsi indissociable d'un mouvement psychique sur lequel la pensée s'appuie. Corps et psychisme s'installent dans une réciprocité indéniable. Le corps ressent, le psychisme crée des images, des représentations qui lui permettront ensuite de trouver le sens de ce vécu. « Ainsi le corps sera pensé et la pensée sera autant une affaire de peau que de cerveau[1]. »

Or cette jeune femme éprouvée ne peut ni toucher ni penser son bébé. De fait, elle le lâche. Le corps parle cruellement et nous devons accepter de l'entendre si nous voulons réussir à l'aider. Si nous nous rendons sourds à ce corps signifiant, nous mettons l'enfant et la mère en danger. Si nous forçons le lien ou si nous ne pouvons pas penser la mère et l'enfant séparément, le risque est grand d'un passage à l'acte sur le corps de l'enfant.

En consultation, chacun va tenter un sauvetage psychique. Le père va prendre contact avec son Moi-peau et patiemment il va reconstituer ses *feuillets*. Il repère ses affects, tente de se les représenter, de les signifier et de les relier aux événements. Il retourne aux moments de *pensée blanche*, état de non-pensée. Passage indispensable pour se remettre à penser sur cet impensable. Car l'enfant attendu est toujours un enfant rêvé, avec sa part de perfection et d'idéalisation. Personne ne rêve un enfant différent. L'acceptation demande du temps et le handicap n'appartient pas au monde de l'imaginaire. La mère fera son travail de reconstruction en repérant cette réalité traumatique. Tous deux devront prendre le temps nécessaire à ce soin de l'âme.

Souvent, les parents qui viennent de perdre un enfant ou sont aux prises avec une naissance traumatisante entendent parler du

1. Didier Anzieu, *Le Moi-peau*, Dunod, 1985.

deuil à faire. Concept qui les violente et qui au final n'existe pas. Il sonne pour eux comme un mot fourre-tout et ne prend pas sens dans leur corps éprouvé, corps qui résonne avec l'annonce de la perte.

Ce corps est dans une incapacité de penser. Il est sans pensée, privé de son âme. Notre rôle est d'approcher ses enveloppes psychiques. De les restaurer patiemment, comme pourrait le faire devant un tableau ancien un spécialiste des feuilles d'or. Le corps psychique est malade. C'est la peine, la tristesse qui rendent visible la maladie dont il est atteint.

Le soin ne peut pas prendre des allures de mots plaqués. Il doit être prudence, écoute contenante, mise à disposition de son appareil à penser. Le corps alors parle, à travers ses émotions visibles, de son atteinte interne, invisible, et du risque majeur d'y *perdre la tête*. Perdre la tête, c'est se perdre soi-même. C'est être dans le risque de ne plus se reconnaître.

La vie de ce couple, comme celle de bien d'autres anonymes, est à jamais marquée par une histoire impensable qui a eu des effets délétères sur leur santé psychique. Se voir et se sentir perdre ses moyens, perdre son identité, est une expérience d'une violence inouïe. Pouvoir métaboliser ces expériences psychiques et les intérioriser, c'est cheminer vers un apaisement de soi.

Pour être apaisé, il va falloir à cet autre, un enfant cette fois, le temps des cicatrices de l'âme. Né dans la rue, il a connu la faim, la solitude, l'extrême pauvreté, le dénuement, et on l'a retrouvé seul, recroquevillé au fond d'une impasse, visiblement affamé, souffrant, apeuré. Il est difficile de lui donner un âge réel, aussi un âge fictif est-il proposé, sorte de compromis au regard de sa taille, de sa dentition, de son langage, tout en tenant compte de son retard. Car, même sans connaître son âge, il apparaît de façon évidente que l'enfant a du retard. Son squelette présente des signes de malnutrition et sa peau porte des cicatrices sur les origines desquelles aucun doute n'est possible : le petit a été maltraité.

Proposé à l'adoption, il est accueilli à l'âge de 4 ans dans une famille. Il va ainsi changer de pays, de nom, et avoir une vie familiale avec un père et une mère prêts à prendre soin de lui.

Son adaptation est rapide. Très vite, il se met au français, s'intègre en moyenne section, a des amis et semble trouver un équilibre. Seule ombre au tableau, il a tendance à accepter que les enfants de sa classe lui fassent du mal. Dernièrement, il a laissé une petite fille lui gratter une croûte de brûlure, allant jusqu'à lui mettre le bras en sang. Il semblait insensible et n'a eu aucune manifestation de souffrance pendant cette opération, qui devait pourtant être douloureuse.

Cet enfant réparé puisque adopté, que l'on a cru cicatrisé, a confié à son corps le devoir de mémoire. Adapté, en sécurité, il ne porte plus sur son corps les stigmates de la souffrance, les traces de son passé. Il est devenu autre. Il est vrai qu'il est transformé et que son nouveau corps exhibe une santé rassurante. Il a grossi, grandi sans se restreindre. Il a apaisé ses parents, rassuré son entourage, épaté la famille, ébloui la médecine quant aux capacités d'un corps à rebondir. Il a fait vite, l'enfant meurtri, pour devenir un enfant de la joie. Tous ont été là pour lui et avec lui.

Alors cette peau qui saigne au retour de l'école suscite la stupéfaction. La peur aussi. Soudainement revient l'histoire, celle qui était *oubliée*, rangée dans le tiroir « Avant », soigneusement refermé, que l'on pensait ne jamais rouvrir. Aujourd'hui, le bras qui saigne sur une plaie fabriquée, un creusé de la peau autorisé, est plus qu'une chair à soigner. Et la mère comprend que l'enfant saigne, que son cœur est fragile, que son bras abîmé devant elle est tout son corps qui se vide de son sang. Elle ne connaît pas la peau sous la peau. Elle ne sait pas que derrière la chair est l'enveloppe, celle qui tient l'enfant, sa colonne vertébrale virtuelle, celle de la vie. Elle ne connaît pas ces théories psychiques mais elle sent pour les siens, comme on ressent son enfant dans ses propres tripes. Elle le sent en elle, elle qui ne l'a pas porté mais qui peut si bien être là pour lui. Tout d'un coup, face au sang qui s'écoule, elle réalise et comprend la profondeur de la blessure. Il a laissé son corps être attaqué car il est attaqué lui-même par tous ceux qui lui veulent du bien. Il ne sait sûrement pas comment dire à cette femme devenue sa mère et qui l'aime si fort qu'il est agressé par cet amour, qu'il attendait mais qui est trop fort et qui va trop vite. Comment exprimer dans cette nouvelle langue, ce français qu'il maîtrise si bien car il l'a appris en trois mois tellement il l'aime, qu'il a peur d'être aimé ? Il ne trouve pas les mots pour dire cet indicible. Alors il regarde la petite fille l'écorcher, le mettre à sang, attaquer sa propre chair. Il reste immobile et ne dit rien. Il ne souffre pas dans sa chair mais au-delà, et, dans cet au-delà, les larmes n'existent pas.

Il sait que le soir, quand sa mère viendra le chercher, elle verra la plaie. Tout le monde l'a vue, à commencer par son institutrice, qui l'a interrogé, qui a cherché des mots sur ce silence insoutenable. Elle voulait qu'il explique ce comportement inadmissible. Elle a grondé la petite fille qui a creusé la plaie mais elle sait aussi comment lui a laissé faire. Le soir, elle l'a dit à la mère, et c'est alors que leurs yeux se sont parlé et qu'il est allé voir le *docteur des soucis* pour que son corps tout entier ne saigne plus.

Chapitre III

L'empreinte du regard

Le regard en question

« POULOS, regarde-moi ! » hurle l'enfant rageur, titubant sous le poids de son cri. Il est là, au milieu du couloir, et tente avec peine de s'immobiliser contre le mur salvateur. Toute son énergie est dans son cri, et son corps encore bien malhabile est secoué par le souffle de la fureur. La main appuyée contre le mur pour ne pas tomber, il halète et me scrute avec ses yeux devenus noirs de colère. « RE-GAR-DE-MOI ! » exige-t-il dans un dernier souffle. Je me retourne et le fixe à mon tour.

En me voyant faire volte-face, il se tait et écoute mon regard. Il ralentit sa respiration, se calme. S'imprègne de mes pensées portées par mes yeux. Comme tous les enfants, il sait lire le silence et s'applique à l'entendre.

Il est des regards sans appel, comme des mots qui exigent, et c'est le cas de celui de mon petit patient d'aujourd'hui. Il me faut le regarder, selon lui, sinon il tombe. Ainsi s'est construit son monde, décorporifiant des bouts de son corps et les transmettant à un autre que lui. Il pense que je possède la marche de son corps et que si je le quitte du regard il perd la faculté motrice de ses jambes Alors il crie, exige, et fulmine si je ne m'exécute pas immédiatement. Il veut m'imposer de poser mon regard sur lui, donnant à notre relation une proximité étouffante.

Mais l'enfant qui crie n'est pas comme les autres enfants. Son corps le lui a dit dès le jour de sa naissance. Né trop tôt, trop petit, trop fragile, son monde de *trop* en a fait un enfant différent. Il lui a donc fallu un jour venir me *voir* et en retour il exige mes yeux.

Cet enfant a un corps mais il ne s'en sert pas, sauf pour nous signifier qu'il ne joue plus *au docteur* avec nous. On l'a assez branché, opéré, soigné, perfusé. À 2 ans, après déjà une vie entière à l'hôpital, il ne mangeait pas seul, c'était une machine qui le nourrissait. Il ne marchait pas, ne se tenait pas assis, ne soulevait pas sa tête et se laissait porter par des bras qui devenaient ses jambes.

Aujourd'hui qu'il a grandi, il attend de mes yeux qu'ils le portent comme le ferait une mère, confondant le regard qui accompagne avec le regard qui porte. Bien sûr, il ne peut pas savoir qu'il se trompe car, depuis le début, les dés sont pipés pour lui et les siens. Il n'a pas connu les yeux rieurs de sa mère le voyant tituber à 10, 12 mois sur ses jambes de bébé et le suivant d'un regard encourageant. Il a juste connu des yeux le suppliant, penchés sur son corps allongé, attaché. Alors, les mille signifiants du regard, il ne sait pas ce que c'est.

Pour lui né trop tôt, les yeux parlent avant tout du combat de la vie, du courage à avoir, ignorant l'avenir trop difficile à penser. Sa naissance précoce a été portée par des regards inquiets de parents esseulés qui l'ont découvert dans sa couveuse. Les éclairs de bonheur liés au partage de l'arrivée de l'enfant se sont brisés net. Quel espoir peut avoir un parent face à son enfant de 600 grammes né à 24 semaines, l'extrême limite possible pour la vie aérienne ? L'enfant n'a pas pu lire des mots de bienvenue dans les pupilles parentales, trop occupées à le supplier de vivre l'instant, d'économiser son souffle pour qu'il dure longtemps, qu'il se batte encore et encore.

Un enfant né trop tôt est dit prématuré et son immaturité corporelle est très préoccupante. Les médecins parviennent toutefois à le soigner et les personnels présents répondent à ses besoins. Besoins liés à sa vie physiologique, à la survie de son corps de chair.

Mais reste à la part humaine de l'enfant à trouver son compte. Le défi est de taille car l'enfant médicalisé à l'extrême est un corps organique à sauver confié à la médecine. Les gestes de soins sont précis, les paroles rassurantes pour que le corps se détende et que la peau, sans cesse attaquée, s'ouvre à eux en vue de les faciliter.

Les jeux de regards dans un service de néonatalogie ou de réanimation sont particuliers. Ceux des soignants sont vigilants, attentifs aux machines, à leurs sonneries, aux dosages. Ceux des parents sont inquiets, fixes, parce que le temps s'est arrêté pour eux. Derrière la vitre de la couveuse protectrice, ils ne comptent pas les heures en minutes mais en nombre de respirations réussies. L'avenir n'est pas demain mais tout de suite. Les corps observants des parents tout juste nés ne bougent pas et attendent le rythme du deuxième souffle de l'enfant. L'air entre si difficilement dans ses poumons. Poumons immatures, à peine capables de supporter l'oxygène que la fidèle pompe qui lui a été assignée lui transmet sans relâche. Drôle de vie que cette vie-machine. Drôle de lieu de naissance que ce service où chacun lutte pour que les enfants survivent.

Il a bénéficié des meilleurs soins, mais que faire quand un enfant ne veut plus participer à sa propre survie ? Tous les enfants ne veulent pas être des *bébés-machines*. Certains sont si gavés de nos bons soins qu'ils finissent par les refuser. Ils veulent occuper leur place, c'est-à-dire faire vivre leur corps même si celui-ci se montre capricieux et n'est pas à la hauteur.

Mais quelle place leur reste-t-il quand chaque organe est secondé par la technique ? Certains pensent qu'il ne leur reste rien, et renoncent à la vie.

Le jour de sa rage, l'enfant a 5 ans, et je suis sans voix quand mon corps se tourne vers lui.

Je suis exaspérée par ces séances répétées où se jouent et se rejouent les enjeux de son autonomie, et ma colère se glisse sournoisement dans l'espace qui nous sépare. Chacun tente de décrypter ce que l'autre dit quand il ne prononce rien. L'enfant sait qu'il a obtenu par ce cri enragé des émotions vives : je *fulmine* et il s'en nourrit. La libido est source de vie et la colère, par sa charge pulsionnelle, est à mon insu une alimentation satisfaisante. Là est mon échec. Là est sa jouissance. Au centre, notre travail.

Il ne *veut pas* marcher et s'obstine à rester sur des jambes molles qu'il ne commande pas. S'il mettait toute la force de ce cri de rage dans le désir de se faire porter par ses jambes, il pourrait depuis longtemps, sinon courir, du moins marcher lentement, malgré ses séquelles physiques qu'il ne s'agit pas de nier.

Mais le temps de sa construction psychique n'est pas terminé et l'enfant, dans un refus subit, n'arrive pas à obtenir que ses jambes le portent. Rien n'est simple quand le corps n'a pas fini d'exprimer l'informulable. Le choix des mots corporels prend parfois des allures étranges et des chemins détournés. Ainsi, ce n'est pas parce que l'on peut marcher que l'on marche. La marche d'un point de vue psychique s'acquiert à deux conditions. La première est de ressentir son corps de la tête aux pieds ; que le flux sensoriel soit le même que lorsque, allongé dans l'espace utérin, l'enfant se sentait tenir debout grâce à ces éprouvés qui le contenaient entièrement. La deuxième condition tient à la capacité de l'enfant à se construire une image verticale de lui-même, à se projeter enfant moteur avançant et à se voir en mouvement.

La verticalité de cet enfant n'est pas arrivée jusqu'au bout de ses pieds. L'image de son corps n'a pas fini de grandir et, psychiquement, il est encore amputé de sa partie inférieure. Il se vit sans jambes porteuses. Il n'a pas un passé d'enfant joueur attrapant ses jambes, comme le font les enfants de 5, 6 mois, tirant dessus, éprouvant leurs attaches, construisant une *unité-corps* où les éprouvés s'expriment autour du vertical et de l'horizontal.

Les séances de rééducation qu'il suit chaque jour avec son kinésithérapeute lui permettent d'entretenir ses muscles, et les temps d'immobilisation et de stimulation sont indispensables à sa santé physiologique. Mais la dynamique psychique nécessaire pour qu'il se vive en mouvement autonome n'est pas encore acquise. La réparation de l'enfant a oublié à un moment l'enfant lui-même. Il est resté en arrière et est devenu spectateur de ses soins. Hors de son corps, il ne fait plus corps avec sa chair, ne l'habite plus. Sa croissance d'enfant désirant, sa croissance psychique, pourrions-nous dire, s'est interrompue. C'est elle que je cherche à restaurer, en allant à la source du désir de celui qui me consulte.

Avec cet enfant, le regard est un outil de travail incontestable. Son signifiant est très clairement implanté dans une croyance qui lui est propre et qui le prive encore de l'idée de sa propre autonomie. Il semble prisonnier d'une pensée où ce sont les yeux qui font marcher. N'est-ce pas logique quand on est resté deux ans allongé, vivant grâce aux yeux qui venaient surveiller, soigner, changer, porter, parler, faire bouger le corps morceau après morceau ?

Je le comprends, même si mes yeux lui disent clairement qu'ils ne le feront pas marcher. Sa motricité n'est pas extérieure à lui mais en lui. Il marchera quand il pourra construire son désir et le mettre au service de son corps, seul, sans essayer de prendre le pas sur ceux qui l'entourent. Marcher dans sa tête est plus compliqué que marcher sur ses jambes. Là est l'image. La verticalité d'un enfant est parfois inscrite dans sa pupille et, précisément aujourd'hui, cet enfant que je regarde ne se voit pas marcher. Il cherche à m'agripper dans un regard qui en dit long à ce sujet.

Ce jour où il crie après moi, cela fait déjà trois ans que, trois fois par semaine, il vient me voir. La première année, alors qu'il a déjà 2 ans, il ne pèse que 3 kilos et se laisse mourir. Sa mère le porte comme on tient un bébé naissant. Elle me raconte d'une traite la sortie de l'hôpital après deux années de soins intensifs et ce qui semble être aujourd'hui son refus de vivre. Elle le pose dans mes bras et me dit souhaiter qu'un travail se fasse car elle le sent *partir*. Ici, loin de toute perfusion, elle espère encore qu'il acceptera de continuer sa vie. Car l'enfant ne veut plus la *mère-machine-de-la-vie*. Il veut sa vie ou rien, et le jour où je le rencontre il est en effet à deux doigts du *rien*. Il ne semble même plus percevoir le regard suppliant de sa mère qui l'accompagne et lui formule son désir qu'il vive.

Cette première rencontre avec lui a été courte, et je fus marquée par ses yeux, qui me sont apparus immenses et terriblement présents. Ses yeux lui *mangeaient* le visage, répondant à l'expression. Son corps n'était qu'un regard. Intense, fort, déterminé. Quel contraste entre la force du regard et la faiblesse du corps !

Tout était contenu dans ses pupilles démesurées et qui me décryptaient. Il ne cherchait pas à me voir mais à me sentir, à me ressentir, dans un regard impudique. Rien ne semblait lui échapper, comme s'il était capable de deviner les mots que je me prononçais à moi-même. J'ai senti qu'il savait que je n'étais pas un *docteur du corps* capable de le maintenir en vie. Il a lu comme dans un livre ouvert qu'ici il serait convoqué dans son désir. Il ne pourrait pas tricher. Il voudrait vivre ou mourir. Dans l'un ou l'autre cas cela lui appartenait.

Je lui proposai une deuxième rencontre. Était-il prêt à ce travail ?

Son regard intense, profond, je le connais si bien maintenant. Ce jour-là, bien qu'il n'eût que 2 ans, je lui ai laissé quinze jours de réflexion. Il est revenu dans les bras de sa mère et, une fois en séance, il a su me montrer sa décision à travers un jeu symbolique, me guidant sur un mode ludique à la recherche de bouchons qu'il s'agissait de remettre sur les crayons de la bonne couleur. Hésitant, jouant à se tromper comme seul peut le faire un enfant qui sait, il a signifié avec finesse qu'il était prêt à rassembler les morceaux de ce corps éparpillé qui allait devenir le sien. Dans le jeu de la vie et de la mort, il avait choisi la vie.

Ainsi a commencé le travail, long, plein d'inconnu pour moi, qui devais prendre dans mes bras un corps gros comme un bébé naissant mais dont le regard vif était celui d'un enfant qui a relevé le défi. Déjà huit ans que cette expérience se vit au quotidien. Aujourd'hui il a 10 ans, je le vois beaucoup moins, il marche et court parfois maladroitement. « Tu sais, j'ai été inscrit dans le groupe des valides », me dit-il un jour, l'air de rien, à propos d'une sortie avec un centre aéré qui réunit enfants valides et enfants handicapés. Cette année il est passé en CM1, et il peste car il n'est que troisième. S'il ne crie plus après moi, il peut encore jeter violemment les poupées de chiffon contre le mur en les traitant de « sales handicapées », reste de soi détestable, haïssable, qu'il tente d'expulser en dehors de lui.

Comment lui faire comprendre qu'il m'a guidée vers ce monde si subtil du regard ? Je n'aurais jamais pensé que les yeux pouvaient dire la vie avec cette finesse si aiguë et si terrible en même temps.

Le mot *terrible* me vient à l'esprit car, au moment où j'écrivais ces mots sur cet enfant qui a partagé tant d'années de ma vie professionnelle, je découvrais le merveilleux livre d'Alain Corbin, Jean-Jacques Courtine et Georges Vigarello sur l'histoire du corps[1]. Dans cet ouvrage qui propose une montagne de connaissances – un travail extraordinaire de la part des auteurs –, mon attention

---

1. Alain Corbin, Jean-Jacques Courtine, Georges Vigarello (dir.), *Histoire du corps*, vol. 3 : *Les mutations du regard. Le XX*e *siècle*, Seuil, 2006.

a été sans cesse stimulée, mais ce sont les lignes à propos des camps d'extermination et de leurs effets sur l'humain qui, à cet instant de l'écriture, m'ont retenue. Les camps de la mort ont détruit en premier lieu la *peau* et le *regard*. La peau est décrite comme ridée, jaune, desséchée, squamée, les regards comme creux, traqués, effrayés : « Ce n'est pas un hasard si les témoins insistent sur le regard et sur le visage en général, et sur le vieillissement de la peau : les deux caractéristiques premières de l'être humain, sa frontière, ce qui le différencie de l'animal, sont les premières à craquer[1]. »

C'étaient deux des thèmes que j'avais choisis, avant de découvrir cet ouvrage, comme des signifiants forts dans la naissance du corps psychique s'exprimant au travers d'un corps bavard. Ils m'avaient semblé être les plus humanisants, les plus intéressants dans notre construction de futur être parlant, car justement ils savent dire les choses avant les mots.

Je rejoins donc l'auteur de ces lignes en affirmant que le hasard, en effet, ne peut être convoqué pour expliquer la destruction prioritaire de ces deux parties du corps. Nous connaissons trop bien, individuellement et collectivement, notre humanité.

Le regard est un inépuisable signifiant qui habite le corps comme un ermite sa grotte, lui donnant sa valeur, inscrivant son lieu de vie comme impénétrable, assurant tranquillité et continuité à la méditation de son unique habitant. L'ermite, hors des regards, se nourrit de regards intérieurs qui lui permettent de s'alimenter comme être pensant, se réfugiant dans un monde où les yeux virtuels occupent une place centrale.

Pouvoir se sentir exister en dehors de toutes ces manifestations d'attention, en particulier celle des regards, est une force inté-

1. Annette Becker, « Exterminations : le corps et les camps », *in ibid.*

rieure, un atout dans la vie. Dans notre société d'images, cette faculté devient exceptionnelle et démontre la sérénité psychique du Sujet.

Trape-trape-regards

Bien des enfants privés de regards peuvent en garder des séquelles. Ils le savent si bien, les enfants, qu'ils guettent les yeux comme on guette une proie. Ils ont un besoin vital du regard que le corps tout entier ressent au plus profond de lui-même.

Mais ne nous y trompons pas : ce n'est pas dans sa *fonction vue* que le regard porte la vie, c'est dans sa *fonction vibratoire*. Les ondes qui sous la peau se faufilent laissent un sillage de sensations que même les mots ne peuvent pas qualifier. C'est trop vieux, trop enfoui. C'est comme le plaisir : vouloir le décrire, c'est déjà le perdre. Mieux vaut se taire. Comme l'enfant ne parle pas, il ne risque pas de tenter de décrire ce qui ne se décrit pas. Il éprouve le regard et jouit dans la chair de celle qui pose ses yeux sur lui. Corps à corps sans mots. Corps à corps de l'intime que le regard enveloppe, associé à la peau caressée, à l'odeur emmagasinée. Enveloppes, baumes, caresses, mots, le regard est un tout, se transformant en un utérus reconstitué pour adoucir l'arrivée dans cette vie aérienne.

Les yeux ont le pouvoir de créer un nid et de prendre le relais du cordon ombilical qu'il va falloir couper. Le cordon une fois disparu, il restera les filets des pupilles qui s'accrochent à l'aveugle, car il n'est nul besoin de voir la mère. Il suffit de la regarder.

Et l'enfant qui ne voit pas accueille de ses yeux aveugles cette reconnaissance humanisante. Il se sait regardé, il le sent, et il quête les yeux de ses parents en arrivant à l'air libre. Ceux-ci répondent à sa demande silencieuse par un regard si pénétrant qu'il le tient et le retient à la vie. Ce regard deviendra originaire, identitaire, et il suivra fidèlement l'enfant devenu adulte.

C'est ce que nous pouvons lire dans le terme *d'intersubjectivité* tant utilisé par les décodeurs de l'âme – les psychanalystes dans leur ensemble. Depuis quelques décennies se cache sous ce vocable tout ce qui a trait à la communication qui peut se produire entre deux sujets. Mais, si le Larousse s'en tient à cette définition, les analystes, eux, parlent d'une communication qui se fait dans un attrait mutuel des pensées. Ils communiquent donc sur leurs pensées, qui créent ensemble une co-pensée faite de projections conscientes et inconscientes, réciproques et influentes.

Ainsi, le corps bavard naît à l'intérieur de cette construction, constituée de rencontres sensorielles, affectives, cognitives, fantasmatiques. L'intersubjectivité est au cœur du corps bavard et accompagnera plus tard nos relations d'adultes.

Nous sommes ce corps en éveil et nous gardons au fond de notre chair cette petite flamme de nouveau-né qui parfois se rallume, quittant, le temps d'un regard, d'un amour, d'une pensée, le monde rationnel dans lequel nous avons atterri.

Il y a des mères qui ont peur de cette attraction du regard. Elles n'aiment pas quand le bébé les accroche avec ses yeux devenant, dans leurs pires fantasmes, des hameçons qui leur griffent la peau, les pénètrent, les écorchant vives. Elles se sentent dévorées.

Elle est mal, la mère, et elle a mal avec l'enfant. Un *mal de mère* qui peut venir perturber la naissance de l'enfant. Car, si les yeux sont dents, c'est la mère qui détourne le regard et lâche l'enfant pour ne pas être mordue. Celui-ci tombe alors dans un puits sans fin, perdant de vue les yeux et avec eux les pensées. Or ce sont elles qui arriment l'enfant.

Dans le corps bavard, les yeux sont des pupilles *plus* des pensées. Les yeux seuls sont des organes. La mère qui se croit mordue et qui lâche l'enfant prive celui-ci de sa naissance. Il arrive à l'air libre sans être né. Il n'a pas de naissance. Il n'est pas né *pour de vrai*. Ne pas voir son image dans le miroir des pupilles maternelles, c'est un peu mourir.

Cet enseignement démontre que la naissance n'est pas le simple passage du corps de l'enfant à l'air libre. L'enfant ne sera libre que lorsqu'il sentira qu'il existe et qu'il est accueilli. Nous ne pouvons pas nous vanter d'être dans une société dite *avancée* et *de savoir* si nous ne reconnaissons pas ce savoir que possèdent les nouveau-nés.

Peut-être nous faut-il des preuves pour accepter ce discours sur la naissance qui ne naît pas, ou qui naît mal, ou encore à moitié. Nous sommes, dans nos pensées collectives, rationnelles, avides de toujours prouver, de tout prouver. Il faut apporter la preuve de ce qu'on énonce afin de ne pas dire n'importe quoi. C'est comme cela dans les tribunaux, comme cela dans les sciences. Il nous semble d'ailleurs juste de nous soumettre à cet exercice. Mais prenons garde et n'oublions pas que la souffrance ne peut pas être normée ni ordrée. On peut établir une échelle de la douleur pour savoir à quel point le corps a mal dans son enveloppe charnelle, mais on ne peut pas le faire avec la souffrance. Dans les services de médecine, nous utilisons une telle échelle et c'est un outil utile. Pour le corps psychique, c'est autre chose, et nous ne pouvons que nous en tenir aux émotions exprimées et décelées chez autrui.

Laissons donc la place aux mots de nos semblables.

Qui n'a pas entendu dire ou dit lui-même : « Je n'existe pas à ses yeux », « Il me fuit du regard », « Il m'ignore et détourne les yeux quand il me croise » ? Expressions douloureuses qui confient un sentiment de peur, de souffrance, de perte, d'annulation, d'angoisse. Ces formulations émanent d'une crainte archaïque, non maîtrisable. Plaintes qui prennent racine dans un lointain passé, qui ont leur propre vérité. Là est la difficulté dans la démonstration. Car, pour un observateur lambda, il n'est pas simple de voir si le Sujet est nourri au même titre que la personne humaine, c'est-à-dire si le Sujet de l'inconscient est bien alimenté de la nourriture affective dont il a besoin : fantasmes, émotions, affects, mis dans le lait que le corps ingérera, digérera, trouvant ainsi une détente.

Si la nourriture affective contient cette mixture *lait-pensées*, alors l'enfant accédera au bien-être, c'est-à-dire à son devenir narcissique. Plus tard, nous voyons qu'il y a des adultes qui aiment manger, qui jouissent de ce moment, en font une vraie fête, traînant à table, grignotant les regards qui les entourent et la nourriture préparée. Tout est gourmandise. Tel cet amoureux qui offre à la femme de sa vie un dîner dans un somptueux restaurant. Il commande les meilleurs mets, non pas pour l'épater mais pour jouir d'elle, totalement éblouie par les délices qu'on lui propose. Ses yeux féminins, gourmands, qui découvrent pour la première fois de si belles préparations, sont pour le généreux amoureux un tableau vivant qui lui procure un véritable plaisir.

D'autres vivent les repas comme une tension, voire un calvaire, se nourrissent *parce qu'il le faut bien* mais n'en profitent pas. D'ailleurs, s'ils sortent de table en n'ayant plus faim, ils n'en sont pas repus pour autant.

Ainsi, le regard se nourrit, est nourri, s'adaptant à de multiples métaphores signifiantes, dont la plus parlante est : *Je la bois des yeux*.

Nous avons remarqué que certains adultes recherchent, dans une quête identitaire sans fin, *l'autre qui regarde*. Se sentir *être* peut être la quête d'une vie. Qu'est-ce qu'un acteur sinon un captateur de regards ? Il en a besoin pour vivre, et le regard dans sa dimension pulsionnelle est l'alimentation libidinale la plus importante. C'est le souffle de sa vie. Ainsi se cache, au cœur d'une vocation professionnelle, une pulsion vitale dans sa manifestation archaïque.

Ce mécanisme est si complexe qu'il échappe à la conscience de tous. Que les parents ne se culpabilisent pas trop : la faille est si proche que nous pouvons difficilement l'éviter. « Les parents sont des adultes non coupables mais inconsciemment responsables[1]. » Parfois, on croit porter son enfant dans ses yeux et nos yeux s'évadent. Cela nous échappe, mais pas à l'enfant, qui est un détecteur du *faux regard*.

Toutefois, dans cet espace vide, dans ce petit quelque chose sans rien, se glisse le désir de l'enfant, lui offrant l'occasion d'acquérir une terre neutre à défricher. Le parent qui a un peu failli à sa tâche ouvre par sa distraction une terre à conquérir pour l'enfant. Ce sera la vie de l'enfant, et il aura de quoi la construire.

C'est pour cette raison que les enfants jouent à échapper aux regards des parents, comme Alexis, qui éclate de rire quand il voit sa mère paniquée lui courir après pour le rattraper. La mère ne sait pas jouer à se perdre de vue. Elle est fragile et a peur de le perdre vraiment, alors elle court sans cesse et s'agrippe à un bout de lui, peau ou vêtement, n'importe quoi, du moment qu'elle l'attrape. Elle le gronde et il rit plus encore. Il adore ce jeu, elle le déteste, et elle consulte.

En venant à son rendez-vous, l'enfant se précipite dans le couloir, espace clos par des murs qui le protègent. Là, il peut jouer à faire peur à sa mère et nous montrer comment il la transforme en *maman-marionnette* qui ne court que lorsqu'il l'active. Il aime être fort et nous le prouver, quêtant dans nos yeux une admiration qui ne vient pas. Les mots remplacent le regard attendu, pointant,

1. Françoise Dolto, Danielle Marie Lévy, *Parler juste aux enfants. Entretiens*, Mercure de France, 2002.

de notre point de vue, son plaisir, son jeu, la peur réelle de sa mère et leurs drôles de façons de s'aimer en se faisant peur, en en tirant un plaisir dangereux.

Et il y a un réel danger car, à force de faire semblant, l'enfant oublie qu'il joue et se sauve pour de vrai, n'importe où. Il peut démarrer le jeu de *trape-trape-regards* même sur la route, oubliant les voitures, puisqu'il joue et que, dans le jeu du *faire-semblant*, il n'y a pas de vraies voitures.

L'enfant en quête du regard porteur de reconnaissance va devoir se sevrer, comme sa mère, qui craint de le perdre si ses yeux ne l'arriment pas. Mais ce n'est pas une bonne façon de garder l'enfant que de devoir le voir constamment. Il y a mieux. C'est ce qu'ils vont découvrir ensemble lors de ces consultations mère-enfant où chacun va explorer les fantasmes de l'autre et aborder le lien qui s'est construit autour, où chacun va construire l'image de l'autre, apprendre à la garder, l'intérioriser, pour permettre au corps réel de s'échapper de l'emprise visuelle. Ils vont pour cela se regarder s'éloigner pendant les séances, acceptant de ne pas être dans des corps collés, puis supportant des mots distanciés, en vue ensuite de s'éloigner pour de vrai.

L'empreinte du regard reçue précocement est ici à reconstruire, alors que l'enfant a déjà quelques années. Parfois, c'est beaucoup plus tôt que ce travail est à faire.

L'enfant qui regardait la voix

Avez-vous déjà vu un enfant qui renonce à sa vie ? Un enfant qui va bien, qui a tout pour vivre, mais à qui il manque l'essentiel ? Un poupon parfait, ravissant comme dans les gravures ? Un enfant que sa mère a poussé hors d'elle, vivant ?

Ces enfants vivants qui n'attrapent pas leur vie sont rares mais ils existent, et pour eux il faut être là juste au moment où le doute les assaille. L'instant où ils éprouvent que la mort est plus forte que la vie. C'est terrible et *ça* ne se voit pas puisque, une fois de plus, le *ça* s'en mêle avec son corps aux deux visages : pulsion de vie, pulsion de mort. Capable de tout : le pire et le meilleur.

Le pire est quand l'enfant renonce à sa propre vie à l'aube de sa naissance.

Si c'est en lisant des travaux psychanalytiques que j'ai compris l'importance de cette théorie, fondée sur la capacité d'écouter le corps qui ne parle pas pour aller au cœur de sa naissance, c'est *elle*, l'enfant venant de naître, qui m'a définitivement imprégnée de ce concept de la vie.

J'ai tout de suite su en la voyant qu'un jour il me faudrait parler *d'elle*, pour partager ce qu'elle m'a dit sans rien énoncer. Mais aussi pour ne pas rester seule avec elle et sa vie. Il aurait été malsain de posséder ainsi un regard sur la vie de l'autre sans en faire une expérience à transmettre.

Cette expérience avec *elle* est une preuve de plus pour les sceptiques, et un moment partagé pour moi qui l'ai vécue.

Ce qu'elle n'a pas pu me dire, elle l'a écrit, gravé en ma mémoire, me confiant ainsi un rôle de messager. Encore aujourd'hui, je ressens ses yeux sur ma peau, infiltrés au point d'en devenir mémoire.

Elle avait à peine une minute de vie et elle a su me souffler des mots de sa naissance. Ses yeux hésitants m'ont permis de mesurer la force du langage d'un corps à la recherche d'un autre corps parlant.

Elle ne s'appelle pas encore et elle vient d'être séparée de sa mère, restée en salle d'accouchement. La sage-femme se dépêche car l'enfant est née par césarienne. Elle la tient en l'air et marche à grands pas vers la salle des bébés. Vite, très vite, elle l'allonge, l'essuie, appuie sur son ventre pour l'aider à se dégager. La petite reste inerte, même si l'on perçoit un souffle léger qui signifie la vie. Les gestes de sa *sauveuse* sont précis et s'occupent de son corps. Pas un mot car il faut être concentré. Le tuyau à peine enfilé dans la gorge, la petite suffoque et reprend de l'air. Son corps trémule, ses bras s'agitent et ne peuvent se refermer. Son corps ne cesse de faire des bonds. On a le sentiment qu'elle lutte et ne peut se réchauffer. La table dure sur laquelle elle est posée n'est pas adaptée à l'accueil de son corps naissant. On voit que son dos est mal posé, la mettant en équilibre et l'obligeant à mettre en œuvre des réflexes pour ne pas sombrer. Sombrer où ? Elle ne risque rien. La soignante est là et la tient bien. Il n'y a aucun risque pour elle, et pourtant…

Je ne ressens que sa perte, sa peur, son envie de nous quitter, son hésitation à respirer. La salle est éclairée par des lumières électriques fortes qui l'agressent et ses paupières restent fermées. Instinctivement ? Comment le savoir ? Je la bois du regard et elle m'ignore. Elle n'est pas avec nous, je le sais, je le sens. Ma certitude est plus forte que ma raison. Je sens les pulsations de sa peau apeurée et je perçois son impossible naissance.

Soudainement et contre toute attente, elle se met à respirer seule, alors qu'arrive le reste du personnel. La mère est encore endormie et va bientôt quitter le bloc pour aller en salle de réveil. Elle ne viendra pas voir sa petite fille car elle a pris la décision de s'en séparer.

C'est le personnel qui vient prendre de ses nouvelles. Il est inquiet car la maman, bien qu'elle n'en ait rien dit, semble sujette à des comportements d'addiction. A-t-elle intoxiqué l'enfant ?

Les yeux de tous cherchent et se questionnent. Les paroles alors surgissent et mettent la santé de l'enfant en doute. « Elle tremble pas mal », « Il faudra faire les tests », « T'as vu son front, il est un peu court, non ? », « Et ses oreilles, elles sont basses, c'est aussi un signe d'alcoolisation fœtale », « Ses yeux sont drôlement fendus, j'aime pas ça ». Les regards scrutent, diagnostiquent, quêtent des signes rassurants et, n'en trouvant pas, ils s'obscurcissent au-dessus du corps de l'enfant.

Les bouches ne s'arrêtent plus, penchées sur la petite fille, elles occupent la couveuse qui déborde de mots. Les trémulations de l'enfant redoublent et ma pensée s'affole. Quelle naissance ! Quel accueil à la vie !

Comme un urgentiste qui trouve d'emblée les gestes de la réanimation, je me penche et tente de créer un espace utérin symbolisé par une communication sensorielle. Mes yeux ne la quittent pas pendant qu'elle s'obstine à ne rien voir. Je plonge psychiquement dans le corps de l'enfant. J'essaie de l'entendre, de le comprendre, de me brancher sur ce petit corps secoué. Je prononce des paroles dans un souffle. Je murmure un mot de bienvenue, un plaisir de la connaître, de la rencontrer. Mon envie de la voir vivre. Je l'admire, lui dit sa beauté, la finesse de ses traits, comme sa mère restée endormie. Je la sollicite. Mes mots sans sons donnent à ma bouche un mouvement rythmé qui suit le fil de la vie, la sienne. Murmure du désir de vie. Mon corps tente de ne pas provoquer le moindre accroc sensoriel. Tout est au ralenti. Mon corps virtuel est une sorte de figure, une ombre de sens qui se déplace sans bruit. La petite fille est enveloppée dans ma voix qui espère la vie, sa vie.

Son corps continue de trembler et de se secouer de façon incontrôlable. Je souffre sa souffrance tel un corps emprunté.

Je ne prends pas conscience tout de suite de son changement de posture. Pourtant, la tête a bougé dans un mouvement volontaire. Cet agir maîtrisé transforme incroyablement le corps de l'enfant. Il n'est plus un sac mou que chacun peut prendre et déplacer. Il devient un corps habité.

« Elle a fait bouger sa tête », ai-je le temps de me dire à mi-voix, constatant que celle-ci devient avec son cou une partie du corps sous contrôle, le sien. Elle la tourne sur son axe et semble tâter l'air qui l'entoure. Le mouvement est étrange et il scinde le corps de l'enfant en deux. Il devient double, contrasté, hésitant et déterminé, avant de s'immobiliser.

Son visage dans mon axe, les yeux fermés, elle me regarde. Je suis impressionnée, comme ceux qui l'entourent, de voir son corps chercher le filet de la vie. Elle regarde ma voix. Elle s'y tient, s'y accroche, s'y fixe.

Elle est une petite fille vivante, agissante, écoutante, présente. Elle fait taire toutes les autres voix, et je continue, sous l'impulsion de son corps qui cherche à se nourrir de ces murmures. J'ai soudain la certitude que la réanimation a fonctionné. Je sens qu'elle sait que nous l'accueillons tous ensemble. Tous ensemble nous reprenons confiance.

Les mots maladroits font partie de la vie et la petite fille ne doit pas douter de nous. Parfois, nous avons peur et nous ne savons pas le dire aux enfants comme il le faudrait. Surtout aux enfants qui viennent de naître. On les croit sans parole et nous ne sommes pas habitués aux mots qui perfusent. Personne n'oubliera cette enfant abandonnée qui a su faire confiance envers et contre tous.

Elle a ouvert les yeux avec une difficulté infinie. Ses paupières fatiguées n'arrivaient pas à rester ouvertes. Elles étaient sans cesse courbées sous le poids d'un invisible fardeau. Mais elle s'est obstinée et, dans un dernier effort, a offert ses yeux bleu foncé de bébé tout juste arrivé.

Cette petite fille d'un jour a montré à tous ce qu'était le *désir inextinguible de communiquer*. Elle a démontré ce qu'un corps est capable de dire, et cela vaut des milliers de cours théoriques. Cet enseignement est un partage d'éprouvés. Il est la base d'un savoir opérant et l'ouverture de dialogues riches de silences.

En 1945, Donald W. Winnicott se désolait : « Il est étonnant de constater à quel point la formation que reçoit le corps médical peut appauvrir son intérêt pour les nourrissons en tant qu'êtres humains. Au tout début de ma carrière, j'étais moi aussi conscient qu'il m'était facile de m'identifier aux enfants, alors que l'empathie me faisait défaut lorsqu'il s'agissait de nourrissons[1]. »

Sans doute aurait-il été heureux ce jour-là de voir médecins et sages-femmes se laisser aller à un éprouvé partageable avec un enfant à peine né, devenu soudain leur professeur. Il aurait aimé les voir silencieux, aux prises avec leurs émotions, remplissant ainsi une première condition pour parler le langage du corps : être touché par lui. Ce n'est pas dans les livres. C'est seulement dans la vie écoutée que la découverte est possible.

En regardant l'enfant hésiter puis décider de vivre, tous ont eu sous leurs yeux une leçon sur le regard dans ses différentes fonctions, et ils ne pourront oublier cette leçon vécue. Ils savent désormais qu'un corps communique bien avant d'atteindre l'âge de la parole, qu'il est bavard, à condition de rencontrer un être avec qui parler.

Le reflet de Soi

La maternité ne dit pas, à l'aube de sa propre naissance, le poids du regard qui accompagne la vie future de l'enfant. Elle ne dit pas que la Mère[2] est un acteur clé, qu'elle porte aussi dans son regard

1. Donald W. Winnicott, *L'Enfant, la Psyché et le Corps*, Payot, 1999.
2. Le mot « Mère » est utilisé pour évoquer une figure composite plurielle. Ce peut être la femme qui a mis l'enfant au monde ou toute autre personne accueillant celui-ci. Il peut s'agir d'une seule personne ou du couple parental, de la famille élargie ou des témoins de la naissance. L'enfant, en arrivant au monde, doit pouvoir lire sur sa peau la sensation de sa naissance par cet accueil.

le poids de l'autorisation ou de l'interdiction des autres. Sorte d'éveilleur qui doit ouvrir le voile vers l'extérieur. Car le regard qui reconnaît l'enfant ne peut pas rester fixé sur lui. Il doit devenir mouvement circulaire et envelopper en premier lieu le père, pour ensuite s'élargir et poser l'enfant dans un espace libre de rencontres. Aujourd'hui le père, demain les amis, plus tard des amours. Les yeux donnent le mouvement de la vie, la rendant dynamique, à condition qu'ils acceptent d'être partageurs, donnant l'enfant à voir pour qu'en retour il voie à son tour ce qui l'environne.

Avec le temps qui passe, nous devenons de vieux enfants, plus communément appelés des adultes, tatoués par les regards maternels reçus. Nous en gardons la trace, conscients que notre propre interprétation joue aussi son rôle.

Quand la mère vient de naître, la question du partage n'est pas dans son programme. Le *programme mère* est un temps de rencontre à deux, et il n'est pas question de le partager.

En découvrant son enfant, la mère est enveloppée de désirs nouveaux, égoïstes. Elle veut qu'il la regarde elle et seulement elle. Rien ne doit détourner l'enfant de ses yeux. Elle peut même parfois le garder en son sein et le tenir serré à lui en écraser le nez sur sa peau. Elle est fragile, et chaque coup d'œil sur l'enfant est un coup sur son corps maternel tout neuf.

Elle sent le visiteur comme un *mauvais œil* capable d'enlever son enfant.

De plus, n'oublions pas que dans ce temps particulier se fabrique la « substance psychique » – état fusionnel dans « l'intense œil-à-œil du deuxième mois de la vie[1] » – et que cette substance s'entretient et s'incorpore dans les corps rencontrés, partagés, puis

1. Geneviève Haag, « Les troubles de l'image du corps dans les psychoses infantiles », *Thérapie psychomotrice*, n° 86, 1990.

séparés. Ces corps exprimeront ensemble et séparément leur vie fantasmatique et leurs rapports au monde qui les entoure. Parmi les craintes maternelles, celle de perdre l'enfant qu'elle possède à peine peut intervenir, telle une image angoissante.

Car les mères sont parfois ainsi, elles pensent que l'enfant leur appartient.

La mère est une séductrice qui s'ignore, jalouse et possessive. Elle se croit chaste alors qu'elle va prendre corps dans le corps de l'enfant, et cet échange laissera des traces indélébiles dans sa chair, porteuse de la séduction maternelle. À son insu, une mère apprend à son enfant à aimer et à séduire. Initiatrice des jeux de l'amour, elle devra ensuite s'éloigner pour que l'enfant enseigné éprouve ailleurs et différemment ces leçons de la vie. Alors, comment lui reprocher sa jalousie et son exclusivité, puisqu'elles renferment aussi l'élixir du bien-être futur de l'enfant ?

Cela semble bien simple, d'être là quand il faut et de s'absenter quand c'est nécessaire. Or rien n'est plus difficile dans cet amour que de trouver le juste milieu. Car la séduction maternelle, comme bien des amours, de fait, a tendance à prendre deux chemins pour exister. Elle peut être une séduction originaire, créatrice d'un narcissisme solide. De là, l'enfant est projeté dans des voies créatrices, s'ouvre à d'autres séductions apportant satisfaction et sublimation. Mais elle peut aussi être à l'origine d'une séduction originaire débordante, se retournant alors contre l'enfant et l'envahissant, telles des pulsions angoissantes et incontrôlées. L'enfant devient ainsi un prisonnier libre, car il peut bien sûr la quitter, mais il gardera en lui le goût amer d'une liberté volée et ne pourra en profiter. Être libre, c'est pouvoir s'éloigner sous un regard bienveillant. La liberté psychique, qui serait mieux nommée *autonomie psychique*, ne se vole pas. Elle se construit auprès des siens, et avec eux.

Les prisonniers libres, ce sont par exemple ces adolescents majeurs qui veulent partir sans l'accord familial pour être autonomes mais qui ne cessent de se relier à leurs parents dans des comportements pathologiques qui obligent ces derniers à se rendre auprès d'eux. Ou encore ces adultes qui aiment passer des vacances seuls, laissant à leur conjoint les responsabilités familiales, mais qui appellent dix fois par jour pour savoir si tout va bien. Partis sans un regard approbateur, ils ne peuvent jouir de leur liberté, qui les encombre tant elle les culpabilise.

Pour José Morel Cinq-Mars[1], avec quatre ingrédients – aimer, soigner, érotiser et interdire –, on répond à la question de l'amour maternel. L'harmonie de leur mélange fera naître son équilibre.

L'interdit est, dans la recette maternelle, le sel du bon mets sucré. Une « bonne mère », avec la force des guillemets qui veulent rendre cette notion mythique, est avant tout une mère qui frustre, qui dit non, qui sait faire pleurer son enfant en le privant de ce qu'il demande. Une « bonne mère » fait souffrir l'enfant et lui barre la route du « tout est plaisir ». Quelle horrible définition quand on pense aux fantasmes qui précèdent chaque femme dans son projet de devenir une « bonne mère » !

Ainsi, l'amour d'une mère ne doit pas être un amour sans limite. Ce serait une folie, d'ailleurs ; folie au regard des débordements que cela entraînerait. La mère folle d'amour est une mante religieuse. Elle dévore et emprisonne l'enfant pour sa propre jouissance. Elle s'approprie le corps de celui qu'elle a mis au monde. Or l'enfant va devoir courir loin de sa mère, la perdre de vue pour la retrouver ensuite. Il lui faut pouvoir expérimenter ces moments de manque sans craindre de la perdre. Ce savoir lui sera nécessaire dans sa vie future avec sa femme, son mari, ses propres enfants. Il

1. José Morel Cinq-Mars, *Quand la pudeur prend corps*, PUF, 2002.

a besoin de son désir, celui à l'origine de sa vie psychique, de son être psychique.

Alors, en attendant l'âge mûr, il doit pouvoir vivre avec sa mère une séduction faite de tendresse qui s'équilibre dans ses capacités d'éloignement et de désengagement.

L'intimité au cœur de cet équilibre est une carte difficile à jouer pour les acteurs de cette pièce en actes infinis. Mais c'est un joker qui peut donner à la partie de bien jolis rebondissements. L'enfant qui aura été autorisé à garder sa mère sera un joueur de la vie heureux. Une séduction totale mais limitée est comme une potion magique. Elle permet à la mère d'être un appui, un ancrage, un support narcissique pour son enfant.

Si la plupart des mères trouvent un juste milieu dans leurs relations précoces avec leurs enfants, nous ne pouvons pas passer sous silence le fait qu'il en existe qui ne savent pas doser leur amour.

Alors, comment savoir si l'enfant est dominé par le désir de sa mère ou porté par lui ? Comment le corps bavard peut-il venir nous dire quelque chose de ce trop-plein, de ces excès ? Et est-ce si grave d'avoir été trop aimé ?

Cela peut l'être, comme en témoigne le cas de cette femme à un poste de haute responsabilité dans un service de l'État, un cas qui laisse à penser qu'elle a dû, enfant, espérer cette *mère autorisatrice*. Et que, de toute évidence, elle ne l'a jamais eue.

Cette femme ne supportait pas d'être seule lors de ses déplacements professionnels. Chaque trajet lié à son travail prenait des allures d'épreuve. Pour ne pas sombrer, il lui fallait toujours quelqu'un au départ pour la regarder partir et quelqu'un à l'arrivée pour l'accueillir dans les yeux. Pour chaque déplacement étaient organisés en quelque sorte un comité de départ et un comité d'accueil. Si ce n'était pas le cas, son corps la lâchait, somatisant dans des crampes de ventre allant jusqu'à l'évanouissement. Elle savait gérer les questions les plus complexes dans son travail, mais était incapable de rester seule quelques secondes sur un quai de gare ou dans un aéroport. Le moment sans regard était un temps de solitude si violent qu'elle se perdait elle-même, au point de se sentir défaillir. *Perdre de vue* revenait à *être perdue*, à *se perdre soi*, et rien ne pouvait la rassurer. À ce jour, rien n'a pu décider cette femme à aller explorer du côté du sens de ce corps parlant. Elle se voit donc contrainte de subir, et de faire subir, ce qu'elle ne maîtrise pas, en attendant d'aller poser des mots sur les maux de son corps, vidé de *mère* et qui ne cesse de la réclamer avidement. Elle laisse le soin à son corps devenu bavard d'exposer aux yeux de tous son problème intime.

Tant qu'elle trouvera des mères de substitution qui colmateront son problème et empêcheront les mots de nommer l'innommable, elle ne pourra guérir de son symptôme, de plus en plus handicapant. Seul le manque de mère, qui se traduirait par une arrivée solitaire dans un lieu inconnu, lui permettrait enfin de s'autoriser à aborder cette part d'elle-même. Elle en deviendrait libre, autonome, et serait mieux armée pour résister aux épreuves possibles de la vie.

C'est ce que nous allons expérimenter avec cet enfant rencontré sur un écran de cinéma.

Passeport sans mère

Il est des histoires tristes au premier abord, telle celle de l'enfant du film *Va, vis et deviens*, que nous voyons quitter sa mère avec désespoir. Les images sont dures, reposant sur une esthétique qui montre l'horreur de la mort et de la séparation, les deux se confondant. Dans nos fantasmes les plus fous, il en est d'ailleurs ainsi, et la séparation peut rimer avec cette mort annoncée.

Pourtant, ici, la séparation fait appel aux pulsions vitales de la mère pour son enfant. Le film interroge la naissance, hors l'acte de chair, et vient montrer ce qu'est une disposition maternelle à donner la vie.

Car donner la vie, mettre au monde, ce n'est pas simplement permettre à l'enfant de sortir du corps de la mère qui le porte. Il s'agit d'un acte qui s'étend dans le temps au point de devenir intemporel. Le parent, en naissant parent, doit pouvoir être prêt à renoncer à l'enfant.

Projet impensable pour certains, ce qui nous conduit à rencontrer, dans des situations extrêmes, des parents qui tuent leur enfant. Les faits divers de ce genre seront toujours trop nombreux, et ils suscitent des exclamations comme : « Comment peut-on faire ça ? Ils étaient si proches de leurs enfants, ils les aimaient tant, on n'aurait jamais pu imaginer une chose pareille ! » Cette *chose* est avant tout inscrite dans le corps non différencié de l'enfant. Incapable de se séparer de lui, car incapable de se le représenter présent en lui, l'adulte choisit, pour le garder, de le tuer. Ainsi vient se signifier ce qui ne s'est pas construit psychiquement.

Voilà ce qu'est un défaut de croissance psychique, un processus altéré dans la construction du Sujet symbolique.

La mère du film, au contraire, projette l'enfant vivant dans un ailleurs où elle ne peut pas aller. Elle a des capacités de représentation telles qu'elle peut envisager une séparation, même pour la vie. Elle possède si bien psychiquement son enfant qu'elle peut le quitter à tout jamais, le confiant à une autre, celle qu'elle choisit, à qui elle laisse le soin de continuer auprès de lui ce qu'elle-même avait commencé. Elle en souffrira mais ne sera jamais privée de lui, dans sa certitude maternelle d'être celle qui a fait ce qu'il fallait faire.

La scène se passe dans un camp de réfugiés en Éthiopie. Les images montrent des hommes, des femmes et des enfants survivant dans une grande précarité. La vie et la mort se succèdent. Un temps poignant est celui où une femme digne, seule, enterre son fils unique selon les rites judaïques. Une autre mère l'observe avec son fils à ses côtés, du même âge que l'enfant qui vient de mourir. Impuissants, ils regardent la mère pleurer en silence et offrir comme dernier cadeau maternel à l'enfant maintenant sous la terre le rite de l'union religieuse.

La scène est forte et les regards des protagonistes, qui ne se croisent jamais, imposent une forme d'union à laquelle le spectateur est associé. Nous sommes tour à tour la mère orpheline, la mère qui regarde, la mère qui se désespère. Nous sommes le regard impuissant qui subit ce que nous sommes venus chercher dans cette salle sombre, une *histoire*. Mais l'histoire parfois nous rattrape et nous enveloppe, faisant alors empreinte. Aujourd'hui, elle resurgit pour que nous la partagions afin d'illustrer ce qu'un regard fait de symboles peut dire sans prononcer.

Le lendemain, le jour se lève et c'est l'opération Moïse qui commence. Celle-ci consiste à venir chercher dans ce camp les Éthiopiens juifs, considérés comme les descendants du roi Salomon, pour les conduire en Israël. La mère orpheline, privée de son seul fils, fait la queue dans la file de l'espoir qui va lui faire quitter le camp. Ses yeux sont vides, son corps courbé, elle attend sans attendre d'être sauvée. Sauvée d'une mort certaine dans ce camp où elle est à bout de souffle. Mais la vie est partie avec l'enfant et elle reste inerte, comme si elle se devait d'accomplir ce dernier acte. La mère et son fils la regardent attendre, tout en effectuant les gestes lents de la survie : plier quelques tissus qui font office de couverture, pousser la poussière qui revient dans l'heure qui suit, attendre la nourriture qui reculera la mort. La scène est moite, comme le temps qu'il semble faire dans ce film.

La mère qui reste suit du regard son fils qui s'éloigne pour jouer. Elle est là, plongée dans ses pensées, recouvrant l'enfant d'un regard qui le surplombe.

Quelques minutes passent avant qu'elle ne se décide à l'attraper par le bras, à l'emmener avec elle vers ce qui leur sert d'abri et à commencer à le préparer. Elle ne prononce pas un mot, le regarde longuement tout en l'habillant. À aucun moment ses yeux ne quittent l'enfant. Elle le perfuse à l'extrême de son regard imposant, déterminé et sans appel.

L'enfant finit par comprendre que ces gestes maternels, d'un caractère inhabituel, sont les derniers. Ils sont ceux d'un départ, de son départ. Elle exige qu'il parte et elle le lui dit dans un ballet de regards qui va de la mère qui a perdu son fils à lui, accompagnant la profondeur de ses yeux de pressions des mains sur les maigres bras de l'enfant. Et, en une fraction de seconde, il comprend. Son corps se raidit et ses yeux supplient. Il ne veut pas être sauvé, il ne veut pas la quitter. Il marque son désaccord en tendant ses muscles dans une posture de refus.

La mère tient bon et, en le tenant fermement, marche vers la femme sans fils, que la caméra offre de dos. En gros plan, les mains qui se lâchent, le mouvement déterminé de celle qui pousse l'enfant vers une autre mère. La caméra accompagne ce dernier dans son pas hésitant, qui ne peut pas désobéir à sa mère. L'enfant, arrivé à la hauteur de celle qui attend dans la file, passe sa main frêle et timide dans celle de l'adulte. On voit alors le corps de la femme se raidir et en un éclair comprendre sans même voir ce qui lui arrive. Elle sait à l'instant du contact avec la peau de l'enfant que la mère qui reste a choisi qu'elle emmène avec elle cet enfant de remplacement.

Elle a un passeport de départ pour deux personnes et leurs fils ont le même âge. L'enfant peut être sauvé si les deux femmes acceptent de jouer ensemble cette partie de la vie. Toutes deux doivent se taire. Elles ne peuvent s'approcher au risque d'être dénoncées. Elles vont alors se parler à distance, sans un mot.

La scène des mères qui s'observent et se disent pour l'une les recommandations, pour l'autre la promesse de devenir ce qu'on attend d'elle est un moment en suspens inoubliable. Le visage désespéré de l'enfant qui change de mère est terrible mais, quand il quête dans les yeux de la sienne le signe qu'elle va renoncer à son projet, pour seule réponse il la voit se retourner et reprendre *comme si de rien n'était* ses occupations quelques secondes délaissées.

Et l'enfant sait que la décision est sans appel. Elle a choisi pour lui qu'il vive, et cette transmission de la vie par le regard est digne de cette langue silencieuse et complexe. Il se devra dorénavant de respecter cette précieuse vie qu'elle lui a doublement transmise : une fois en le mettant au monde, une autre fois en le confiant à celle qui porte la vie.

Le film sous-tend une part théorique de ce corps bavard, dont l'expression discrète et singulière ne permet pas aisément la démonstration.

Il s'agit de la force intérieure de l'enfant, portée par un narcissisme originaire puisque alimenté dès la plus tendre enfance. Cet état de bien-être, né de la certitude d'exister au départ grâce à la mère, est ensuite relayé par l'enfant lui-même, qui garde cette sécurité intérieure. Il est habité de sa propre valeur, de sa propre dignité, et se sent porteur de ce message à jamais inscrit en sa chair. S'il doit s'éloigner de sa mère, l'enfant sait qu'il sera seul le garant de la continuité de son propre état d'être.

Il a vu quand il était à peine en âge de voir que sa mère se nourrissait, en le regardant, de sa propre image. C'est-à-dire qu'elle pouvait le voir tout en s'admirant le regardant.

L'enfant réel est, dans sa perfection de bébé arrivé, un bout d'elle-même, une réussite, qui a la capacité de la nourrir de sa propre image. Les pupilles de l'enfant reflètent donc une plénitude et une satisfaction partagées.

Nous aurions tort de penser que ce qui s'échange à ce moment-là de la vie n'est rien d'autre qu'une scène de regards émouvants, de mère aimante avec son bébé. Nous aurions tort de penser qu'il n'en restera rien. Car là se niche le corps bavard dans son caractère intemporel. Le corps qui parle n'oublie rien.

La richesse de l'échange de ces instants est source d'un savoir réciproque sur chacun des participants, qui les conduira plus tard à organiser leur vie séparée. Nous pouvons parler d'un « narcissisme à deux[1] » fondé sur une sorte de captation, de fascination mutuelle qui veut avant tout préserver cet unisson mère-enfant. Ces yeux-là parlent d'amour maternel et ils sont pleins de mots de promesses d'éternité, de présence, de fidélité, de fiabilité.

La séduction narcissique assumée est une expérience de satisfaction qui prépare la séparation. Elle fera trace en le corps de l'enfant. Il apprend dans la quiétude des allées et venues maternelles à supporter qu'elle s'éloigne. Lorsqu'elle le fait, il n'est pas détruit mais apprend à penser sa mère absente. Ainsi, elle devient une mère-image, dite symbolique, que l'enfant peut garder en lui.

La mère du film a transmis une chose fondamentale à son enfant en le regardant droit dans les yeux puis en s'éloignant : *l'autonomie psychique*, vue précédemment sous la notion de *liberté psychique*.

La confiance en soi, acquise dans le plus jeune âge, conduira l'enfant à avoir confiance dans les autres. Il saura aimer, et sera aimé en retour. Pour cela, il puisera dans ce capital narcissique,

1. Paul-Claude Racamier, *Autour de l'inceste. Gruppo* 7, Apsygée, 1991.

dans cette sécurité interne qui va l'accompagner toute sa vie. Quand il tombera amoureux, il saura laisser l'autre libre de ses propres regards et ne sera pas inquiet si son aimé regarde ailleurs. Il aura acquis la certitude que l'amour est en lui.

L'enfant du film qui comprend qu'il lui faut quitter sa mère entend aussi dans ce choix qu'elle lui confie sa vie et qu'elle la confie à une autre mère. Ainsi, la maternité prend une image plurielle et additionnelle.

Dans la littérature, est communément nommée *mère* celle qui met l'enfant au monde. Le corps se transformant pour former l'enfant est au centre de cette définition. Cela donne une portée très biologique à la maternité. Or la *matrice psychique maternelle*, celle qui séduit et dont la fécondité transforme l'enfant en son fils ou sa fille, peut parfois être relevée de ses fonctions et se poursuivre dans une autre relation. C'est un sujet sensible que la définition de la *mère*. Bien que ce film n'ait eu sans doute aucune intention de parcourir cette question à la portée philosophique, il se trouve qu'il la met au cœur de ses images.

Qu'est-ce qu'une mère ?

Peu d'auteurs psychanalystes se sont risqués à demander de qui l'on parle quand on nomme la *mère*, ce personnage en quatre lettres, et nous devons à José Morel Cinq-Mars[1] d'avoir formulé cette interrogation. Celle-ci est particulièrement intéressante au regard de ce corps signifiant, si dépendant de celui qui l'a accueilli et parlé en premier lieu. « Est-ce qu'on est fils par le ventre, par le nom, par le pouvoir de l'esprit et de l'éducation (Pygmalion) ou par celui d'une métamorphose (Pinocchio) parfois proche d'une révélation (les enfants de Marie, les fils de Dieu, les frères musulmans) ? »

1. José Morel Cinq-Mars, *Quand la pudeur prend corps, op. cit.*

La loi, le sang, la parole, la fonction : qu'est-ce qui rend la filiation opérante d'un point de vue psychique ? Cette question est celle du lien des corps entre eux. Corps qui ne cesseront de se parler, de nous parler de ce dont ils sont porteurs.

À sa naissance, l'enfant n'a pas forcément besoin du corps maternel biologique, mais il a besoin d'un corps fait de gestes, de mots, d'attitudes, d'émois, de fantasmes, de désirs, de pensées qui viendront enclencher la séduction infantile, le rendant Sujet désiré et désirant. Est-ce que tous les corps peuvent remplir cette fonction ?

José Morel Cinq-Mars reprend, à partir d'un exposé s'appuyant sur la théorie psychanalytique, comment la mère des soins est une figure composite. Personnage aux mille têtes qui comprend le père, la mère d'origine, mais aussi toute personne attentive aux besoins de l'enfant et qui peut l'imaginer comme étant le sien. « La mère des soins serait celle dont le corps habité de rêveries concernant un enfant et son avenir lui offrirait un appui pour grandir et se construire. »

L'enfant, dans le film, part avec une nouvelle mère. Mais le sera-t-elle ? Pourra-t-elle continuer à assurer les gestes du désir et les fantasmes le rendant fils de celle que sa mère lui a choisie ? Est-ce si simple d'entrer dans une autre histoire ? Nous assistons dans cette scène de départ au dédoublement des mères : une mère qui a logé l'enfant en elle va rester sans l'enfant pour lui permettre de vivre ; une mère va assurer les soins de sa survie pour qu'il grandisse et *devienne*.

« Va, vis, deviens », prononcé en trois coups d'œil rapides par une femme porteuse du désir de vie de l'enfant, rappelle le jugement de Salomon, témoignage biblique interrogeant la maternité et ses fondements. Entre ces deux femmes venues soumettre au roi sage la question de savoir laquelle était la mère d'un fils qu'elles se disputaient l'une à l'autre, Salomon désigna comme mère celle qui préférait que son fils vive, quitte à renoncer à jouir de sa présence à ses côtés. « Point de mère d'origine ici, point de réalité sensible qui témoigne de l'identité maternelle, mais bien un fait de parole et une position désirante pour l'enfant. »

L'enfant du film est porté par un double désir maternel, soutenu par deux regards de femmes se succédant. Il faut aller voir ce film pour se nourrir de ces moments où le corps peut dire et transmettre ce qu'un enfant doit entendre pour traverser le récit de sa vie. Aucun mot ne prononce le désir ainsi. Seul le corps peut l'inscrire dans la chair de l'enfant et en faire un message dont les vibrations sont palpables à travers l'écran.

Regard tatoué

Nous avons vu que la vibration du regard d'un parent sur son enfant est un acte de naissance psychique au même titre que le livret de famille est un acte de naissance juridique. La sensation que procure un regard prend parfois la forme d'une onde infiltrée, qui fait mémoire. Devenu trace mnésique par le sentiment qu'il procure, il fait naître une histoire de rencontre.

J'entends encore cette amie partie avec moi en Inde et qui, quelques mois plus tard, me raconte comment elle porte toujours en sa main le poids de la main de l'enfant qui l'avait choisie comme un adulte potentiellement bon et sauveur.

Cet enfant nu d'à peine 3 ans, au corps sans poids tant il était maigre, était arrivé derrière notre groupe et avait glissé sa main dans celle de mon amie. Main si fine qu'elle ne pesait rien mais qui a provoqué une onde de choc qui s'est à jamais infiltrée dans la chair de mon amie. Elle ne peut pas oublier ce qui s'est inscrit dans sa peau, alors que le souvenir du visage ne revient pas. Ce *reste* de la rencontre est son propre regard sur l'enfant, dont elle a oublié l'image qu'elle a pourtant gravée en elle en associant ses sens. Voir avec sa peau, entendre avec ses yeux sont les éléments que nous avons déjà évoqués en introduction pour caractériser la communication interpsychique. Cette forme de langage est indéfinissable tant elle est personnelle et reliée à notre façon de vivre notre corps dans la rencontre intime. L'enfant abandonné dans la rue, qui a cru que cette dame serait la *dame de son futur*, la mère qu'il n'avait pas, n'a pas prononcé un mot. Il s'est contenté de toucher, provoquant le regard aveugle de mon amie, qui alors l'a vu.

Au-delà de l'enfant perdu, elle a entendu sa demande informulée, seulement signifiée. La force de ce langage tient dans son intemporalité. On oublie des mots et des discours, mais on n'oublie pas les mots qui se sont inscrits sur notre propre peau comme sur un parchemin. Le simple fait de se remémorer cette scène met mon amie dans le même état que si elle avait encore la main de l'enfant dans la sienne. Cette empreinte est un événement qui va prendre sa juste place parmi d'autres, enrichissant une histoire de vie. Chaque protagoniste de ce temps de regards porte ainsi en lui l'autre disparu. Les voilà désormais l'un pour l'autre immortels, tels des personnages imaginaires qui sont nés d'une rencontre réelle. Ils ne se reverront sans doute jamais, mais qu'importe, car l'expérience qui peut être remémorée par l'intermédiaire des sens est en soi une expérience répétée.

Là un enfant, demain un adulte, plus tard nos propres enfants. Quand le corps bavard, celui du désir, se manifeste et se signifie, le temps ne peut pas l'effacer. La conscience non plus.

Bethsabée, l'épouse d'un des fidèles généraux du roi d'Israël, David, en a fait l'expérience alors que rien ne le laissait présager. Le jour où elle a croisé les yeux du roi David, elle seule a su que le destin venait de leur jouer un drôle de tour, et que l'instant était désormais une vie.

C'est sous la plume de Marek Halter que nous le lisons. « Tout avait été aussi bref qu'un éclair », et « pourtant son regard avait plongé dans celui du roi, et celui du roi avait plongé dans le sien, jusqu'au tréfonds de son âme. Ce n'était pas la beauté de David qui l'avait étonnée [...] mais son regard était sans pareil. Il subjuguait. Bethsabée pouvait encore le sentir vivre en elle. Ce n'était pas le simple et arrogant regard de la puissance. Au contraire, il se posait sur vous comme une main se pose sur une nuque et, par ce simple contact, devine les pensées les plus enfouies. Un regard comme une caresse, et que l'on emportait en soi[1] ».

Il en est ainsi de l'enfant avec sa mère : il grandit en engrangeant les pulsations que provoquent ses regards sur lui, le reconnaissant. Le regard ainsi posé fait fonction de main qui touche. En le sentant sur sa peau, mais aussi en le ressentant pénétrer chaque pore, celui qui est regardé s'apaise puisqu'il peut lire dans les yeux de l'autre sa propre valeur humaine.

« Le regard du roi David, son visage, ne quittaient pas l'esprit de Bethsabée. Qu'elle ferme les yeux, qu'elle les brûle à la lumière du jour, rien n'y changeait... »

« Dans le regard de David, elle n'avait pas seulement deviné la surprise, la quête. Elle avait discerné le reflet de son propre charme. »

La force d'un regard permet de voir l'autre, mais surtout de voir son propre reflet, répondant alors au doute éternel du fragile narcissique. Le regard peut être un compagnon et permettre une continuité de pensée sur sa propre existence. Le regard imprégné renforce cette part du Moi qui cherche sans cesse à être nourrie. Bethsabée voit sa vie se jouer sur un instant, la brièveté d'un regard qui la plonge en tant que femme dans l'ambivalence du

1. Marek Halter, *Bethsabée ou l'éloge de l'adultère*, Robert Laffont, 2005.

désir. Tiraillée entre sa volonté de rester une femme fidèle et son désir d'être une amante à venir, elle essaie de toutes ses forces de résister. Mais sa réalisation personnelle ne peut supporter les deux statuts. Le désir aura le dessus sur la raison. Elle succombera dans les bras de David et laissera le plaisir défendu l'envahir. Elle en sera meurtrie, tout en ayant une connaissance charnelle du fait que c'était la seule issue.

Texte à méditer, non du point de vue de la morale mais sur ce qu'il transmet du Sujet, celui qui est fait par le désir et qui n'aura de cesse d'être tiraillé par lui, tout en voulant le dompter.

Jeux de regards

Regard-reconnaissance, regard-naissance, regard-image, miroir, empreinte, le regard est un kaléidoscope dont il est difficile d'envisager toutes les facettes. Mais nous ne pouvons décemment nous abstenir de parler du *regard-plaisir*.

Les plaisirs autour du regard sont multiples et traversent les âges de la vie. On les doit à la pulsion scopique que Freud désignait comme « la tendance à regarder et à être regardé ». Comme toute pulsion, elle s'inscrit dans une recherche de plaisir. Plaisir de regarder et de s'exhiber, mais aussi de se cacher et d'éviter le regard.

Ainsi, quand on grandit, on joue à cache-cache, mettant en scène la discussion de ces corps bavards en construction. Que se disent-ils ?

Dans *se cacher*, il y a l'espérance secrète d'être trouvé, d'être re-trouvé. Et *disparaître* est secrètement sous-tendu par le désir de l'autre cherchant. En y pensant, l'enfant peut anticiper ce désir projeté sur lui, et il en retire une jouissance vivifiante.

Le jeu universel de cache-cache repose donc sur la jouissance que procure le *fait de perdre de vue volontairement en vue d'être retrouvé*. Il y a un plaisir manifeste à découvrir celui qui est caché, mais aussi à être découvert quand on est caché. Car le jeu qui consiste à *disparaître* permet de mieux se montrer quand on est retrouvé. D'ailleurs, les enfants préfèrent jouer le rôle de celui qui se cache plutôt que le rôle de celui qui cherche. Le Moi s'exhibe.

L'enfant censé chercher et qui cesse de jouer avant d'avoir retrouvé celui qui s'est caché risque de subir la rage et la colère de ce dernier. Car, en interrompant le jeu, il le prive de cette expérience de plaisir attendu. C'est catastrophique pour l'enfant en attente de ce plaisir des retrouvailles, et le Moi n'est pas content.

Dans le jeu de cache-cache s'éprouve la capacité de chacun à se représenter l'absent. Car il s'agit avant tout d'un jeu de mise en images. Au début de cet ouvrage, nous comparions le langage du corps bavard à un langage calligraphié. Par ce simple jeu, nous pouvons mesurer où en est l'enfant dans son apprentissage de l'écriture de sa propre construction de soi et de l'autre. Dans une activité ludique où la règle préconise la disparition des participants pendant qu'un seul enfant est désigné pour chercher, il faut avant tout que chaque enfant possède la certitude que le disparu n'est pas perdu. Il doit donc être capable de rendre celui qui s'absente présent. Il s'agit de pouvoir le garder en soi, en image dans sa propre pensée.

Accepter de jouer à cache-cache, c'est accepter de faire semblant de perdre l'autre. Car la règle du cache-cache repose sur la certitude de se retrouver. Elle induit donc une sécurité de retrouvailles. Les enfants qui n'ont pas connu dans leurs premières relations des soins continus, réguliers, les assurant du retour de celle (celui) qui prenait soin d'eux, ne savent pas imaginer l'absent.

Perdre de vue, comme nous l'a montré l'exemple de cette femme d'affaires, revient à perdre l'autre. Et il n'est pas question de jouer avec la perte. Seul le manque est supportable, c'est-à-dire quand la disparition est compensée par la représentation de celui qui est caché. D'ailleurs, dans ce cas-là, le jeu devient plaisir, désir, attisant la quête libidinale de l'enfant.

Le jeu de cache-cache n'est pas le *trape-trape-regards* qui faisait courir la mère apeurée dans le couloir menant à ma consultation. Celle-ci ne serait pas un bon partenaire au jeu de cache-cache puisqu'elle a peur de perdre pour de vrai.

La séduction aime ces jeux de disparition/apparition qui attisent le désir. Ainsi, les adolescents et les adultes ne jouent plus au cache-cache de leur enfance, mais ils inventent des *cache-cache-regards* qui rappellent le *trape-trape-regards* car l'initiateur du jeu éprouve un peu, mais pas trop, la peur de la perte. Ils *jouent* aux corps qui se jugent, se plaisent, et parfois se le font savoir au travers d'étranges et subtils ballets de déplacements. On peut voir par exemple lors de sorties nocturnes le manège de ceux qui se repèrent mais n'en disent rien. Ils posent alors des regards appuyés sur une personne choisie, repérée, et attendent que leurs yeux devenus gênants provoquent en retour un regard sur eux. On pourrait les appeler les *chasseurs de l'amour*, quand ils ne sont pas tout simplement des *aimants narcissiques*.

Dans ces jeux, les adultes, une fois qu'ils se sont assuré d'un intérêt possible, organisent leur propre disparition. Celle-ci aussi est subtile. En réalité, l'être disparu se déplace simplement, obligeant celui qui était élu, *pour jouer*, à devenir actif. Si ce dernier laisse penser par son comportement qu'il a perdu quelqu'un de vue, la personne à l'origine du jeu des regards peut s'estimer heureuse. Il lui restera à persévérer, à espérer que les déplacements répétés attirent réellement l'autre recherché(e), et que celui-ci (celle-ci) a également envie de participer.

Le cache-cache des adultes en quête de conquêtes vient signifier une certaine fragilité narcissique des protagonistes. Voilà pourquoi c'est en réalité un *cache-trape-regards*. On y joue aux apparitions/disparitions du désir.

Les jeux de déguisement demandent également de l'assurance. Se déguiser est une autre manière de se cacher, cette fois derrière un vêtement. Il faut être sûr de soi, de sa construction dans un Moi au narcissisme sécurisé. Car changer de peau, même *pour de rire*, est toujours aussi l'occasion d'aller à la recherche de soi-même. La pulsion scopique au service du narcissisme doit être dans une dimension vitale et non mortifère.

L'enfant perturbé ne se déguise pas. Il garde sa peau et refuse de devenir autre puisqu'il ne sait pas vraiment qui il est. La mi-carême, qui amuse tant les grands, le terrorise et il tente désespérément d'y échapper, au grand étonnement des parents, qui voulaient lui *faire plaisir*. Il n'a pas les mots pour le dire mais il se sent mal. Et de plaisir, il n'en a pas. L'habit le perturbe car cette peau lui fait perdre la sienne.

Dans ce cas encore, les jeux d'enfants ont leur version adulte : les soirées déguisées. Le plus connu des rassemblements déguisés pour adultes est le carnaval de Venise, où chacun vient briller, se montrer sans jamais se faire reconnaître. Lors de cette fête, les adultes se déguisent, deviennent autres. L'objectif suprême est d'être le plus beau. Il existe ainsi des concours du meilleur costume dans lesquels les participants se mesurent les uns aux autres, parés de leurs étoffes somptueuses. Où pourrait-on mieux parler de Narcisse que dans cet exercice du voir, *être vu, sans se laisser reconnaître* ?

Ce carnaval est rempli de rires, de plaisirs, de rencontres anonymes. Les tissus soyeux aux couleurs vives sont choisis tout au long de l'année mais cousus parfois quelques heures à peine avant le grand moment. Dans ce festival des ego, tous ont un rôle à jouer. Le costume permet de faire ce que personne ne s'autorise à faire en dehors de ce temps donné. Cette enveloppe cousue est une deuxième peau qui désinhibe, autorise des extravagances.

Manifestation nullement perverse de l'adulte en mal d'excitation, c'est l'occasion de revenir à des jeux au service de l'investigation à haute tonalité érotique.

Le sexuel dans sa dimension libidinale est au cœur de ces chassés-croisés où l'inconnu est à reconnaître. Il est fait du plaisir des sens exacerbés. Les corps se parlent sans les mots et offrent le plaisir de retrouver les premières ébauches de rencontres humaines. Les bals masqués des siècles passés jouaient avec les mêmes ingrédients. Il est bon parfois de libérer le corps de ces mots silencieux qui se prononcent dans le jeu autorisé. Jeu où personne n'est dupe. Mais, s'il consiste à se retrouver après s'être perdu, il autorise aussi à être palpé, touché, caressé, redoublant le plaisir par des pulsions associées.

Souvent reliées l'une à l'autre, les pulsions scopique et tactile permettent de comprendre « comment le regard peut s'insérer dans une dynamique de prise de pouvoir sur l'autre[1] ». Pouvoir de la séduction, dans une rivalité où chacun tente la domination. « Comme dans la mythologie grecque, où voir ce qui est caché est un acte ambigu qui peut aussi bien donner la vie qu'entraîner la mort, regarder est marqué par l'ambivalence entre Éros et Thanatos. C'est pourquoi sur la scène psychique, notamment dans les rêves, regarder signifie tantôt faire exister, tirer du néant, ou rendre hommage, tantôt détruire, désintégrer, ou clouer sur place. C'est aussi pourquoi l'idée d'un regard agissant comme des mains est intimement mêlée aux métaphores les plus ordinaires de la vie courante : déshabiller du regard, fusiller du regard, soutenir du regard[2]. »

---

1. José Morel Cinq-Mars, *Quand la pudeur prend corps, op. cit.*
2. *Ibid.*

Toutefois, dans ces jeux de mains et de regards, il arrive que la domination perverse prenne le pas sur le jeu de la découverte. Nous quittons alors la sphère des jeux sublimatoires que nous avons nommés jusque-là, et qui reposaient sur la capacité de chacun à focaliser en son corps son existence.

Tous les joueurs décrits ci-dessus sont dans le jeu, possédant une aptitude à mettre en scène leur sentiment de soi sans s'exposer ou se perdre. Or nous avons vu que les personnes fragiles sont de fait privées de la notion même de jeu.

Les jeux sadomasochistes, eux, chosifient le corps et le mettent au service de ses pulsions associées. Mais des limites doivent pouvoir être fixées à ces jeux érotiques entre adultes consentants. Ces derniers cherchent, disent-ils, à entrer dans un autre monde et à fuir leur réalité avec ses obligations, ses règles sociales et ses convenances. Ils jouent à fabriquer un décor de monde virtuel, dans lequel le pouvoir sur l'autre est un excitant. Nous sommes au cœur du corps symbolique qui ose avouer ses pensées les plus secrètes, les livrant à un autre que soi, lequel est là pour les réaliser, ainsi que les siennes. Les fantasmes, transformant le corps en objet de plaisir, ne doivent pas pour autant annuler le corps réel, Sujet de souffrance. Entre soumis et dominant, le facteur de suspens vient en lieu et place du plaisir, dont les leviers sont la tension et l'angoisse. Dans le jeu, il ne faut pas jouer à avoir peur mais avoir peur vraiment. Sans la peur, pas de tension, pas d'angoisse, pas de plaisir. Là est le danger, là est la dérive. Les termes du contrat tacite ne posent pas toujours de limites, et il arrive que ces jeux dangereux à la vie à la mort laissent surgir la mort réelle. La valeur de l'imago n'occupant pas sa fonction dans la relation, le corps, objet de jouissance, peut être dépassé s'il n'est pas contrôlé. Les urgentistes de centre hospitalier voient ainsi parfois arriver des hommes et des femmes blessés, victimes avant tout d'eux-mêmes, de leur propre maltraitance, ayant fait subir à leur chair des traitements que leur part de Sujet n'a pas su arrêter.

L'incroyable histoire de cet homme qui a passé une petite annonce pour trouver un partenaire en vue de le torturer, de le dépecer vivant puis de le manger nous remplit d'effroi. Sa capacité à faire du corps de sa victime un objet à dompter, à éprouver, à dévorer, dans des jeux qui n'en sont plus, comme s'il n'était pas un être habité, un être de souffrance, heurte notre part d'humanité. L'homme, pour voir et revoir, avait tout filmé. Pulsion scopique mortifère.

La complexité du procès a reposé sur le fait que l'affaire impliquait deux personnes consentantes. L'homme décédé avait demandé à subir ces atrocités jusqu'à la mort. Il n'avait pas été capturé, enlevé, n'avait pas été la victime du sadisme d'un détraqué. Pour tenter de comprendre la nature humaine, la cour avait convoqué à la barre, à titre de témoins, les deux cents personnes qui avaient répondu à cette annonce et dont la candidature n'avait pas été retenue par le cannibale.

La justice a finalement reconnu l'homme en vie, celui qui avait mangé l'autre, coupable non pas de meurtre mais de cannibalisme. Huit ans ont été requis contre lui. Ainsi s'est achevé le procès le plus incroyable de notre époque.

Les attracteurs de regards

L'exercice du regard est donc simple dans l'acte mais bien complexe dans les messages véhiculés. Il est porteur du pire comme du meilleur et en devient pour cette raison un moment périlleux.

L'exhibitionnisme et le voyeurisme puisent également dans le regard la source du plaisir qu'ils procurent. Ils trouvent ensemble des origines dont l'ancrage dans le corps ne fait aucun doute. Ces désirs de voir et de montrer, avec leurs qualités de reconnaissance mutuelle, appartiennent à la dynamique de la pulsion scopique et tiennent lieu d'une jouissance à deux.

Lors d'un strip-tease, celui qui se dénude propose une jouissance au regard de celui qui est spectateur, en se tenant à distance des mains qui déshabillent. C'est ce que faisait cette femme exposée, corps de liane, qui finissait nue devant un parterre d'adultes, silencieux ou bruyants selon leur rapport à la nudité. Son travail consistait à prendre son temps pour se dénuder. Elle était arrivée dans une robe scintillante d'une incroyable finesse mais totalement opaque. Le corps était caché et dessiné en même temps, permettant dès lors aux spectateurs subjugués de mettre en route leur appareil à penser, à fantasmer. Par-dessus cette robe d'apparat, une simple veste de voile d'un ton soutenu. De longs bracelets en forme de serpent remontaient sur ses bras jusqu'au-dessus du coude, laissant apparaître quelques petits bouts de peau. Les pieds chaussés de hauts talons la faisaient paraître immense, tel un corps sans fin. La tenue avait quelque chose de désuet, de *passé de mode*, mais qui s'en souciait ?

À son arrivée, les applaudissements furent généreux, la remerciant à l'avance du plaisir qu'elle allait donner, preuve que les images avaient devancé la réalité. La satisfaction viendrait pour une grande part des étapes que cette femme allait organiser dans son déshabillage pour se réduire à un corps que chacun pourrait posséder de son regard.

Dans ce tableau humain, les corps-objets/corps-sujets suscitaient des effets contrastés, dus aux expressions réservées à chacun. La femme, une fois nue, paraissait sereine, forte, satisfaite. Ces qualificatifs habillaient son regard. Elle profitait indéniablement des regards reçus, nourrissants, semblant rassembler tous ces émois et s'en faire une couverture qui lui était nécessaire. Ainsi parée, nourrie de tous ces yeux, elle vibrait d'un bien-être, d'une estime d'elle-même restaurés.

L'étrangeté résidait dans le fait que sa nudité de corps lui échappait et qu'elle posait sur ses spectateurs un regard qui semblait s'abreuver de leurs âmes exposées. Elle qui était nue semblait les voir dénudés, offerts à elle dans une impudique révélation de leur être.

Ces retours à des partages visuels de corps adultes consentants, faits de plaisir charnel remémoré, sont des bouts d'un soi en quête de corps, du corps sexué qui le relie à un originaire rassurant. Hommes et femmes recherchent dans les formes des corps de femmes qu'ils croisent des *bouts de mère*, des *bouts de sexe*, des *bouts de soi*, des *bouts de mèrenfant*. Chacun sa quête.

Mais le corps de chair qui se dénude n'est pas le seul à s'exhiber et, aujourd'hui, à l'ère du *tout peut être vu*, nous nous lassons des corps impudiques, préférant le voyeurisme des masses qui se mettent à nu.

Cette fois, le spectacle n'est pas privé, il se joue dans l'espace public. La scène du corps fait place à la scène de l'âme. La salle enfumée et étroite prend le format d'un livre. Les vêtements enlevés sont des pages tournées. Les yeux vont remplir leur fonction à part entière et dénuder l'impudique dans une lecture jouissive. Hommes et femmes se révèlent et plus rien ne les arrête. Le corps psychique se parle alors à l'aide de mots qui, livrés à eux-mêmes, sont sans limites. Les narrateurs disent tout et on sait tout. Comment ils vivent, mangent, dorment, font l'amour, trompent, professent. Qui ils sont en tant qu'ami, mari, femme, enfant, collègue, père, mère. Rien ne nous est épargné. Ces mises à nu orchestrées sont notre nouvelle littérature.

Contrairement au corps physique qui doit être harmonie et beauté pour se dénuder, plus le corps de l'âme est laid, plus il plaît dans sa mise à nu.

Le strip-tease des corps psychiques a pris la place de celui des corps de chair et il n'est pas près de se retirer. Le marché est florissant et *fait culture*. Alors que le corps nu reste provocateur, exclu et prié de se maintenir dans l'ombre, le corps psychique dévêtu se parle et fait recette. Il est en quête de reconnaissance. Il ne s'agit pas de notoriété, comme on l'entend parfois, mais d'un besoin vital d'exister. Personnalités connues et inconnues pratiquent cet exercice et veulent s'en perfuser. Elles cherchent les regards toujours plus nombreux dans une quête existentielle insatiable. Ces milliers de regards, telle une sphère maternelle bienveillante, les restaurent et les apaisent pour un temps. Regards de mères mais aussi de pères ou d'enfants potentiels. Ce faisceau de regards est l'essence vitale dont ils ne peuvent plus se passer.

Pathétique recherche, fragilité de l'âme dénudée. Triste dénouement d'un dénuement de ces corps psychiques exhibés.

Chapitre IV

Le corps des sens

Quand l'odeur prend corps

J'avais 8 ans à peine mais cette simple odeur du vent me rendait folle. Folle de plaisir. Je passais la tête par la fenêtre, quelle que soit la saison. Je humais l'air goulûment, avec la crainte d'en perdre des bouchées. Je ne me contrôlais pas. Mon corps m'échappait. Il ne m'obéissait pas et de fait je n'obéissais pas aux injonctions de mes parents. Chacun à leur tour ils exigeaient que je ferme cette fenêtre. « Tu vas prendre froid et ton frère est gelé. » Je les entendais comme un filet lointain. Mon corps recevait les mots mais il était hors d'atteinte. Seule l'odeur comptait. Il était impossible de retenir mon buste penché à la fenêtre. Je riais, me laissais bercer par le vent, yeux fermés, bouche ouverte. Je mangeais l'air et je le laissais me caresser. La voiture allait si vite qu'il me giflait parfois. Mais qu'importe, j'étais enveloppée dans son mouvement violent et me sentais en sécurité. « C'est dangereux, rentre ta tête et arrête ce comportement stupide, tu as quel âge pour agir ainsi ? ! »

J'ai 4 ans, l'âge de la perte. « L'âge où vous m'avez privée de tout », voulait crier l'enfant. L'âge où ma mère odeur *est partie, a disparu à tout jamais. L'âge où vous me l'avez enlevée, où vous nous avez séparées.*

J'avais 4 ans quand on est venus en ville. Ma mère odeur est restée là-bas, chez nous. Plus jamais je ne la sentirai, sauf par intermittence, quand on me ramènera à elle pendant les vacances. J'avais 4 ans quand on m'a privée de son corps sensoriel. J'avais 4 ans et je n'ai pas compris. Je suis arrivée en ville et je me suis perdue. Rien ne sentait comme elle. Tout était étranger. Les bruits associés au parfum de la ville me faisaient peur. Les images des rues m'étourdissaient. Je cherchais les couleurs de la vie mais il n'y en avait plus.

Les paysages étaient noirs, blancs ou gris, mais jamais ils ne se coloraient, comme ma mère le faisait. Elle, elle était verte dans ses arbres mais devenait aussi rouge de fruits, ocre d'automne, noire d'hiver. Ses herbes cheveux passaient du vert au jaune en utilisant des tons subtils que je jouais à nommer. Car, avec ma mère odeur, celle de mes origines, je pouvais jouer, courir, partir et revenir sans inquiéter personne. Chez elle tout était sécurité et mes mouvements étaient libres comme mon corps l'était. Mes parents étaient sereins. Rien ne pouvait m'arriver dans cette mère nature à laquelle ils me confiaient sans se soucier du temps, du vent, de l'heure.

Je pouvais même en fin de journée partir chercher le « petit pot de lait », comme dans les histoires des livres cartonnés que ma mère me lisait. J'étais la fille de l'image. Moi aussi j'avais un « petit pot de lait » et moi aussi je courais de graves dangers. Mais j'étais maligne et il ne m'arrivait rien. Chaque soir, je rentrais, ma mission dans les mains, promesse d'un petit-déjeuner laiteux.

Je combattais les ombres, je luttais contre les bruits, courant pour leur échapper quand ils étaient trop menaçants. J'étais la petite fille de l'image, mais en plus courageuse et plus habile pour déjouer les pièges. Les loups, je les entendais mais ils n'osaient pas m'attaquer. Je leur parlais et leur criais de se méfier. Ils ne se sont jamais risqués jusqu'à moi, preuve de ma supériorité. J'en parlais le soir à ma mère. Elle m'écoutait distraitement mais je savais qu'elle était remplie de ma joie et de la vie simple qu'elle et mon père m'offraient. Tout dans son corps le prouvait et était en harmonie avec l'autre, celle du dehors, celle qui s'occupait de moi quand j'étais libre d'aller où bon me semblait. Le corps de ma mère était comme la nature, plein de sagesse et de confiance. Tout ce qui m'entourait créait mon équilibre. Sans doute cette notion d'un tout qui faisait unité était-elle un risque pour l'enfant que j'étais. Pour preuve, je n'ai pas su, lors de mon déplacement, du déménagement de mes parents, m'adapter *à tant de changements.*

Car, avec la nouvelle, *rien n'était pareil. Les mots ont remplacé mes sens éveillés. On s'adressait à moi comme on ne l'avait jamais fait : « Fais attention, les voitures roulent vite », « Ne traverse pas n'importe où », « Rentre directement après l'école ». Je ne savais plus quoi faire de mon corps, de ma vie, de mes pensées. Je n'avais plus de pensée, elle était devenue blanche au contact de la perte. Son odeur maternelle ne me manquait pas ; c'était pire, puisque je l'avais perdue. C'était grave et personne ne semblait sans soucier.*

Mon corps était tendu, celui de ma mère inquiet. Notre nouvelle manière de communiquer était si différente que rien ne semblait être décodable. Elle parlait toujours le français, certes, mais il y avait quelque chose de tellement nouveau que je semblais ne plus rien comprendre. Exaspérés, mes parents ne savaient plus où donner de la tête *face à cette enfant sombrant parfois dans la stupidité au point de ne pas savoir répondre à des observations simples. Il y avait quelque chose dans la voix, le rythme des mots, le phrasé qui avait changé. Tout m'était devenu inconnu. Je n'avais plus de mère, celle aux odeurs infinies qui savaient si bien m'envelopper.*

Histoire banale d'une enfant qui a déménagé avec ses parents, passant de la campagne à la ville. Histoire semblable à celle de mille autres familles, transportées pour des raisons privées ou professionnelles

Rien ne peut laisser présager l'impact d'un acte familial si classique – un déménagement – sur l'enfant grandissant. D'une façon générale, nous avons tendance à penser que, tant que l'enfant suit son parent, l'essentiel est préservé. Ce raisonnement logique est en réalité un écran à la compréhension de la vie psychique d'un être humain dans son processus de grandir. Nos idées reçues, nos évidences sont autant de fermetures à cette compréhension de ce qui nous constitue réellement.

Bien sûr, les figures parentales sont indispensables, mais elles ne doivent pas être magnifiées au point de faire oublier que la vie d'un enfant a une construction interne qui lui est propre. De là à accepter qu'une odeur puisse devenir *comme* une mère, il va certes nous falloir pratiquer le grand écart de la pensée, et pourtant…

Un cas rapporté par Françoise Dolto fait écho à cette histoire où l'odeur joue un rôle décisif dans la vie toute neuve de l'enfant[1]. Une fois de plus, elle nous a devancés, exposant sa découverte avec un tel accent de vérité qu'aujourd'hui, en voyant les travaux aller dans le sens de ses intuitions, on ne peut qu'être admiratif.

Cela se passe pendant la Seconde Guerre mondiale. Françoise Dolto reçoit un coup de téléphone à propos d'un bébé de quelques jours. Celui-ci, qui était nourri au sein, vient d'être séparé brutalement de sa mère, qui a dû être hospitalisée. Depuis son départ, l'enfant refuse de s'alimenter.

Voici ce qu'elle en dit :

« J'ai fait l'hypothèse que ce nourrisson était attaché à sa mère par son image du corps olfactive, ce qui me conduisit à suggérer non pas qu'on m'amène le bébé (cette enfant habitait à 200 kilomètres et nous étions en pleine guerre) mais qu'on lui entoure le cou avec une pièce de linge imprégnée de l'odeur de sa mère. Ce qui fut fait. L'enfant sut immédiatement boire le biberon qu'on lui présentait dans cette ambiance odoriférante évoquant la mère pré-

1. Françoise Dolto, *Le Sentiment de soi. Aux sources de l'image du corps*, Gallimard, 1997.

sente et ce bébé put ainsi se réalimenter. Ce cas me prouvait la justesse de mon hypothèse.

« Je dois dire que beaucoup d'autres cas confirmèrent mon hypothèse, cas dont j'eus moi-même l'expérience ou dont d'autres pédiatres eurent l'expérience. Pour moi, même si l'image du corps de base était complète quant au cavum anatomique de cette enfant bien-portante de quelques jours, il fallait pour que l'image fonctionnelle du corps, indispensable pour le téter, puisse permettre l'action de la bouche et du pharynx et la déglutition, que la zone érogène olfactive soit présentifiée au bébé par une référence postnatale de sa mère et l'odeur reconnue comme donnant sens vital à l'image de fonctionnement. L'objet du désir de l'enfant était le sein, absent avec la mère, mais je pensais que l'odeur de la mère re-présentifiait l'objet partiel du sein à la bouche et au cavum de cette enfant et à son entendement. Je me disais, et je crois que j'avais raison, que ce nourrisson avait régressé à une image prénatale de sa mère, elle ne savait plus téter la tétine qui lui était offerte, ni déglutir le lait qui lui était donné à la cuillère et qu'elle laissait se répandre autour de sa bouche sans la refermer ni déglutir le lait. »

Ainsi parlait Françoise Dolto, proposant une analyse fructueuse dans de longs phrasés. Car, contrairement à une idée communément admise, Françoise Dolto ne vulgarisait pas la vie psychique. Si elle s'était donné pour mission d'aider les parents dans la compréhension de leurs enfants en leur parlant simplement du sens de leurs comportements, elle pouvait aussi être un auteur au style redoutable quand elle détaillait et construisait sa théorie.

Son idée sur l'odeur de la mère comme un signifiant de la relation mère-enfant, base de la communication psychique, n'a pas « pris une ride ». Là se cache le génie. Pensée éclairante d'une clinique éclairée, basée sur le corps qui est écouté au-delà des mots. Cette observation lui a permis de donner des conseils pratiques qui se sont avérés judicieux. Elle s'est appuyée sur ce qu'elle a appelé les « brisures symboliques » et a recherché des restitutions de « continuité symbolique ».

Aujourd'hui, des milliers de parents, quand ils doivent laisser leur enfant pour une soirée, une nuit, quelques jours, pensent à placer à ses côtés un tissu portant leur odeur. Cette pratique est même devenue un incontournable dans les services de néonatalogie. On voit là clairement comment un concept psychanalytique peut se mettre au service du social.

L'idée, qui paraît si simple et qui a trouvé si vite un écho positif chez les professionnels et les parents, part d'un regard complexe sur l'enfant, sur sa croissance psychique. Même les plus récalcitrants à reconnaître l'existence de la vie psychique utilisent ce procédé. Il appartient désormais aux pratiques de la petite enfance, rentrant à l'insu de beaucoup dans la prévention de la croissance psychique de l'enfant.

Si l'enfant a besoin pour se calmer de l'odeur de sa mère absente, c'est bien parce que cette odeur contient les objets de la mère. La mère respirée par le nouveau-né deviendra par la suite image, puis pensée, permettant à l'enfant de l'intérioriser, et donc de la garder en lui. Nous avons vu à quel point ce mécanisme était vital et conduisait plus tard à l'autonomie psychique. Garder la mère en soi en la respirant dans un objet substitutif est un moyen de prévention des brisures symboliques possibles.

L'enfant de la fenêtre est un exemple parlant de brisure symbolique. Si socialement elle a déménagé, psychiquement elle a été amputée. Elle a perdu quelque chose qu'elle ne peut nommer mais qui avait une part active dans son équilibre. En le perdant sans le comprendre, elle s'est perdue.

Au bord d'un précipice psychique, elle a été sauvée *in extremis* par une main qui secourt, non pas parce qu'elle console mais parce qu'elle comprend. Cette main n'est pas de chair mais d'écoute. C'est une *main-oreille*, attentive aux bruits de la vie de l'enfant qui est venue là à la demande des parents démunis. Soin psychanalytique et attention parentale associés peuvent faire des miracles.

Si les parents sont parfois impuissants à aider leurs enfants, c'est justement parce qu'en consolant ils font taire la souffrance qui doit, pour se résoudre, s'exprimer, être entendue, contenue, comprise.

Devant notre cécité et notre surdité, les enfants savent nous rendre ces sens perdus, nous obligeant à les entendre. Il n'est pas rare de voir en consultation des parents inquiets des changements de comportement de leurs enfants. Ils sont généralement surpris par l'absence de *raisons manifestes* à ces transformations. Dans la plupart des cas, tout est mis sur le compte de la croissance, des changements de rythme de l'enfant. Mais, quand les choses perdurent ou s'aggravent, ils consultent, impatients que nous leur rendions leur *enfant d'avant* – car ces nouveaux comportements handicapent la famille et l'empêchent de vivre correctement.

Ils sont pressés, les parents, et ne comprennent pas, eux qui ont attendu des mois avant de venir nous consulter, que nous ne puissions pas en quelques mots résoudre leurs problèmes. Ils nous demandent de *lui* parler pour qu'*il* comprenne qu'*il* ne peut pas continuer ainsi. Dans les croyances parentales, la parole serait réparatrice et pourrait, en s'énonçant, dénouer les problèmes magiquement.

Bien sûr, la parole peut être soignante et a des effets apaisants. Mais ce n'est pas dans sa fonction *dire* qu'elle l'est, c'est dans une fonction *écoute*, qui laisse la place à l'expression de celui qui souffre. Celui qui parle n'est pas celui qui est consulté, mais celui qui consulte. Il parle avec les mots ou sans les mots, cela n'a pas d'importance. La communication évoquée ici est celle du psychisme et ses canaux sont nombreux, échappant parfois aux mots.

Françoise Dolto n'a pas parlé avec ce bébé de 3 jours séparé de sa mère. Elle n'a pas eu besoin de cela. Elle s'est appuyée sur sa connaissance de l'être psychique et a construit une représentation du vécu de l'enfant en suivant le fil de l'histoire racontée. En écoutant le corps psychique transmis, elle a fait ce que ferait un médecin appelé en urgence au téléphone : il diagnostique à distance, mesure la gravité de l'affection et conseille quelques soins de base à prodiguer à domicile, le tout à partir de sa connaissance du corps humain. Françoise Dolto, elle, a utilisé sa connaissance du corps psychique pour formuler un diagnostic et recommander un soin opérant.

Le soin psychique s'appuie sur nos qualités personnelles et nos qualifications. Mais si les premières sont faites de curiosité, de patience, d'attention, de renoncement et d'une envie de soigner, les secondes se forgent dans une connaissance solide des travaux sur l'humain.

Son concept des premières images a pour mérite de faire parler la chair dans son devenir corps, et c'est dans ma clinique interprétative un support de pensée. Il lui est apparu qu'à chaque étape du développement libidinal s'élabore chez l'enfant une image particulière, qui va devenir pérenne. Les images, se succédant, fixent les expériences sensorielles aux stades prégénitaux. « L'image du corps est à chaque moment mémoire inconsciente de tout le vécu relationnel et, en même temps, elle est actuelle, vivante en situation dynamique, à la fois narcissique et interrelationnelle[1]. »

Juan David Nasio, l'un des interprètes les plus passionnés de Françoise Dolto, qui a ensuite développé sa propre approche de l'homme, a « traduit » avec rigueur ses travaux[2]. Il rappelle que les

1. Françoise Dolto, *Le Sentiment de soi. Aux sources de l'image du corps*, Seuil, 1984.
2. Juan David Nasio, « Comment écouter un enfant : l'image inconsciente du corps », conférence donnée à Nantes le 13 octobre 2000.

sensations les plus investies par l'enfant sont réparties en trois grandes familles qui font naître des images du corps différentes et complémentaires, chacune d'entre elles ayant des correspondants imaginaires.

Il existe ainsi l'image de base, l'image fonctionnelle et l'image érogène. Ces trois composantes sont reliées de façon dynamique et sont indissociables. L'image de base est fondamentale ; elle est sans doute la plus nécessaire dans sa dimension existentielle. Elle repose sur le sentiment chez l'enfant d'avoir une assise solide. Grâce à cette image, il se sent arrimé, il sent à quel point son être et son corps forment un tout. C'est dans cette construction très précoce que la petite fille contrainte de déménager est atteinte. C'est ce corps arrimé qui s'est détaché, qui est parti à la dérive, projetant l'être en construction dans le chaos, au risque réel d'une décompensation psychique. Dans cet exemple, l'image de base est imagée à l'extrême, facilitant la compréhension d'une étape de pensée.

L'image fonctionnelle est celle d'un corps fébrile, tout entier tendu vers ses besoins et ses désirs. Objets matériels ou symboliques, l'image se nourrit d'eux. Elle est en réalité la représentation des accomplissements du corps, permettant à l'image érogène d'aboutir. Cette dernière communique avec les deux précédentes et relie le corps à cette sensation du plaisir à assouvir.

Dans ses écrits, Juan David Nasio s'attarde sur l'image de base car elle permet à l'enfant de rester stable au-delà des multiples changements – changements de temps, d'espace, de personne. Grâce à elle, il peut garder du *même* à l'intérieur de soi. C'est un concept éclairant pour comprendre nos interlocuteurs, qui parfois se transforment soudainement sans que nous saisissions véritablement le sens de cette modification.

Toutes ces images sources de langage se construisent à deux conditions. La première est que le bébé soit en état de désir et, réciproquement, que quelqu'un réceptionne ce désir. De cette réciprocité naît une rencontre, force d'expériences sensuelles et symboliques. La deuxième condition est la répétition. En effet, pour qu'une sensation s'imprime en image inconsciente du corps, il est indispensable qu'elle soit ressentie, *répétitivement perçue* et à chaque fois associée à la *présence maternelle désirante et sensuelle*.

Lorsque ces conditions sont réunies, on voit émerger l'émotion, véritable tension du corps, tension de la rencontre charnelle entre une mère et son enfant. Ce qui va alors rester inscrit dans le corps, c'est le rythme de cette tension, résonance de deux présences confrontées qui s'accordent. Ce qui fera image, c'est justement ce rythme que le corps va à tout jamais inscrire en lui.

Ces empreintes rythmées imagées sont toutes ces sensations de notre passé lointain qui ne sont pas accessibles en dehors d'une remémoration sensorielle. Par exemple, il nous est impossible de nous rappeler les caresses de notre mère quand nous étions des nourrissons immatures, mais notre corps est capable de retrouver dans une caresse le frisson d'un bien-être passé. La plénitude ressentie sous une main caressante réveille des traces, véritables vibrations corporelles, d'un autre disparu. Nous n'avons pas le souvenir de la caresse réelle mais nous avons enregistré l'échange érogène. Cet échange, métabolisé en rencontre, est un rythme charnel que la langue des mots retrouvera un jour pour parler.

C'est une vibration si forte qu'elle transcende le biologique, comme en témoigne Blanche, l'héroïne du roman de Per Olov Enquist, amputée de la main : « Ma main gauche, qui n'existe plus, ne me fait plus mal, en revanche, elle se souvient des caresses. J'y pense en général comme le contraire des douleurs fantômes, et j'appelle cela l'amour fantôme. Elle se souvient non seulement des caresses, mais aussi des peaux qu'elle a caressées. La main distribue des caresses, mais elle les reçoit aussi. [...] Maintenant la main est partie mais pas le souvenir[1]. »

Trace du vécu révolu, la vibration de la caresse donnée ou reçue survit à l'amputation.

Le langage parlé arrive après ces constructions et nous pouvons le définir comme la résultante d'un sevrage réciproque. Il faut que l'enfant soit sevré de sa mère, mais il faut aussi que la mère soit capable de se sevrer du corps de son enfant. Les mots occuperont l'espace des corps distancés. C'est ainsi qu'une petite fille dit un jour à sa mère : « Je ne veux plus des bains de bébé. » La mère, ahurie, prend un air interrogatif, mais elle n'aura pas le temps de demander ce qu'est un « bain de bébé » à son enfant : celle-ci a lu la surprise dans son corps et elle précise donc, pour répondre à la question qui n'a pas pu se formuler : « Je ne veux plus prendre mon bain avec lui [désignant son frère du doigt] ; je veux être toute seule sans lui, t'as qu'à t'occuper de lui pendant ce temps. »

Le « bain de bébé » était, pour cette fillette précoce de 3 ans, un bain en présence d'une mère incapable de se sevrer de la vue de ses enfants. Les sens éveillés de la mère étaient nourris des deux corps d'enfants prisonniers de son regard. En demandant que le petit frère, plus jeune, soit baigné à part, la fillette canalise sa mère dans un *hors de ma vue* nécessaire à sa croissance exploratrice sensorielle d'enfant grandissante.

À l'aube des sens

D'autres travaux, toujours en lien avec des images mais cette fois mesurables et quantifiables, viennent prendre leur juste place dans

1. Per Olov Enquist, *Blanche et Marie*, Actes Sud, 2006.

une réflexion sur le corps, qui n'en finit pas de nous interroger. Il s'agit des recherches faites sur le corps sensoriel. Corps qui, telle une terre féconde encore en friche, active le désir des sens des explorateurs – médecins, neuroscientifiques –, avides de comprendre notre physiologie.

Ces approches récentes sur les sens sont tel un dictionnaire de la langue de notre corps et me permettent de disposer de connaissances nouvelles pour avancer dans mes intuitions toutes neuves. Mises dans ce corps-texte, ces recherches prennent toute leur dimension, nous laissant les associer en vue d'entrer dans le cœur de ce qui unit le *corps-charnel-sensoriel* au *corps-image-symbolique*.

Immédiats et intemporels, les sens nous font naître à la vie et ils sont à explorer comme une sémiologie, une science véritable des signes de communication. Nous apprenons en les approchant que, au cours de la vie dans le ventre de sa mère, le bébé manifeste des capacités à créer des liens grâce aux expériences sensorielles qu'il développe. Ces capacités sont maturatives et progressent tout au long de la grossesse.

Le ventre de la mère est un milieu aquatique riche en stimulations, et les échographies qui depuis quelques décennies observent le fœtus le découvrent sortant de sa torpeur.

Sa sensibilité tactile entre en fonction dès sa septième semaine et, dans la onzième, quand les cellules réceptives du goût et de l'odorat sont touchées par les molécules, il reconnaît la flaveur particulière du liquide amniotique. L'audition est un sens privilégié. On sait que « les hautes fréquences sont filtrées par les muscles et le liquide et que les basses fréquences viennent vibrer contre les corpuscules tactiles de la bouche et des mains du bébé. Ceci est mis en particulier en évidence en fin de grossesse car, quand sa mère parle, les basses fréquences et les contours musicaux de sa voix, renforcés par la caisse de résonance utérine, viennent caresser la bouche du bébé. L'émotion est si forte que son cœur s'accélère, il s'étire, il tourne la tête, suce son pouce ou gambade[1] ».

De là, notre pensée s'emballe et on se met à rêver que ces manifestations pourraient être interprétées comme des liens, des échanges dans un langage encore inconnu. Ce serait donc une forme d'origine de la rencontre. Une naissance avant la naissance ?

Voilà qui ouvre bien d'autres questions, par exemple à propos des menaces d'accouchement prématuré (MAP dans notre jargon médical), ces cas où le fœtus va être soumis aux variations de la pression de la paroi utérine liées aux contractions. Nous nous en préoccupons d'un point de vue médical pour nous assurer qu'il n'y a pas de danger, ni pour la mère, ni pour l'enfant. En ce qui concerne les effets sur le devenir *d'être communicant* du bébé, notre attention est plus volage.

Benoît Bayle, à partir des expériences perceptivosensorielles du fœtus et des « traces mnésiques qu'elles laissent vraisemblablement », nous propose d'envisager une psychologie fœtale[2]. Il s'intéresse à ce qui pourrait être une « identité psychique » de l'embryon, tout en précisant qu'il ne faut pas prêter à celui-ci la conscience de cette identité. « L'être conçu est donc frappé du sceau de son identité psychique, sans avoir conscience de son identité psychique, de même que le zygote possède un génome sans pour autant posséder instantanément un corps organisé avec des organes. L'être humain n'est pas un être humain en miniature à la manière de *l'homunculus* d'autrefois ; il est impossible de lui prêter un psychisme d'adulte, ce qui ne signifie pas qu'il ne possède pas déjà une organisation psychique, voire un véritable appareil psychique embryonnaire. »

1. Boris Cyrulnik, « Les premiers liens », *Le Nouvel Observateur*, hors-série n° 31.
2. Benoît Bayle, *L'Embryon sur le divan*, Masson, 2003.

Dégager le futur petit homme, déjà au creux du ventre de sa mère, d'un modèle d'humain achevé permet de lui accorder des qualités qui lui sont propres. Et ce qui retient notre attention, c'est cette capacité d'échanges qui se vit et s'éprouve dans un corps changeant, en mouvement, flottant dans le corps de sa mère.

Si ces aptitudes à enregistrer et à rendre compte de son état en intra-utérin, dans des échanges fœto-maternels, sont des dispositions psychiques que nous gardons ensuite dans notre chair construite, nous ne pouvons ignorer leur réactivité.

L'embryon est relié à ceux qui l'espèrent, le pensent et l'imaginent, et ce lien virtuel est une inépuisable relation de projections psychiques donnant vie à la vie, langage au corps, mots à la pensée. « La relation anténatale se noue ainsi entre l'être humain conçu, celle qui le porte et son entourage[1]. » L'enfant va avoir plusieurs vies : celle du ventre, celle de la naissance, celle de la rencontre avec ceux qui vont être ses parents. Rien n'est figé à l'avance, tout est en devenir, en construction.

Pour Benoît Bayle, il faut aller jusqu'à penser un nouveau champ disciplinaire prénatal en introduisant des concepts d'identité conceptuelle, ou d'« être conçu ». Cette approche serait alors une ouverture pour poser « le développement prénatal comme la première phase du développement psychique de l'être humain ». Nous aurions ainsi un regard sur la nidation psychique de l'être en devenir.

Sensorialité et organe psychique

Pour ma part, en 2005, j'en ai appelé à l'attention et aux soins de la *pensée-organe* de la mère pendant sa grossesse[2]. J'ai expliqué com-

1. *Ibid.*
2. Sophie Marinopoulos, *Dans l'intime des mères*, Fayard, 2005.

ment le *naître mère* est un tout, qui consiste à pouvoir au fil des mois se penser en état d'être enceinte, puis penser à l'enfant attendu comme un être humain avec un corps dont l'image se profile, puis penser à lui séparé dans un corps propre en dehors de soi.

Je conçois la *pensée-organe* comme un imagier qui décompose les trimestres de la grossesse selon les représentations qui leur sont associées. J'ai eu dans l'idée de faire dessiner les femmes enceintes pour les conduire à diagnostiquer elles-mêmes où elles en sont dans l'attente de leur enfant. Les dessins réalisés étaient de véritables révélations pour certaines, confrontées à l'image soudaine de leur propre corps enceint. Inattendus, ils étaient souvent des signes du décalage réel entre l'avancée physiologique de leur grossesse et leur avancée psychique. Ce décalage est bien entendu une préoccupation car un enfant ne peut naître que s'il est investi, attendu et finalisé. De même, une femme ne peut naître mère que si elle parvient à se penser mère d'un enfant à venir.

Ces *troubles de la représentation* se retrouvent chez les femmes enceintes prises dans un déni de grossesse. L'impensable de la grossesse les prive, ainsi que l'enfant, de la vie à venir. Ce peut être grave et nous ne devons pas l'ignorer. Le corps signifiant devient alors notre outil de travail. C'est lui que le *silence bavard* vient nous permettre de diagnostiquer, d'accompagner et de soigner.

Les mois de la grossesse physiologique ne concordent pas toujours avec la grossesse psychique telle que je la conçois. Et l'*image inconsciente du corps enceint*[1] doit être prise en compte dans le suivi de grossesse. Elle se construit à partir de la sensorialité de la

1. *L'image inconsciente du corps* est un concept de Françoise Dolto qu'elle a créé à partir de sa pratique auprès des enfants. Je le lui emprunte en vue de l'adapter à ma clinique des femmes enceintes.

mère, étroitement liée à la sensorialité du fœtus. Les interactions sensorielles sont à ce titre une communication à dimension inconsciente, soubassement d'une construction commune dont l'issue est la reconnaissance fantasmatique par la mère d'un enfant en devenir.

Toutes ces représentations mettent en scène une vie psychique faite de conflits, de fantasmes, d'histoires oubliées. Ce processus de pensée est un organe précieux. Il devrait être apprécié par les soignants de l'âme tout comme le corps est exploré par les obstétriciens.

Les failles dans les processus de pensée ont des effets dramatiques sur la naissance, sur la relation précoce mère-enfant et sur leur devenir à tous deux.

Je reprenais dans mon ouvrage le récit de Brigitte, une patiente qui avait stoppé son appareil à penser, qui ne pensait plus à son bébé, qu'elle croyait malformé. La grossesse s'est poursuivie, mais sans elle. Sa pensée était ailleurs et elle a lâché son fœtus, coupant le lien psychique qui les reliait.

Cette rupture est inodore, incolore, silencieuse, et elle a échappé à la sonde échographique, qui ne peut pas rendre compte en image de ce mal. Il n'y a pas d'image pour la pensée qui agonise, elle est là mais elle ne se voit pas. La mère cesse de nourrir affectivement son enfant, son appareil à penser cesse toute production d'image et rompt le lien avec son futur bébé. Dans certains cas, c'est dramatique. Car, quand l'enfant en la mère n'est pas pensé, il perd sa valeur humaine et se transforme en un *déchet*, déchet de chair qui ne naît pas à la vie car il n'est pas animé par cette indispensable nourriture imagière. Les mots sont durs mais le devenir de l'enfant oublié peut l'être encore plus. On peut mourir de ne pas avoir été attendu.

C'est en cela que l'interruption volontaire de grossesse n'est nullement une atteinte à la vie d'un enfant en devenir. L'interruption d'une grossesse perçue comme malvenue ne fait qu'interrompre un état, pas un enfant. L'enfant en tant que Sujet de vie, en tant qu'être humain, n'existe que s'il est tenu par une pensée qui le nourrit et le représente. S'il n'y a aucune pensée sur un projet d'enfant, il n'y aura pas de vie à venir. La différence entre la *chair humaine* et le *corps-Sujet* humain est *la pensée qui le projette dans un devenir*.

A contrario, si une femme demande une interruption de grossesse alors qu'elle s'est engagée psychiquement auprès de ce corps d'enfant déjà représenté, l'intervention aura un effet traumatique. Nous retrouvons cela dans la clinique des femmes infertiles. En effet, très souvent, ces femmes, qui me consultent durant leur traitement de fécondation in vitro, font surgir de leur pensée un premier enfant qui n'a jamais existé. Celui-ci, tenu dans une grossesse interrompue dans les premières semaines, comme la loi l'autorise, avait été intériorisé et représenté comme un enfant potentiel. Puisqu'il était doué de sa qualité humaine, né précocement enfant dans la pensée de sa mère, l'interruption de grossesse prenait l'allure dans la tête de la patiente d'un infanticide. L'acte occupait sur un mode obsessionnel la pensée de la femme qui, l'ayant refoulé, ne cessait d'en être, à intervalles réguliers, envahie.

C'est ce que montre le cas de cette patiente qui a eu quatre enfants après une première grossesse interrompue. Il n'y a pas eu d'effets délétères sur sa fécondité physiologique, mais sa fécondité psychique a été profondément atteinte. Alors que son aîné a déjà 14 ans, elle dit ne pas se sentir mère de ces enfants vivants, ne partageant une histoire qu'avec un seul, celui qu'elle a *tué*. Elle est le plus souvent perdue dans des pensées le concernant et, quand elle pose son regard sur ses enfants réels, elle devine en eux ce qu'ils possèdent de l'absent. Cette situation peut rendre folle, et elle n'est pas loin de le devenir lorsque je la rencontre pour la première fois.

Nous voyons ainsi comment un corps bavard, un corps qui s'exprime à travers des images soutenues par une pensée à l'origine du désir, est un corps à ausculter psychiquement.

« La vie mentale prénatale serait donc une lente germination à partir de la rencontre entre un appareil biologique et une alimentation sensorielle fournie par la mère, son corps et ses émotions[1]. » La construction de la vie psychique prénatale repose sur des expériences liées à la sensorialité du fœtus, à sa motricité, qui deviennent des sensations familières, des traces d'un lien qui se transformeront en expériences affectives. La sensorialité du fœtus, ce qui alimente ses sens, est opérée par les réactions de sa mère. « Ce qui compose cette sensorialité, c'est bien sûr l'écologie physique (bruit, froid, choc, toxiques). Mais c'est surtout l'affectivité de la mère, sa manière de réagir émotivement à une situation ou une information en fonction de son propre développement. La mère crée ainsi une écologie affective très différente selon qu'elle est hyperactive ou alanguie, stressée ou sécurisée. Autrement dit, son milieu conjugal et familial qui la rend plus ou moins heureuse ou sécurisée, et la société dans laquelle elle vit, qui lui offre des conditions de maternité plus ou moins douces, vont se conjuguer avec sa propre histoire et l'organisation de son inconscient dans son interprétation de ce qu'elle perçoit. Le phénomène mental naît de l'incorporation de la sensorialité maternelle dans le récipient à rêves du fœtus[2] »

Et réciproquement, car si le fœtus *pense* sa mère à partir de sa sensorialité et emmagasine un certain nombre d'expériences tactiles, auditives, rythmiques, olfactives qu'il mémorise, la mère à son tour, par les ressentis corporels, signes de la vie de son enfant, se met à façonner l'image de celui-ci.

1. Boris Cyrulnik, « Les premiers liens », art. cité.
2. *Ibid.*

Ces toutes premières pensées sur des échanges de communicants séparés par un ventre viennent prolonger mes découvertes à propos des échanges de *pensées* mère-fœtus, dans ces moments où la mère lâche l'enfant psychiquement.

La clinique des mères qui viennent consulter après des annonces d'anomalies non confirmées par la suite témoigne, par l'impossibilité de créer un lien avec l'enfant, d'une vie psychique intra-utérine manifeste. Lâché par sa mère, l'enfant s'absente d'elle et continue une vie intra-utérine végétative. Puisqu'elle n'est plus là dans sa capacité nourricière imaginaire, lui-même se retire, semblant sentir sa mère différemment. Et les propos de René Kaës font écho à ceux de ces femmes quand il énonce : « Notre préhistoire nous fait bien avant le déliement de la naissance déjà membre d'un couple, sujet d'un groupe, tenu par plus d'un autre comme les serviteurs et les héritiers de leurs rêves de désirs irréalisés[1]. »

Ici, les bâtis de la préhistoire du futur Sujet sont fragilisés par une pensée qui s'est absentée. Malheureusement, peu d'éléments permettent d'en prendre conscience pendant la grossesse. Il n'est possible d'en rendre compte qu'après la naissance, quand ces femmes viennent nous consulter pour des troubles relationnels avec leur nourrisson.

Ces ruptures dans la fantasmatique parentale[2] pourraient être définies comme des effractions dans le psychisme de la mère. Des informations médicales mettant en doute la viabilité de l'enfant ou sa normalité font partie de telles ruptures, faisant de la grossesse une *grossesse à risque psychique*.

---

1. René Kaës, Haydée Faimberg, Micheline Enriquez, Jean-José Baranes, *Transmission de la vie psychique entre générations*, Dunod, 2001.
2. Isabelle Allard et Sophie Marinopoulos, « Prise en charge psychanalytique des tout-petits et de leur famille au sein du CAMSP Henri-Wallon de Nantes », *Confluences*, n° 57, mars 2003.

La construction du lien à l'enfant réel, qui s'appuie sur les capacités de la mère à le penser, mettant en scène un enfant imaginaire et fantasmatique idéal, est scotomisée.

Pour se protéger de la souffrance possible liée au fait de devoir désinvestir l'enfant non attendu, la mère opère un mécanisme de clivage, mettant en scène un enfant réel qui va se développer en dehors de sa rêverie.

Si nous voulons poursuivre la description de cette clinique au moyen de termes théoriques déjà créés, nous pouvons affirmer que l'effraction dans la fantasmatique maternelle au cours de la grossesse entrave la « capacité de rêverie[1] » de la mère, provoquant un état de sidération, empêchant par la suite le développement de la capacité de « préoccupation maternelle primaire[2] », état maternel qui contient l'enfant. La mère, donc, ne porte plus son enfant psychiquement.

Ces observations nous rendent particulièrement sensibles à la question du début de la vie psychique, à la *page d'avant* qui stimule notre curiosité et anime notre créativité. Elles font en tout cas apparaître les sens dans tout leur apparat, comme occupant une place centrale dans le développement du lien fœtal, porté par un imaginaire et une vie fantasmatique dans des canaux faisant corps avec les canaux sensoriels.

Le petit carnet d'odeurs

Jamais je n'aurais pu imaginer que, parmi tous les canaux de communication sensorielle, l'odeur serait celui qui retiendrait le plus

1. Wilfred R. Bion, *Aux sources de l'expérience, op. cit.*
2. Donald W. Winnicott, « La préoccupation maternelle primaire », in *De la pédiatrie à la psychanalyse*, Payot, 1969.

mon attention. Les choses sont venues lentement, et dans un premier temps je n'ai pas réalisé à quel point les témoignages issus de ma pratique professionnelle portant sur les odeurs étaient nombreux. Les enfants et les adultes, tels des Petit Poucet, déposaient en séance de nouveaux mots m'entraînant sans cesse vers elles. Je les notais alors sur un carnet, devenu le témoin de ces *histoires d'odeurs*.

En écrivant ces lignes aujourd'hui, les images défilent, à commencer par celles des bébés venant de naître et tendant le cou pour trouver un bout de leur mère. Ils ne se calment que lorsqu'ils peuvent enfouir leur nez dans sa chair, semblant la déglutir et s'en nourrir. Si le corps de l'enfant est ainsi apaisé, repu, ce n'est pas seulement à cause de la nourriture absorbée mais bien aussi de l'odeur ingérée. Un adulte ou un enfant hument l'odeur, mais le bébé semble faire plus que cela. D'ailleurs, si on le met contre un corps qui n'est pas celui de sa mère, qui n'a pas la bonne odeur, sa tête cogne contre le buste, rebondissant à chaque coup et semblant ne pas pouvoir s'arrêter. La tête ballottée est l'image de l'enfant sans odeur, qui poursuit une quête éperdue jusqu'à ce qu'il retrouve la peau qui sent.

L'odeur est surprenante par sa capacité à être chair alors qu'elle n'est que vent, souffle. Imperceptible, elle se détecte à distance et ne se prive pas pour se faire connaître.

Il y a, me dit mon carnet, un autre enfant qui, dès qu'il entre dans mon bureau, pour ne pas être perdu comme ce bébé au contact de la peau inconnue, se salit. Il emplit l'espace de l'odeur de ses excréments et, ce faisant, il le rend familier, le reconnaît comme un espace qu'il s'approprie et dans lequel il peut ensuite commencer sa séance. Il lui faut ainsi se relier à une dimension archaïque que seul le corps fabrique. Il met cet acte en rituel, choisissant systématiquement ce que Geneviève Haag appellerait le « tactile du dos » : il colle son dos contre un coin de mur, toujours le même, pour le sentir le long de son bras et de sa colonne vertébrale. Geneviève Haag note que les enfants autistiques qui parviennent à abandonner leurs agrippements sensoriels (tels ces enfants qui se tiennent à la lumière, la fixant comme on s'agrippe à un filet) ont besoin de reprendre contact par le dos pour commencer à approcher le corps du thérapeute. Cette posture, qui est une ébauche d'approche de l'adulte présent, travaillant dans une communication fondée sur la compréhension des modalités de relations préobjectales, peut être interprétée comme une tentative pour ressentir les parois utérines imbibées de liquide amniotique de sa vie anténatale. Ou bien pour retrouver les bras de la mère qui, le bras glissé sous la colonne vertébrale de son bébé, le regarde après une prise de biberon, attendant qu'il défèque ou qu'il fasse son rot.

Cette *séance-odeur* inaugure l'engagement de l'enfant dans ce lieu, dans une régression au stade anténatal ou à celui de ses premiers jours de vie. C'est par son odeur qu'il commence à communiquer.

L'odeur dans sa dimension archaïque est un corps de mots, d'images, d'autres, de liens, de traces. Ensuite, quand le Sujet grandit, accède à la conscience et construit ses souvenirs, l'odeur devient mémoire. Un tissu retrouvé, une odeur de cuisine, un bruit appartenant à notre enfance, tout peut être levier du souvenir. Et le souvenir peut être précis.

Je me souviens ainsi d'avoir retrouvé intacte l'image de ma grand-mère étalant la pâte pour faire ses « roses de miel » sous l'effet d'un bruit de rouleau à pâtisserie. C'était un autre temps, une autre pièce, une autre femme, mais tout est revenu au son du rouleau rencontrant la surface de la table de la cuisine. Tout m'a envahi en une seconde. Et alors a surgi l'odeur, transportant avec elle l'image. Par un incroyable jeu mnésique, une odeur qui n'existait pas ce jour-là s'est déclarée à moi. De là est apparu le visage de ma grand-mère, son sourire, puis la scène s'est mise en mouvement. Elle était là, sortie de nulle part, repoussant ses petits-enfants, grondant pour de rire, car sa fierté de les voir penchés au-dessus de ses mains habiles était criante. En la voyant en moi, je me suis apaisée et j'ai senti passer dans mon corps la sensation de sa présence. Bien qu'elle soit morte, elle a vécu de nouveau grâce à mon corps qui s'est souvenu.

Le corps charnel, par l'intermédiaire du sens réveillé, transcende le temps, la mort, la réalité. Il devient magicien grâce à cette fonction complexe et double, organe et psyché, qui véhicule, emmagasine et stocke, faisant mémoire de notre vie.

L'odeur est histoire et mon *carnet d'odeurs* est devenu noir de mots, récits qui semblent au premier abord dénués de sens, privés de toute trame historicisante. Personne ne pourrait lire ce carnet sans mon aide du fait de la complexité des histoires additionnées. À l'image de toutes les notes personnelles, le gribouillis est la forme la plus utilisée pour dessiner les mots. Comme s'il fallait que ces notes demeurent insaisissables pour le curieux de passage.

Quant à moi, il m'arrive souvent de parcourir ce carnet, sans raison, seulement pour voir. Voir si les mots sont toujours là, et les histoires aussi.

Je me soumets sans sourciller à cette *lecture-déchiffrage*, avide de rencontrer de nouveau les enfants laissés là, dans les pages de leur vie. Chaque lecture est source de découverte. Les mêmes histoires lues et relues se colorent de sens nouveaux et surtout se laissent approcher. Sans effort, juste portés par la patience d'y revenir, les récits maintenant familiers deviennent des trames familiales où se percent des secrets. Secret d'alcôve ou simplement espace privé d'une construction personnelle. Les symptômes ainsi visités sont démasqués, permettant de donner une nouvelle allure au rendez-vous suivant. Dans ce travail de recherche, recherche sur soi et sur l'autre, le carnet est un ami fidèle, discret, qu'il me suffît parfois de palper pour puiser en lui l'inspiration de l'interprétation à venir.

L'odeur surgit ainsi des pages et accélère ma pensée sur cet *organisateur-odeurs*. Pas de hasard dans ces récits mais une implacable logique de la vie psychique. Connue ou inconnue dans sa dimension scientifique, qu'importe, le savoir est là, entre les mots de mes patients, sous la plume de mon stylo qui reprend avec le jeu de la subjectivité de celui qui écoute les précieuses pépites de cette odeur dévoilée. Ainsi elle est originaire, ainsi parfois elle joue la mère, défiant la loi de la chair.

Elle est surprenante et envahissante, même obsédante ou entêtante. Elle est une odeur faite d'effluves variés. Elle se glisse dans la vie de chacun sans en avoir l'air, comme s'il était important qu'elle passe inaperçue. Son volume inexistant, son aspect invisible sont sans doute à l'origine de cette idée. Idée fausse, car l'odeur laisse derrière elle sa marque, sa trace, qualifiée de bonne ou mauvaise, et avec elle son lot d'isolement ou de plaisir.

Les histoires ne se ressemblent pas mais on ne peut pas dire qu'elles se différencient vraiment. Et ce que mon carnet laisse à voir n'est pas qu'une juxtaposition d'histoires. Il est *histoires*, dont l'ensemble témoigne d'un subtil mélange entre du même et du différent et tente de faire du lien entre chacune.

Les mots dessinent des enfants qui sont rappelés à ma mémoire et, sur le carnet, leurs visages sont comme les pièces éparpillées d'un puzzle. Il y a tellement de morceaux au départ que vous vous demandez comment vous allez faire pour trouver la pièce que vous cherchez. Et puis, petit à petit, la dispersion prend une forme virtuelle, qui fait apparaître une image. Vous vous surprenez à pointer la juste pièce parmi mille autres. Vous vous prenez alors au jeu, et vous n'en finissez plus de vouloir reconstituer l'image en entier.

Là, parfois, au milieu d'une page, surgit avec l'enfant l'odeur, la trame du récit, généreuse et communicante, prête à partager avec moi l'aube de son histoire et de ses péripéties. Magique. Ma patience est venue à bout de la sienne. Je vois enfin ce que mes yeux n'arrivaient pas à lire, alors que les mots sont identiques.

Ainsi cette petite fille dessinée par mes mots impatients. Ma main devait trembler de peur d'oublier, car c'est mal écrit. Le premier personnage n'est d'ailleurs pas l'enfant mais la mère et ses pleurs.

J'ai noté à l'époque l'état de souffrance de la mère. Le récit commence par : « Va-t'en tu pues », écrit en grosses lettres, comme pour traduire au mieux la lourdeur des gouttes de pleurs de la mère. Pour crier son venin, l'enfant a choisi le soir, le moment où sa mère se penche au-dessus d'elle pour lui souhaiter une bonne nuit.

Elle en a pleuré pendant des heures, la mère, ses larmes refusant de s'arrêter. Elle voulait se vider de toute cette tristesse et qu'il n'en reste plus rien. Elle est sortie de la chambre en courant, laissant l'enfant seule avec son injure encore sur les lèvres. Elle ne veut pas y retourner et ne l'embrassera plus, plus jamais, se promet-elle dans sa souffrance déversée. Elle est submergée par le sentiment d'un impossible retour, effrayée par la violence qui monte en elle. Elle se sent capable d'une haine farouche, et ce sentiment, pense-t-elle, est inadmissible, impardonnable à l'égard de son enfant. Pourtant, elle la hait à la hauteur de ce que celle-ci met au jour chez elle. Cette enfant l'enlaidit, elle, la mère courage, si admirée pour avoir été chercher sa fille au bout du monde. Cette enfant est un démon car elle lui a tout donné et en retour elle lui crache au visage. Est-elle seulement humaine ? Comment une enfant de chair peut-elle dire des choses pareilles à sa mère ? À moins qu'elle ne la considère pas comme telle ? Ce serait alors terrible !

Mes points d'interrogation n'étaient pas dans les propos de la mère. Il y a dans le carnet une juxtaposition de mes interrogations et de la douleur de celle-ci. L'écriture diffère, comme si je tenais à ce que mes pensées soient distinctes des siennes. Comme si des écritures différentes allaient permettre de mieux distinguer le sens de l'histoire.

Rien ne laissait présager le surgissement d'un quelconque problème le jour où a été prononcée cette parole intolérable, dit la mère. L'enfant avait passé une relativement bonne journée. Il y avait eu peu de conflits, contrairement à d'habitude.

Cette parole est déposée par la mère avec un goût de découragement. Elle dit se *sentir* à bout et ne sait plus comment prendre sa fille. Elle est prête à *laisser tomber*. Que veut-elle lâcher ainsi ? Sa fille ? De nouveau, écriture de mes interrogations.

Elle l'a adoptée il y a deux ans déjà et elle savait dès le départ que l'histoire à construire serait difficile. Le couple était alors déterminé et il veut le rester, même si aujourd'hui la mère reconnaît son découragement. « C'est elle qui me rejette. Moi j'ai tout fait pour qu'elle se sente bien avec nous. Je lui ai tout donné et je ne vois pas ce que je peux faire de plus. Vous la voyez deux fois par semaine et finalement cela ne donne rien. »

Son mari et elle n'avaient pas l'intention de renoncer à leur projet. Encore aujourd'hui ils restent dans une posture de défi. Ils ne veulent pas donner raison à ces assistantes sociales et à ces psychologues qui ont joué les Cassandre sans réussir à les « dégoûter ». « L'adoption est une aventure risquée », leur ont annoncé, il y a quelques années, ces oiseaux de mauvais augure. « Cela tombe bien, ont-ils répondu, nous sommes aventureux. » Dans ces échanges brefs, parfois houleux, il n'y avait pas de place pour parler du vécu réel d'un enfant né dans la rue. Le désir était celui d'avoir un enfant. La souffrance, celle de ne pas en avoir. Ainsi, les mots qui venaient entraver le projet étaient écartés, rendant sourds ceux qui ne voulaient pas écouter.

Or la rue comme lieu de naissance est un monde à part, une terre de vie où la vie s'exprime différemment. On ne peut pas grandir dans la rue comme on grandit dans une famille. La rue comme famille, cela n'existe pas. Toute la complexité est de comprendre que ces odeurs, ces bruits, ces esclandres, ces douceurs, ces violences, ces déboires, ces joies sont constitutifs de l'histoire même de l'enfant. Ils sont des traces indélébiles.

Les mots du carnet sur l'enfant à la mère qui pue réveillent d'autres rencontres d'enfants, adoptés, comme beaucoup de ceux qui me consultent. Ces enfants présentent dans leur passé un vécu carentiel fait de délaissement et de postures abandonniques tant de la part de ceux qui les ont mis au monde que du pays dans lequel ils sont nés, sans oublier les sociétés qui les entourent et l'humanité qui nous définit. Ils expriment le choc de leurs premières années dans l'après-coup.

Je dis *dans l'après-coup* car, quand ils sont adoptés et que la question du lien à l'autre se pose, nous voyons des manifestations symptomatiques qui touchent les relations humaines. C'est-à-dire que s'exprime au grand jour à quel point le délaissement de l'enfant est un fléau pour sa *santé interrelationnelle*[1].

Ces enfants évoquent, le plus souvent brutalement, les fractures psychiques liées à leur vécu passé et qui atteignent essentiellement leur capacité d'aimer. Ils peuvent investir affectivement des êtres, des choses, des espaces, mais mal. Comme si un dérèglement précoce les avait conduits à bricoler de la relation, parfois en

1. Concept que l'on doit à Françoise Dolto.

dehors de toute rencontre humaine. Et c'est d'ailleurs là que les mots de l'odeur produits par ces enfants nous aident à comprendre tous les enfants.

La difficulté, ne le cachons pas, est de traduire ces expressions langagières corporelles et d'en extraire un soin approprié tenant compte de la connaissance de cette clinique des constructions filiatives adoptives. Celle-ci est généralement le fait de cliniciens qui, après avoir pendant des années entendu ces vécus carentiels et constaté leurs effets sur la construction du lien filiatif, sont en mesure d'apporter une écoute de ces sens meurtris. Notons que la psychanalyse des bébés est une approche théorique indispensable et un levier de compréhension.

La psychosomatique qui découle des expressions du mal-être de ces enfants parle de leur corps souffrant. Ce corps qui a superposé et confondu douleur et plaisir, rencontre et absence, corps et objet, élaborant une substance psychique sur un mode inconnu. Leur chair est meurtrie et elle garde en elle le mystère de ces brisures de la vie. Nous voyons bien ce qui n'a pas pu exister, mais nous ne sommes pas en mesure de dire toujours où se situe la rupture de la construction psychique.

Si celle-ci est précoce, l'enfant peut être atteint profondément dans ses aptitudes à aimer. Il peut être atteint jusque dans sa capacité à relationner, devenant un kamikaze au sein même de sa nouvelle famille.

Si nous suivons le cheminement d'un affect, comme nous le faisons depuis le début de cet ouvrage, nous voyons bien que la naissance de l'être communicant commence par une rencontre sensorielle qui sera conductrice de l'émotion à naître, de l'affect, de la relation qui en découle. Simultanément, la chair devient corps par un procédé de mise en images qui s'historicise. Porté par une attention humaine, des soins affectueux, des regards reconnaissants, des contacts éveilleurs de la vie, l'être de chair devient ce Sujet tant attendu. Cette croissance invisible est la croissance psychique, incontournable, et qui requiert elle aussi la santé.

Souvent, les parents adoptifs et les professionnels de l'adoption, quand ils parlent du passé douloureux de l'enfant, évoquent la réalité sociale et matérielle de l'abandon. Beaucoup stigmatisent cet événement et lui donnent une valeur traumatique de fait. Ils introduisent une confusion entre abandon réel et sentiment d'abandon. N'est traumatique que ce qui n'a pas pu s'élaborer et faire sens pour celui qui vit et traverse l'épreuve. Certains enfants abandonnés dans des conditions terribles font des rencontres humaines qui préservent leurs aptitudes à aimer, les personnes qu'ils trouvent sur leur route jouant un rôle de contenant. D'autres, dans des conditions semblables, sont véritablement oubliés du monde des humains, devenant des déchets, restant chair sans jamais pouvoir être corps.

La construction psychique n'est pas liée au contexte réel mais à ce que l'enfant a pu conserver de ses aptitudes communicantes au cours de ces événements réels. C'est ainsi que nous voyons chaque jour des patients qui, tout en ayant grandi dans leur famille d'origine et sans avoir connu de ruptures traumatiques évidentes, souffrent de sentiment d'abandon, de non-reconnaissance, de blessure narcissique, témoins d'un défaut de soins psychiques. Dans ces cas, nous ne pouvons relier leur souffrance à une réalité sociale. L'histoire à rechercher est celle du processus évolutif de tout être humain dans sa *santé interrelationnelle*, à travers ses représentations imaginaires et ses objets d'attachement. Parmi ces patients, certains se disent *traités comme des merdes* par leurs proches, signifiant qu'ils se sentent privés de leur statut d'être humain. La merde, *ça pue*, cela provoque la répulsion, le rejet, l'envie de la faire disparaître, de la fuir, de l'écraser.

Chez les enfants abandonnés dans la réalité puis adoptés, certains parviennent à *rebondir à la vie*, d'autres non, mettant alors en échec cette nouvelle famille qui ne peut pas tout réparer. La simple présence parentale amoureuse n'a pas le pouvoir magique d'effacer, de polir le passé douloureux. Il faut parfois que l'enfant soit soigné psychiquement pour retrouver la voie de sa propre construction. La durée du soin dépendra de la capacité de l'enfant à mettre son propre désir au service de sa construction.

C'est pendant ces soins que l'odeur m'est apparue comme un élément à prendre en compte. Elle s'est imposée à moi.

Ces enfants au passé abandonnique signifient très nettement comment, à l'aube de leur vie, privés d'une mère de chair, ils en ont imaginé une autre. Ils se sont créé, grâce à leurs sens en éveil, une *mère-odeur*, fidèle et présente, sans corps. Les *objets-mère* dans leur ensemble ont été décorporifiés et la construction de leur être a dû se passer du corps charnel de la mère.

Comment est-ce possible ? Ont-ils, comme l'enfant sauvage, survécu en faisant une autre rencontre ? La louve de cette histoire s'est-elle métamorphosée en odeur de la vie pour ceux-là ? L'hypothèse est inscrite dans mon carnet, en lettres majuscules. Pour s'affirmer, pour dire qu'elle n'a pas peur de dire, tout en mettant le point d'interrogation pour ne pas exagérer ; mais il est tout petit, car la phrase est plus affirmative qu'interrogative.

L'espace du doute est comme une coquetterie. Pourquoi douterais-je de ce que les enfants me confient ? Pourquoi n'aurais-je pas confiance ?

L'odeur est même devenue plurielle si l'on écoute bien ce que le corps bavard des enfants nous dit. Et les odeurs tiennent dans un corps virtuel hors la chair de la mère. Ce *contenant-odeur-mère* a pris le relais, apparaissant comme celui qui tient et contient l'enfant. C'est celui qui reste quand l'autre de chair part quémander et ne revient pas avant le soir ou le lendemain. L'enfant, pendant ce temps, attend, crie, hurle, cherche quelque chose pour mettre dans sa bouche, en vain. Il reste posé à même le sol, dans ses haillons. Il boit l'odeur, forte et enveloppante, jusqu'à en perdre connaissance, dans une perte de conscience qui annule la réalité et permet d'halluciner une vie meilleure. Sans doute l'image nécessaire du corps en construction est-elle passée par ce processus dans lequel l'hallucination n'était pas faite du lait ingéré dans des bons soins mais dans un cri mêlant la rage et la détresse et conduisant à la perte de conscience de soi-même. Et l'enfant a aimé cette mère, car on aime toujours sa mère, quelle qu'elle soit, quel que soit son visage. Aux yeux de l'enfant elle est belle. Elle n'a pas besoin d'atouts. L'enfant la pare en la regardant. Corps ou odeurs, qu'importe. Ainsi, le sentiment de bien-être, de sécurité interne, est associé à l'inhalation d'odeurs pestilentielles. Mélange du corps de la mère inscrit dans les pauvres vêtements de l'enfant, de nourriture pourrie, de crasse, d'air pollué, impur. Odeurs qui se rencontrent, qui se mêlent, qui entourent l'enfant tel un nid enveloppant. Odeurs qui rassurent, qui aident l'enfant en le berçant de douces hallucinations odorantes.

Si pour d'autres ces odeurs sont difficilement soutenables, pour l'enfant elles sont bienveillantes, vivifiantes. Ces mauvaises odeurs deviennent de *bons-objets-mère*.

Adopté, l'enfant n'a plus l'odeur. Il continue donc sans elle, sorte de perte qui au départ ne dit rien. Le langage à ce sujet viendra en différé, dans d'étranges comportements qui conduiront l'enfant jusqu'à moi.

Il prendra place dans le carnet.

Dans les pages consacrées à cette petite fille, je note qu'elle trouve que sa mère de France pue, mais qu'elle s'obstine à cacher dans sa petite cuisinière jouet des morceaux de crevette volés dans la poubelle, des croûtes de fromage et d'autres aliments riches en odeurs. La *mère-propre* a fini par s'en rendre compte : elle avait beau aérer la chambre, l'odeur désagréable restait, tenace, comme le *voulait* l'enfant. Pour celle-ci, sa chambre si propre, si rangée, était source d'angoisse quand, en perte de repères, elle cherchait frénétiquement son *être d'avant* pour s'accrocher, son *image de base* pour s'arrimer.

Cette enfant ni folle ni ingrate essayait de créer une continuité de son être psychique par un subterfuge bien dérangeant pour les parents tout neufs, qui n'ont pas de représentation d'un corps bavard *qui pue !* Elle *pue*, l'angoisse. Car l'angoisse a une odeur, comme la souffrance privée de mots.

Sur la dernière page de l'histoire de l'enfant, un petit dessin, un gribouillis que je ne peux plus décrypter, et mes mots sur la peau de la mère qui sent bon, ou, pire, qui ne sent pas. On ne peut pas s'accrocher à une peau sans odeur. Rien ne vous retient, même pas le réflexe de fouissement.

Alors il faut inventer de la mère, l'originaire, la seule qui a bien voulu être là quand l'enfant était seule et perdue. Il faut la fabriquer avec les moyens du bord. Et les moyens, l'enfant les trouve, prenant là dans la poubelle les odeurs fortes de poisson pourri pour les faire prisonnières et les empêcher de s'enfuir. Elles seront bien au chaud et dilueront leur enveloppe bienveillante entre les murs de la chambre. En respirant à fond, l'enfant se transporte dans les bras de cette mère, humant l'air vicié avec bonheur, heureuse de ces retrouvailles. Mais *ça*, cela ne se dit pas. L'odeur a fait fuir l'angoisse, sa moiteur, sa lourdeur et ses menaces.

Danse avec elle serait le titre de l'histoire de la petite fille à la *mère propre qui pue*, remplaçant la mère en odeur.

Mamie-cartons

Dans cette recherche du lien entre des histoires qui se succèdent revient l'image d'une autre femme, d'un autre âge, dans un autre lieu, cette fois ici, en France. Cette femme vivait sous un amas de cartons et elle était si identifiée à son pauvre habitat que les enfants l'appelait « Mamie-cartons ». Qu'il pleuve, qu'il vente, qu'il neige, on la voyait déambuler et accumuler des ordures sur un petit chariot. Elle les déposait ensuite devant sa maison improvisée. Mamie-cartons ne gênait personne. Elle était solitaire, silencieuse, vivait sur le trottoir au coin d'une rue et ne manquait jamais de nourriture. Sa gentillesse, sa discrétion nous attiraient tous, et nous lui déposions repas, couvertures, vêtements. Quand elle se déplaçait, elle laissait derrière elle une odeur pestilentielle à peine supportable.

Mamie-cartons était sale mais, derrière sa crasse, elle gardait un drôle de visage enfantin. Ce décalage entre la peau rosée des joues et le corps sale, puant, était bien étrange et incompréhensible. C'était inimaginable, d'ailleurs. Au bout de quelque temps, elle a bénéficié d'un logement social. Elle était au chaud, pouvait se laver, se nourrir, vivre dignement. Mais Mamie-cartons n'a pas tenu longtemps dans cet appartement. Très vite, elle a reconstruit ses murs au coin de la rue et a repris ses habitudes. Elle a quitté sans un regard ce petit logement confortable et abrité, trop propre. Loin des mouvements odorants de ces lieux de la ville qui sentent les vies emmêlées, elle s'est sans doute sentie perdue et n'a pas supporté.

Que ce soit dans le cas de Mamie-cartons ou dans celui de la petite fille des rues, il n'est pas question de remettre en cause les choix qui ont été faits à ce moment-là. Vouloir mettre à l'abri une vieille femme vivant dans la rue est et reste une bonne initiative.

Vouloir adopter une enfant même si elle a vécu des moments douloureux dans sa préhistoire adoptive est et reste une filiation envisageable. Mais, dans les deux cas de figure, les projets doivent tenir compte de la construction psychique de la personne. On n'arrache pas quelqu'un à son quotidien, même s'il s'agit de le conduire vers un mieux-être matériel. Un état des lieux de ce que cette personne est en tant que Sujet humain est incontournable. Si nous parvenons à mettre nous-mêmes en pensée de quoi sa vie psychique est faite, nous pourrons adapter nos projets à sa réalité et y consacrer le temps nécessaire.

Odeurs pestilentielles

Les comportements de reproduction d'odeurs pestilentielles sont fréquents chez les enfants qui me consultent. Certains salissent leurs murs avec leurs excréments. D'autres cachent des saletés sous leur lit, les enferment dans des sacs plastique pour ensuite les cacher parmi leurs affaires personnelles.

L'enfant ne peut pas dire à ses parents : « Écoute-moi quand je te parle » puisqu'il ne prononce pas un mot. Il sait parler mais il ne peut pas parler de *ça*. Et le *ça*, dans la vie psychique, est la source libidinale, le désir. De lui naît la pulsion du désir, avec ses manifestations. Alors, quand le *ça* souffre, ce n'est pas comme la douleur physique. Tandis que la douleur physique crie, la souffrance psychique rend silencieux.

Certains enfants ne présentant aucun trouble particulier mettent en place des comportements étranges à l'adolescence, période transitoire et déstabilisante qui peut être source d'un sentiment de perte de soi. Nous parlons parfois de *période psychotique*, de *décompensation*, de *déstructuration*. Nous essayons nous-mêmes de nous raccrocher à un *corps-savoir* pendant que l'adolescent se met à l'épreuve, et nous met à l'épreuve, en nous renvoyant à un espace du *non-savoir*.

Nous souffrons de ne pas comprendre et il souffre de ne pas se comprendre. Effet miroir : il est perdu, nous sommes décontenancés. Nous éprouvons alors cruellement le fait que nous ne pouvons pas nous enfermer dans un savoir sur la psychopathologie de l'enfant et de l'adolescent.

Car, sur les symptômes de la régression tels que Françoise Dolto les a extraits de la vie psychique, encore bien des recherches sont à mener.

D'un point de vue neurofonctionnel, l'odorat se distingue des autres sens puisque le système olfactif a un accès direct au cerveau par le biais d'un itinéraire court vers le paléocortex. Il présente également des interconnexions neuronales avec le système limbique, qui est le siège de l'apprentissage et de la mémorisation. Aussi les messages de l'odorat sont-ils différents de ceux conduits par les autres sens : ils enregistrent et réactualisent des impressions subjectives mémorisées. Et quand l'odeur est remémorée, c'est tout un contexte émotionnel qui revient à la mémoire.

Surgit donc l'émotion, et avec elle l'archaïsme de sa naissance.

Je pense à ces adolescents qui gardent leur vomi, leurs excréments ou leur urine dans des sacs qu'ils accrochent ou cachent dans leur chambre. Comportements effrayants, bien sûr, si nous les sortons du contexte de souffrance psychique dans lequel ils s'inscrivent. Mais il ne s'agit pas ici d'exposer des horreurs, simplement de les appréhender pour comprendre de quoi l'humain est fait. Il n'y a pas d'horreur dans le psychisme, seulement des manifestations qui peuvent être qualifiées d'horribles.

Ce n'est pas le symptôme lui-même que nous visons dans cette approche. Le symptôme est en soi la preuve de la souffrance, aussi nous ne cherchons pas à le supprimer mais à le comprendre dans les relations du Sujet souffrant, en vue d'amener l'adolescent à employer son énergie dans une communication différente. Parler à son entourage en déversant des odeurs de soi insupportables est un mode bien coûteux, et nous savons à quel point le risque de rejet est grand. Mais l'angoisse n'est pas raisonnable, qu'elle se vive dans sa propre vie intérieure ou dans la relation aux autres. Le corps-Sujet, perdu dans son symptôme, doit retrouver sa propre dignité, et cela passera par un travail de compréhension de soi.

L'expression de ce corps vidé et gardé sous la forme de l'odeur est à questionner comme un signifiant fort. Sa connotation mystérieuse est faite d'archaïsme et d'amnésie. Nous ne pouvons pas ignorer que le corps prend racine dans une histoire de vie et l'étrangeté du symptôme ne doit pas figer notre pensée.

Les signes de malaise sont fréquents. Si nous nous en tenons à ces manifestations autour du vomissement, les comportements anorexiques nous offrent l'image de ces corps qui se vident après s'être nourris. Cependant, la personne anorexique ne se nourrit pas de son odeur ; de plus, les aliments, même vomis, doivent disparaître et ne sauraient être conservés. L'adolescent qui garde ses odeurs nous apprend autre chose de lui, qui n'est pas assimilable à ce que d'autres disent.

En premier lieu, il semble s'imprégner dans son antre intime, sa chambre, lieu privé et personnel, d'une odeur forte de corps, le sien. Il se fabrique un nid d'odeur dans lequel il peut s'apaiser et exister. Son corps fait corps avec l'odeur. Il devient vrai, vivant et s'en tonifie. Il rassemble ses morceaux.

Les parents d'un autre adolescent, celui qui remplit un sac plastique d'urine et le suspend dans sa chambre, sont dans un premier temps loin d'imaginer l'origine des odeurs tenaces de la chambre. Quand ils la découvrent, le choc est terrible et ils craignent à juste titre l'éclosion d'une maladie mentale. La découverte inconcevable les sidère et entrave leur propre pensée. Les premières consultations sont d'ailleurs des temps où les parents ne savent pas quels mots choisir pour décrire le *symptôme* de leur fils ou de leur fille.

Comment raisonner sur ces comportements irraisonnables, sortes de traces originaires, sinon en utilisant notre propre pensée pour les aider à comprendre, à métaboliser ce qu'ils vivent ? L'odeur-symptôme ainsi parlée retrouve, sous le son des mots et dans le partage avec l'analyste, sa place dans les expressions humaines. Elle redonne à l'adolescent, par cette transformation en un langage parlé, son identité d'être en devenir, souffrant, mais capable d'un dire, à écouter différemment. L'objectif est que l'adolescent devienne capable de mettre en mots et en pensées ce qui prenait des allures d'impensable.

L'*odeur-sens* habitée de sa fonction *image* traduit en l'homme un archaïsme doté d'une dimension communicante. Appréhender celle-ci est une approche possible de l'affectivité de l'être humain et de sa construction émotionnelle.

Odeurs et littérature

Les auteurs aiment l'odeur, et ils ne se privent pas d'y avoir recours. Tous ont quelque chose à dire de ce sens ou à partir de ce sens. C'est quand l'histoire devient intime ou révèle une part jusque-là méconnue du Sujet que l'odeur est utilisée comme un catalyseur d'attention. L'odeur ne laisse pas indifférent, et c'est ce que l'auteur recherche. Elle devient bavarde, à moins qu'elle ne rende bavard, et donne au corps un soupçon d'étrangeté.

C'est ainsi que Per Olov Enquist nous confie l'histoire de Blanche Wittman s'aidant du « livre des questions », une sorte de carnet personnel qu'elle a elle-même écrit, se posant sans cesse des questions sans réponse[1]. Blanche était cette femme enfermée à la Salpêtrière, première patiente de Charcot et plus tard, si l'on en croit l'auteur, sa maîtresse. C'est elle que l'on voit sur une gravure effondrée dans les bras d'un assistant de Charcot, avec en arrière-plan, parmi de futurs éminents spécialistes, le visage de Freud.

On sait peu de choses sur la vie de Blanche, son enfance, sa famille, mais c'est à propos de quelques mots sur sa mère que l'odeur fait son apparition. Elle explique comment, à l'instant même de la disparition de sa mère, a surgi l'amorce du récit, « celui qui renferme la puanteur douceâtre de la mort ». Image et odeur maternelles se sont superposées, sont devenues indissociables, au point qu'il est difficile de savoir laquelle, de l'odeur ou de l'image, fait apparaître la mère.

« Ma mère est morte à Paris un été de grande canicule. Il fallut trois jours à l'un de mes oncles pour trouver un véhicule qui permettrait de la transporter à Sceaux, sa ville natale, où elle souhaitait être enterrée. [...] J'étais la seule à accompagner mon oncle dans le convoi funèbre. Elle dégageait une odeur.

« C'était la puanteur doucereuse de ma mère. [...] Mon oncle et moi avons conduit ma mère dans une voiture. L'odeur douceâtre de ma mère poussait les chevaux à avancer à bride abattue. Allez hue, s'écria joyeusement mon oncle. Je l'avais aimée.

« Au bac pour passer la cure, le convoi a semblé accablé de chagrin et de désespoir. La puanteur doucereuse du cadavre de ma mère a rattrapé les chevaux quand la voiture s'est arrêtée avant l'embarquement sur le bac. Les bêtes ont été prises par la rage naturelle et compréhensible des chevaux, et l'équipage, je

1. Per Olov Enquist, *Blanche et Marie*, *op. cit.*

veux dire notre cortège funèbre, a été saisi d'une hâte presque maniaque pendant le chargement, du coup la voiture a versé.

« Le cercueil a glissé dans l'eau et lentement il a coulé.

« Plus tard il m'est souvent arrivé de m'imaginer là, sur la rive, non pas secouée de pleurs hystériques mais totalement calme en train de regarder ma toute petite mère dans son cercueil entourée de son odeur sucrée. [...] Je comprenais que cette disparition dans l'eau diluait la puanteur sucrée de chagrin, de mort et d'amour. »

Ainsi parle Blanche, dont les mots sont ravivés sous le spectre de l'odeur. L'odeur de la mort mais aussi l'odeur du chagrin et de l'amour, comme si rien ne pouvait se dissocier, créant un parfum unique, la « puanteur sucrée ».

L'histoire singulière a bien une odeur et, quand elle se raconte, elle fait naître le vivant du Sujet.

Blanche est devenue l'amie intime de Marie Curie, mais aussi son assistante. Toutes deux mourront brûlées par la radioactivité, Blanche dans des conditions terribles, amputée des deux jambes et d'un bras. Elle nous transmet dans ces carnets qu'elle semblerait avoir écrits, repris sous la plume de l'auteur, tout son amour des mots et de l'écriture, eux-mêmes chargés d'odeurs, à n'en pas douter.

L'odeur parle la mort, l'amour, la vie, le sexe, la peur. L'odeur parle de tout et nous relie tous à notre corps. Certains s'en vantent, d'autres s'en cachent. L'odeur est notre complice, notre traître, notre témoin. L'odeur raconte une histoire, qui peut parfois nous conduire à son origine, faisant éclater alors le sens de celle-ci.

J'en avais à peine fini avec l'histoire de Blanche que je découvris celle de Katie, comme si mes yeux ne pouvaient plus arrêter de boire des odeurs.

« Je suis une femme. Ni belle ni laide. J'ai trente ans, quarante ans, cinquante ans. Je ne me lave jamais. Je vis dans la crasse. Depuis que j'ai quatorze ans, je brûle. Le feu me ronge de l'intérieur. Alors ce feu, je le prends et je m'en sers pour nettoyer le monde. Je ne peux pas m'en empêcher, je brûle. C'est maladif. Je suis pyromane. Mon langage à moi c'est le feu. »

Katie Olson, le personnage du livre de James Garner[1], est une femme, ou bien une enfant. Non, en réalité, pour la lectrice que je suis, elle est avant tout un *personnage-odeur*, une somme d'odeurs humaines qui dessinent ses traits. C'est un Sujet étrange, que l'auteur a voulu ainsi. James Garner nous plonge dans une nuée nauséabonde qui se répand tout au long du livre pour mieux nous écœurer. Et son dessein est bien celui-là : rendre Katie à peine humaine, ou bien tellement humaine dans ses odeurs qu'elle n'est plus que *ça*. C'est ce qui lui permet de cacher un secret bien mal gardé.

« Mes cheveux sont gras. Ils tombent sur mon visage. Je ne les peigne jamais. Je n'utilise pas de shampoing. J'ai souvent des démangeaisons du cuir chevelu. Des petites croûtes se forment sur le sommet de mon crâne. Parfois je les gratte. Parfois non. Mes cils collent entre eux. Ils m'empêchent de bien ouvrir les yeux. Sous mes paupières, mes pupilles sont gris foncé. Il paraît que j'ai un beau regard. [...] Ma bouche est sèche. Ma langue est dure comme un morceau de bois. Mes dents sont sales. Je ne les brosse jamais. Une épaisse couche de tartre s'y est déposée. Ça fait comme une barre jaunâtre tout le long de ma mâchoire inférieure. [...]

« J'ai voulu mourir mais je suis vivante. Je ne me rase pas sous les aisselles. Je ne mets pas de déodorant. J'ai des grands pieds, je chausse du 42 : il paraît que c'est immense pour une femme. Je les lave un jour sur deux. Je ne mets pas de vernis sur mes ongles. Il paraît que je sens des pieds. Mais tout le monde sent

1. James Garner, *Vie et mort de Katie Olson*, La Dragonne, 2006.

des pieds. Mon sexe me démange. J'ai le poil dru, un peu collé à l'entrée de la vulve. J'y passe souvent le doigt, pour sentir mon odeur. Ça me rassure. Mon sexe ne me sert qu'à uriner. Hormis mon père personne ne l'a jamais visité. Lui s'est régalé. Plusieurs fois par semaine, l'année de mes quatorze ans. Maman ne disait rien. Elle faisait celle qui ne voit rien, qui ne sait rien. »

Sans crier gare, l'auteur nous convie au spectacle de l'inceste, inscrit dans le corps, marqué dorénavant et pour toujours au fer de l'odeur. Odeur-carapace, odeur-peau qui fait fuir les entreprenants potentiels, autant dire tous ceux qui de près ou de loin manifestent un soupçon de désir à l'encontre de Katie. Une attention est déjà une agression pour elle, qui a subi les assauts de son père sous le regard de sa mère qui ne regardait pas. Un regard de mère qui ne veut pas voir est la marque de la condamnation. L'enfant est damnée et tient lieu d'objet pour son père. L'enfant est corps-mort, il est plaisir du père ou rien.

Le silence de l'inceste est la mort du Sujet et Katie brûle de tous les feux sans jamais trouver le repos. Alors elle erre dans la campagne et met le feu, partout, tout le temps, avec comme pulsion vitale l'impulsion qui la pousse à tout brûler.

Comme l'odeur, le feu chez Katie parle de la vie, celle qui a brûlé avant d'être consommée et celle qui lui reste, la seule vie possible derrière le mur-odeurs. « Il ne me reste que le feu. Et les odeurs. Ça me fait un cocon. Je suis une momie enveloppée de bandelettes puantes. Personne ne peut m'atteindre. Je peux crever qui je veux. Car je suis déjà morte. En sursis. Morte vivante. Katie-momie. Mon langage est le feu. Ma protection est la crasse. Je suis sale. Je suis libre. »

C'est ainsi qu'un corps peut devenir un langage et raconter une histoire. L'histoire des odeurs de Katie est l'histoire de l'enfant perdue qui n'a ni père ni mère. Son corps est habité par ses parents légaux, qui n'ont pas une once de parentalité à exercer. Ils ne savent pas, ne peuvent pas, ne veulent pas. On ne sait pas. L'auteur s'en tient au récit brut, insupportable, de la souffrance de l'enfant devenue une simple odeur de mort. Car son corps pue, comme la mère de Blanche qui part à la dérive, emportant son corps odorant qui pour autant ne disparaît jamais. Le nez de Blanche se souvient. Le corps de Katie n'oublie pas.

Et collectivement nous n'oublions pas ce que le monde a subi de guerres, de conflits, dans lesquels hommes, femmes, enfants ont connu la peur, la souffrance, la maladie, la détresse et la mort. L'odeur une fois encore est convoquée, se faisant histoire de notre humanité.

« Le nouvel environnement du déporté l'agresse d'abord par ses sens. Dans les camps nazis, les cris des SS et les aboiements de chiens, enveloppés de l'odeur prégnante des cadavres en décomposition, des fumées des fosses où l'on brûle les cadavres puis de celles des fours crématoires : “C'est à ce moment que notre attention fut attirée [...] par l'odeur [...]. Il s'est avéré petit à petit et je ne sais plus de quelle manière que cette cheminée, là, en face, n'était pas la cheminée d'une tannerie, mais celle d'un crématorium, c'est-à-dire d'un four d'incinération”[1]. »

Insupportable est l'image que nous propose l'odeur de l'extermination des corps dans les camps de concentration.

Il est des *souvenirs-odeurs* plus doux, qui relient des personnages au temps révolu. C'est ce que nous confie Gabriel Garcia Marquez quand il évoque sa jeunesse et les images qui en surgissent[2]. Son écriture est marquée du sceau de la grâce et, quand

1. Annette Becker, « Exterminations : le corps et les camps », art. cité. La citation que reprend ici Annette Becker est de l'écrivain Imre Kertész, rescapé d'Auschwitz.
2. Gabriel Garcia Marquez, *Vivre pour la raconter*, Grasset, 2003.

on traverse son enfance sous sa plume ailée, on ne doute plus de sa vocation précoce.

« Le souvenir le plus inquiétant que je conserve de cette époque est celui de la tante Petra, la sœur aînée de mon grand-père, que l'on fit venir de Riohacha quand elle devint aveugle, et que l'on installa dans la chambre à côté du bureau qui n'était pas encore l'atelier d'orfèvrerie. Son habileté à se débrouiller dans les ténèbres sans l'aide de personne relevait de la magie. Aujourd'hui encore, quand je l'évoque, elle surgit devant moi, marchant sans canne comme si elle avait ses deux yeux, d'un pas lent mais assuré, se guidant aux différentes odeurs. Elle reconnaissait sa chambre aux effluves d'acide muriatique qui montaient de l'atelier, la galerie à l'arôme des jasmins du jardin, la chambre des grands-parents à l'odeur d'alcool camphré avec lequel tous deux se frictionnaient avant de se coucher, la chambre de tante Mama à la saveur de l'huile qui brûlait dans les lampes de l'autel, et l'extrémité de la galerie aux fumets de la cuisine. »

L'odeur se découvre une fonction de guide, celui qui a des yeux pour orienter celui qui en est privé. L'odeur voit pour l'aveugle.

Mais la plus incroyable histoire d'odeur, nous la devons à Patrick Süskind[1]. Ce n'est pas ce Jean-Baptiste Grenouille à la naissance remarquable qui est le personnage principal de son roman, mais bien l'odeur, qui véhicule tout au long du livre un ton de scandale, d'amusement, de désapprobation, d'horreur. La fin perd un peu de sa force tant il est vrai que tuer l'odeur n'est pas si simple, et conclure avec elle non plus.

Dès le début, le *livre-odeur* le plus sulfureux qu'il nous ait été donné de connaître ouvre le décor sur une France du XVIIIe siècle

1. Patrick Süskind, *Le Parfum*, Fayard, 1986.

gâtée en puanteurs. Il nous conduit dans le dédale des émotions et ne nous prive d'aucune de leurs subtilités.

« À l'époque dont nous parlons, il régnait dans les villes une puanteur à peine imaginable pour les modernes que nous sommes. Les rues puaient le fumier, les arrière-cours puaient l'urine, les cages d'escalier puaient le bois moisi et la crotte de rat, les cuisines le chou pourri et la graisse de mouton, les pièces d'habitation mal aérées puaient la poussière renfermée, les chambres à coucher puaient les draps graisseux, les courtepointes moites et le remugle âcre des pots de chambre. [...] Les gens puaient la sueur et les vêtements non lavés ; dans leurs bouches puaient les dents gâtées, leurs estomacs puaient le jus d'oignon, et leurs corps, dès qu'ils n'étaient plus tout jeunes, puaient le vieux fromage et le lait aigre et les tumeurs éruptives. [...] Et c'est naturellement à Paris que la puanteur était la plus grande, car Paris était la plus grande ville de France. »

Les énumérations se succèdent ainsi, semblant ne plus devoir finir, décrivant chaque lieu, personne, objet en fonction de son odeur, référée comme puanteur. À croire que les bonnes odeurs n'existaient pas, ou que l'auteur était avide de nous plonger dans la putréfaction. Et son personnage surgit dans cet amoncellement d'odeurs, sa naissance étant la plus sordide des descriptions.

« Or c'est à l'endroit le plus puant de tout le royaume que vit le jour, le 17 juillet 1738, Jean-Baptiste Grenouille. »

L'enfant naît au milieu des détritus, à l'endroit même où sa mère, poissonnière, travaille. Elle s'accroupit simplement derrière son étal pour que l'enfant tombe dans les déchets de poisson. Elle ne souhaite pas se préoccuper de lui puisqu'il est le cinquième et que tous les autres sont morts ainsi, le jour même de leur naissance.

Mais l'histoire de celui-ci va être différente, l'histoire édifiante d'un *enfant-odeur* qui va vivre, grandir et se développer avec elles, pour elles, en elles, les transformant en mères, en bonnes fées, en amies, en protectrices, fabriquant son destin.

« À six ans, il avait totalement exploré olfactivement le monde qui l'entourait. [...] C'était des dizaines, des centaines, des milliers d'odeurs spécifiques qu'il avait collectionnées et qu'il avait à disposition, avec tant de précision et d'aisance que non seulement il se les rappelait quand il les sentait à nouveau, mais qu'il les sentait effectivement lorsqu'il se les rappelait ; plus encore, il était capable, par la seule imagination, de les combiner entre elles de façon nouvelle, si bien qu'il créait en lui des odeurs qui n'existaient pas du tout dans le monde réel. C'était comme s'il avait appris tout seul et possédait un gigantesque vocabulaire d'odeurs, lui permettant de construire une quasi-infinité de phrases olfactives nouvelles – et ce à un âge où les autres enfants, à l'aide de mots qu'on leur a laborieusement inculqués, bredouillent tout juste leurs premières phrases conventionnelles pour rendre très imparfaitement compte du monde qui les entoure. Son don rappelait peut-être celui du petit musicien prodige qui a su dégager des mélodies et des harmonies l'alphabet des notes simples et qui dès lors compose lui-même des mélodies et des harmonies complètement nouvelles – à ceci près, toutefois, que l'alphabet des odeurs était incomparablement plus vaste et plus nuancé que celui des notes, et à cette autre différence encore que l'activité de l'enfant prodige Grenouille se déroulait exclusivement en lui et ne pouvait être perçue de personne que de lui-même. »

Jean-Baptiste Grenouille, qui parle ainsi les odeurs, qui voit les odeurs, peut se déplacer dans le noir, deviner qui se trouve dans une pièce, annoncer la venue d'un visiteur, retrouver des choses disparues, ce qui conduit ses proches à le créditer d'une seconde vue. Mais l'enfant devenu homme deviendra un chasseur d'odeurs capable d'aller jusqu'à tuer pour en posséder de nouvelles et devenir le plus grand parfumeur de son temps. La quête de l'odeur rare et inconnue, celle qui grise les sens et les esprits, lui fera perdre la tête, et plus tard la vie.

Entre toutes ces histoires, les réelles et les littéraires, quel écart ? Aucun.

Les uns vivent, les autres racontent ce qu'ils ont vécu ou inventé. Tous ont un peu de chacun : Blanche, Katie, la tante Petra, Jean-Baptiste Grenouille, invisibles et vivants.

Histoires réelles ou imaginaires, qu'importe, dirait Gabriel Garcia Marquez : « La vie n'est pas ce que l'on a vécu, mais ce dont on se souvient et comment on s'en souvient. »

L'odeur est source de souvenirs enfouis ou accessibles dans un corps au bavardage révélateur. L'odeur *est*.

Chapitre V

Le corps indic

La narine

« T'as les narines qui gonflent, affirme l'enfant en regardant sa mère à la dérobée.

— Ça suffit maintenant, Euxanne. Je t'ai déjà dit quelque chose et cela n'a rien d'amusant, il me semble. Soit tu m'écoutes et tu respectes ce que je te demande, soit tu quittes la table. »

La mère a haussé le ton, a donné du volume à sa voix, ne quittant pas sa fille des yeux.

L'enfant est surprise par l'affirmation, qui semble sérieuse, du mécontentement maternel. Elle en perd de sa prestance enfantine. Le corps redressé de sa mère, sa voix ferme la déstabilisent. Se serait-elle trompée ? Pourtant, elle en est sûre, quand la narine s'ouvre, ce n'est pas sérieux. En même temps, la dernière réplique paraît cette fois sans appel.

Euxanne, dans cet espace d'hésitation, s'est instinctivement immobilisée, son visage s'est soudainement fermé. Son frère Basile s'est lui aussi tendu, semblant attendre une colère à naître. Il en veut à sa sœur de son erreur d'interprétation qui va sans doute coûter cher à tout le monde, à commencer par eux, les enfants. Si le corps d'Euxanne ne bouge plus, ses yeux circulent et s'arrêtent sur son frère aîné assis en bout de table. Surprise : lui, il continue à rire en silence, à grands renforts de mimiques caricaturant sa mère. Il n'est pas le seul car sa sœur Prune, qui vient juste après lui dans la fratrie, est effondrée sur la table, la tête entre ses bras, pouffant avec impertinence. Ainsi, les grands, les « expérimentés », continuent à se moquer ! Elle n'en revient pas et craint le pire. Les colères maternelles peuvent être redoutables. Sa sœur lui grimace un mot de réconfort qu'elle ne comprend pas, mais elle perçoit clairement le message silencieux.

« C'est vrai, maman, t'as les narines qui gonflent... Regarde... Tiens, là, là juste maintenant... Allez, laisse tomber », insiste Prune, suivie par Costa qui confirme : « Affirmatif maman, elles gonflent... » Et de se lever en concluant : « Ah là là, ma pauvre maman, pas facile ton métier ! »

Et tous les quatre s'engouffrent dans un rire sans fin. En quittant la table, ils guettent toutefois du regard la réaction de leur mère. Celle-ci en effet se relâche et sourit en signe de capitulation. Euxanne est soulagée et fière d'avoir finalement su interpréter comme les initiés la vraie-fausse colère maternelle. Car ils le savent : il y a celles qui comptent, et alors tout le monde file doux, et il y a celles qui ne comptent pas. Il y a les « NON » fermes, les « NON-non » et les « NON-oui ». Pour les distinguer, un seul indice : la narine maternelle.

Après avoir vu les grands *faire* avec leur mère pendant des années, Euxanne a voulu se lancer elle aussi. Il s'en est fallu de peu qu'elle ne se trompe. Si elle connaît par cœur le corps de sa mère et qu'elle s'est améliorée dans la maîtrise de son langage silencieux, qui définit son état d'esprit précis, il n'en reste pas moins que l'erreur est possible, ce qui rend l'exercice difficile. Connaître l'autre au-delà de ce qu'il connaît de lui-même demande de la perfection.

Personne n'aime être trahi, et encore moins par soi-même. Cela procure un sentiment d'impuissance et de perte de contrôle peu agréable.

Trahie par une narine, une simple narine, un bout de soi, une infime partie de son corps, une courbe insignifiante que personne ne saurait décrire, pas même elle. Une narine qui gonfle ! Quel concept stupide inventé par les enfants, ses propres enfants, prêts à la disqualifier dans son autorité toujours à conquérir. Elle est irritée et sa pensée rencontre cet adage imbécile : « La colère me monte au nez. » Son corps serait-il un indic ? Corps impudique qui parle, qui révèle, qui signifie à ses proches et peut-être même au-delà ?

Lui faut-il craindre d'être trahie par elle-même comme elle l'a été aujourd'hui ? Car, en définitive, les enfants ne se sont pas trompés. Il n'y avait pas de colère réelle dans l'observation qu'elle a faite à sa dernière fille. Seulement un rappel à l'ordre concernant le vocabulaire autorisé à la maison, et en particulier à table. Mais le mot grossier utilisé par l'enfant était si déformé qu'il prêtait vraiment à rire.

Les *habitués* de cette famille ne se sont pas laissé tromper, et il en est toujours ainsi avec les enfants. Ce sont des initiés. Ils entendent le corps de l'autre comme personne. Rien ne leur échappe. Leurs capteurs sensoriels écoutent et décryptent impitoyablement les pensées les plus profondes, gravées dans le corps de ceux qui les entourent. Ils sont de redoutables interprètes des mots du corps, ceux que nous pensons ne pas prononcer. Entre eux et l'adulte, il y a ce langage qu'ils maîtrisent totalement et décodent comme de parfaits bilingues.

Nous devons prendre garde quand nous nous adressons à l'enfant. Il n'est pas un interlocuteur de seconde classe. Si son langage n'est pas nécessairement fluide, il est comme un poisson dans l'eau avec les mots du corps. Les yeux sur sa mère, son père, son institutrice lui en disent bien plus long que les discours qui lui sont adressés. Le sous-titrage est dans chaque expression, chaque attitude, chaque mouvement du corps, jusqu'au moindre rictus. Il saura ce que vous ne savez pas vous-même de vous-même. Il est redoutable, avisé et parfois sans pitié.

Le son n'existe pas encore qu'il est déjà entendu. La pensée est encore en construction qu'elle est déjà décodée, interprétée. L'enfant vous sent et vous ressent dans ce que vous avez de plus intime : votre corps virtuel, celui de la pensée.

Mais il peut arriver que l'enfant, dans toute l'insouciance de son enfance joueuse, croise un adulte aux pensées déviantes. Dans ce cas, c'est lui qui peut être trahi par l'adulte qui l'observe, et la scène peut prendre une tournure dramatique.

Impudique rougeur

La femme qui vient de rougir sous le regard du désir de l'homme offre à l'assemblée une intimité dévoilée. Elle est furieuse contre cette peau qui la trahit une fois de plus, une fois de trop. Qui lui a demandé de révéler ainsi ses pensées les plus secrètes ? Qui lui a ordonné de se manifester ? Elle a senti le rouge arriver en même temps que son buste se pliait. C'est toujours ensemble que ces deux-là apparaissent : rougeur aux joues et dos rond font la paire. Ils ne se séparent jamais et sont devenus des sortes de tics. Et, bien sûr, ils ne se contrôlent pas, aussi il est inutile de chercher à les réfréner.

Le corps a parlé, pour ne pas dire crié, annonçant tel un porte-voix sa gêne, son désir de disparaître, sa difficulté avec les hommes, mais aussi son trouble à l'idée d'être désirée. Et tous l'ont vu. Ce message impudique ne lui est pas propre ; la rougeur est universelle et chacun sait ce que veut dire une joue qui s'empourpre sous l'œil du désir. Mais elle déteste voir son corps déverser ainsi ses pensées secrètes sans lui demander son avis. À chaque fois c'est la même comédie : il se creuse soudainement sans qu'elle en ait eu la moindre volonté. Corps réflexe de son âme blessée qui ne sait pas oublier.

Car elle se souvient très bien du premier jour où elle s'est sentie rougir. Elle ne se voyait pas mais elle a senti son corps exprimer, contre son accord, son émotion. Le rouge n'est pas venu tout seul. Le simple fait de repenser à la scène peut à tout moment modifier la couleur de sa peau.

Ce jour fatidique, ce jour de tous les changements, est bien ancien. Elle avait alors 11 ans et une ébauche de poitrine à peine dessinée sous son tee-shirt Mickey de petite fille.

Ce jour-là, le regard qu'elle croise la transperce et la laisse là, brisée, éperdue. Une violence inouïe lui fait courber le dos, rentrer le torse, transformant son buste fier d'enfant en un creux. Une seconde plus tôt, elle jouait à la corde à sauter, riant de son rire enfantin, en cascade. Elle était *innocente* dans un corps ludique qui vivait l'instant. Ces yeux la dénudant, elle ne les a pas vus tout de suite, trop occupée qu'elle était à ne pas perdre sa place dans le jeu organisé par ses cousines. Sauter sans se prendre les pieds dans la corde demande de l'attention, et jouer, c'est sérieux. Elle ne peut donc pas voir, car elle n'en a pas encore suffisamment conscience, que sur son torse naît sa poitrine, objet de désir, et que pendant le jeu ses seins apparaissent en mouvement sous le coton de son vêtement.

Le choc provoqué par le regard appuyé viendra dans un deuxième temps, quand l'enfant réalisera ce qui lui arrive. Le regard désirant d'un homme sur son corps d'enfant laissera là une trace indélébile. Cette scène est d'autant plus violente qu'elle est invisible et inavouable. Car que dire ? Il ne s'est rien passé. L'homme ne l'a pas touchée, ne l'a pas violée, n'a pas abusé d'elle au regard de la loi. Nous pourrions dire qu'il n'a rien fait sinon la regarder. Ce n'est pas un crime que de poser les yeux sur des enfants jouant. Il n'a d'ailleurs pas interrompu le jeu, et elle croit même se souvenir qu'il a souri.

Ce sourire ineffaçable a brisé son enfance, et contre ce qu'elle ressent comme un *crime* il n'y a pas de loi. Car ce n'est pas la pénétration du regard qui est considérée comme criminelle. Et pourtant il existe des yeux qui *tuent*. Si le corps charnel de l'enfant n'a pas été touché, son corps psychique, lui, a été défloré, attaqué, provoquant une souffrance silencieuse, sourde.

On ne peut même pas parler d'atteinte à la pudeur, car ce type de *regard* n'est pas répertorié dans le code civil, ni dans le code pénal, ni même dans le code de la famille quand il concerne des enfants mineurs. Sur le sujet de l'atteinte à la pudeur, la loi déclare que seuls des attitudes ou des gestes peuvent être impudiques, excluant les images et les paroles, donc les livres et les chansons. « C'est ainsi qu'en interdisant à l'œil ce qui ne l'était pas à l'oreille, la parole fut exclue du champ de l'interdit, ce qui contribua indirectement au succès de la grivoiserie. De même, où l'interdit portait sur un *donné à voir* et non sur un *chercher à voir*, la curiosité perverse échappa à la répression, et le voyeurisme fut abandonné au seul domaine de la morale[1]. »

D'ailleurs, comment nommer ce délit qui porte atteinte aux limites du corps virtuel, celui de l'enfant dans sa construction psychique – corps-image, corps du Sujet qui se niche en l'enveloppe charnelle ? Ce qui a pénétré l'enfant, c'est la représentation soudaine de sa participation à un acte sexualisé dans le regard voyeur et pervers de l'homme mature, qui, lui, sait ce qu'il vient voir. Françoise Dolto conseillait aux adultes, en particulier à ceux qui avaient une action éducative auprès des enfants, de ne pas surexciter ces derniers afin de ne pas les angoisser en les mettant dans une situation d'anticipation sexuelle. Le trouble de la petite fille dans cette scène où elle devient la proie du regard de l'adulte est

1. José Morel Cinq-Mars, *Quand la pudeur prend corps*, *op. cit.*

lié à la rencontre de deux sexualités incompatibles. C'est une rencontre intrapsychique dans laquelle la séduction tient une place qui n'est pas tenable dans sa dimension sexuelle pour l'enfant.

Dans le champ pulsionnel, le regard peut avoir une fonction persécutrice. Un simple coup d'œil peut pétrifier le corps devenu proie. L'enfant au corps qui se transforme est laissée comme morte d'un point de vue psychique, sous le regard assassin de l'homme qui a joui à travers elle. Sans un mot, sans un son, son corps animé s'est liquéfié, répandu, sous le sceau de la honte dont il est à jamais marqué comme au fer rouge. Empreinte maléfique porteuse de l'effet dévastateur que peut avoir un regard. Et l'enfant perdue n'a pas pu parler ni expliquer. Souvent, elle a essayé de fermer les yeux pour annuler le regard, mais en vain. Il était là, non pas posé sur elle, mais en elle. Terrifiant, intériorisé à vie, insistant en son corps comme s'il voulait vivre avec lui à tout jamais. Le corps, par cette émotion intense et destructrice pour l'enfant, garde ainsi la trace des désirs et émois d'un homme qui a donné au lien de son regard une portée incestueuse. Il en conserve le sceau, secret d'un instant qui prend allure d'éternité.

Un regard disparu peut ainsi survivre et rester gravé pour la vie.

Plus jamais elle ne se tiendra droite. Plus jamais elle ne pourra accepter le regard sur son corps aux formes féminines. Le regard de cette époque, inattendu, est intervenu dans une période où elle n'était pas prête à le recevoir et il a transformé son corps. Celui-ci, traumatisé, ne peut pas oublier, et, dès que le désir se présente, il se courbe, les joues deviennent rouges et les mots hésitent. À la suite de cette scène, combien de fois a-t-elle entendu de la bouche de ses parents, innocents car pas au courant : « Tiens-toi droite ! » Cette phrase, qui la mettait au supplice, venait lui dire : « Montre-toi, découvre-toi, fais-nous jouir de ton corps désirant. »

Ses parents l'ont prononcée chaque fois qu'ils recevaient du monde, redoublant alors pour elle les risques d'exposition et donc de désir illicite. Elle était sans voix quand les invités arrivaient et restait sur le qui-vive. Elle aurait aimé disparaître, tandis que ses parents l'exposaient, l'obligeant à paraître.

Le corps sexué est devenu corps exposé, corps offert, accentuant les craintes et donc les courbures corporelles. Dans ce langage de sourds, parents et enfant se sont éloignés. Les premiers n'ont jamais compris les changements soudains qui se sont opérés chez la seconde. Ils ont mis cela sur le compte de la préadolescence, début de l'âge ingrat qui se manifeste par des comportements de rejet. Ils n'ont pas su écouter leur petite fille meurtrie, perdue dans ce monde d'adultes devenu menaçant. Tout a été trop vite pour elle. Mais elle ne sait pas le dire, elle sait seulement le signifier. En courbant son corps, elle le désexualise et le rapetisse. Elle veut remonter le temps et être comme avant le jour de la corde à sauter. Elle veut être l'enfant qui est regardée et admirée dans son corps plein de vitalité, signe de santé. Elle veut revenir à avant la sexualité volée et aujourd'hui exposée.

« L'enfant qui régresse ne cherche qu'une sécurité fondamentale : pouvoir se dire lui-même “je suis moi” ; cependant, ce réconfort qu'il obtient le fait souffrir parce qu'ayant régressé il se trouve décalé par rapport à son âge. C'est pourquoi, lorsque vous serez en présence d'un enfant qui souffre, dites-vous qu'il souffre pour deux raisons : d'abord parce qu'il a été affecté par un événement bouleversant, ensuite parce qu'étant retourné au passé pour chercher la sécurité d'une image de base antérieure, il souffre du décalage avec la réalité présente. L'enfant qui souffre souffre parce qu'il a perdu une partie de lui-même et parce qu'ayant régressé en quête d'une sécurité il est en porte-à-faux avec son présent. Il souffre parce qu'il est écartelé entre deux images : une actuelle, qui a été amputée lors d'un événement traumatique, et une autre, ancienne, anachronique, où il est piégé[1]. »

Maintenant qu'elle est femme et adulte, elle prend soin d'elle. Elle sait supporter ce rouge aux joues et a apprivoisé ce corps, voleur de ses mots. Elle s'est *fait une raison*, même si son corps indomptable continue à résonner aux vibrations des regards confondus. Car, à la suite de ce traumatisme, la fillette a surtout perdu toute aptitude à déceler en le regard la bienveillance et la malveillance. Tout regard est interprété comme nocif, à fuir, à condamner.

Sa rougeur, elle la porte comme une marque au fer rouge, celle d'un secret informulable mais qui ne cesse de se déclamer. Plus bavard que ma peau, il n'y a pas, semble-t-elle se dire à chaque fois que celle-ci prend feu.

Ce mieux-être est récent et découle d'un travail psychique personnel qui est devenu indispensable après sa première tentative de vie conjugale. Car il ne lui avait pas échappé que son corps ne supportait pas le désir.

Pourtant, elle était amoureuse de cet homme, qu'elle avait rencontré *par hasard* lors d'une visite groupée dans un musée avec un guide on ne peut plus ennuyeux. À plusieurs reprises, il s'était adressé à elle sans jamais la regarder. Il semblait la voir sans poser son regard sur elle. Inutile de dire que leurs fonctionnements psychiques respectifs – consistant pour l'un dans un *pas de regard* et pour l'autre dans un *sans regard sur Moi* – avaient facilité leur rapprochement puis, plus tard, la naissance de leur amour.

Malheureusement, ce sentiment n'a pas permis à la femme de dépasser ses appréhensions et la sexualité est devenue un conflit dans le couple. Son compagnon lui reprochait essentiellement son

1. Juan David Nasio, *Le Plaisir de lire Freud*, Payot 2001.

absence de désir. Croyant au départ que sa femme était pudique, il ne l'a pas bousculée, freinant ses propres désirs. Mais avec le temps il s'est impatienté, ne pouvant accepter que cette situation persiste.

Or ce que cet homme ne savait pas, puisqu'il n'avait pas lu Freud et qu'il ne connaissait donc pas ses hypothèses exposées dans *Trois Essais sur la sexualité*, c'est que l'excitation sexuelle peut être la conséquence d'une agression sexuelle ou de tout autre traumatisme. Le traumatisme de cette enfant devenue femme resurgissait dans les relations intimes du couple, réveillant l'excitation qu'elle avait ressentie pendant le *viol des yeux*. Être excitée, ce n'est pas être séduite ni consentante. Les deux champs ne se rencontrent pas forcément. L'excitation du corps charnel et celle du corps psychique n'ont pas la même portée. Alors que la séduction aurait dû être au cœur de leurs ébats amoureux, c'est l'agression qui refaisait surface, rendant le corps de la femme raide, même rigide, et donc frigide.

Leurs moments d'intimité la mettaient au supplice. Elle utilisait quantité de subterfuges pour réduire au maximum leur sexualité, tout en souffrant atrocement d'y avoir recours pour le fuir. Bien qu'ayant du désir, cette femme au passé douloureux était effrayée par celui-ci, elle le fuyait et le recherchait à la fois. Son conjoint se retrouvait totalement perdu, ne sachant pas s'il devait s'imposer ou au contraire se retirer de sa vie. Il a fini par se lasser, investissant sa libido dans des activités de substitution gratifiantes, à commencer par le sport.

Une fois séparée de son mari, elle s'est enfin décidée à aller raconter son *problème*. C'est alors avec des mots qu'elle a pu parler de son corps, soutenant la mémoire de celui-ci, remontant à cette époque où le regard avait fait naître la honte, la gêne, la peur du corps se sexualisant. Elle a redécouvert le fait qu'avant ses 11 ans elle était une petite fille délurée et même curieuse du corps des autres. Elle était connue pour son tempérament fougueux et sa facilité à être dans la transgression. Elle l'avait oublié.

Pour cette enfant devenue femme trop tôt, n'ayant pas connu les rites de passage de l'adolescence et les jeux qui les accompagnent, la féminité ne s'est pas inscrite dans son corps. Elle est devenue un objet de honte. Elle ne s'est pas dessinée dans une maturité épanouie mais s'est imposée dans un regard, empêchant l'âge adulte d'éclore.

Les interprètes

C'est un interprète de l'âme que la petite fille rougissante va voir alors qu'elle est depuis longtemps devenue une femme. Le soin est nécessaire, incontournable. Elle ne peut rester ainsi, un être au corps de femme habité par une image de corps d'enfant blessé. Il lui faut avancer dans sa propre vie et pouvoir enfin aimer, se laisser aller à une sexualité éprouvée, sans être encombrée par un corps se rétractant, refusant le plaisir tout en l'espérant en vain.

Elle doit trouver quelqu'un qui s'adresse à ce corps du désir, celui qui a subi la blessure qui ne se voit pas. Ce corps qui avance avec un paraître, un *pare-être*, qui ne lui laisse aucune solution de réhabilitation. Elle veut devenir une femme. Tout le monde croit qu'elle en est une et ses proches la voient en femme aimée avec un mari sans reproche, alors qu'elle est avant tout une enfant rougissante.

Elle n'en veut plus, de cette mascarade, et elle veut pleurer tout son saoul là où les mots osent dire ce qui ne se dit pas, ce qui s'est oublié. Elle veut plonger dans une boîte à mouchoirs sans subir la compassion de sa meilleure amie, à qui elle a tout dit mais qui ne fait que s'épancher avec elle. Elle ne veut pas un bras consolateur ni une amie compréhensive. Elle ne veut pas mélanger ses larmes à celles d'une autre. Elle veut qu'on la comprenne là où elle ne sait pas dire ce qu'elle a. Finalement, l'attention de son amie l'étouffe, l'offusque et la met à mal. Elle se trouve injuste de penser cela, car son amie est fidèle et si présente. Mais elle sent au plus profond d'elle-même que les larmes portent les mots de sa délivrance. Il faut donc qu'elles coulent pour que ceux-ci se prononcent.

Son généraliste, qui sent qu'elle est mal sans en connaître la raison, est le premier à lui dire : « Peut-être que vous devriez consulter ? » Le déclic vient à ce moment-là. Ce qui est drôle, c'est qu'il lui conseille *quelqu'un* sans le nommer. Il lui dit hors les mots ce qu'elle voulait entendre. « Allez voir un psy, lui saura vous aider » : voilà le contenu réel du *quelqu'un*. Cet échange pudique est une bonne annonce du travail à venir.

Le psychanalyste en effet est celui qui parle au corps en évitant parfois les mots, qui parle en métaphore, qui s'attache au corps symbolique. Il l'écoute et ne cherche pas à lui faire dire. Il attend sa parole et elle se sent soutenue.

Il faut dire qu'il a appris depuis longtemps qu'on *ne fait pas dire les choses*, qu'on se contente de les recevoir quand elles adviennent. C'est Freud qui le premier l'a expérimenté avec sa patiente Emmy, quand elle lui a ordonné de se taire et de lui laisser prendre la parole. Elle a exigé qu'il fasse taire son savoir, qu'il donne à la psychanalyse son écoute silencieuse, révélatrice du savoir que possède le patient sur lui-même. Et Freud a écouté sa *patiente-professeur*, suivant la consigne qui l'a conduit à la technique de la suggestion, le faisant taire et la laissant parler. Avec Emmy et les autres, Freud a appris l'essentiel, avançant au rythme de sa clinique, devenue à mes yeux la *théorie des mille têtes*. Car rien n'émane de Freud seul. Tout naît de sa rencontre avec ses patientes, à commencer par les femmes hystériques, en souffrance. Toutes ont inscrit dans leur chair des scènes relationnelles qui n'ont laissé que des traces mnésiques. Le travail de reconstruction de la personne va passer par une tentative de reconstitution de ces scènes.

C'est un *Cluedo vivant*, ce jeu de notre enfance qui consistait à retrouver le lieu du crime, l'objet utilisé et la personne qui avait tué. Nous lancions, grâce à un cheminement de déductions, des suppositions, énonçant : « Dans la chambre jaune, Mme Violette, le couteau. »

Le psychanalyste, dans ces expériences relationnelles, cherche et apprend ainsi à connaître le Sujet afin d'avoir une visibilité sur ce qu'il est en tant qu'être de communication. Il a besoin de construire l'image de cet homme, de cette femme ou de cet enfant qui souffre dans son corps, qui l'exprime d'une drôle de façon et en général depuis fort longtemps.

Et le *psy* sait qu'on ne vient voir le *psy* que quand on souffre beaucoup. Avant, on bricole avec son mal, on attend, on serre les dents et on tente de colmater. Quoi ? Rien, tout, le mal, le malaise, la fatigue. Comment nommer cela ? Il est vrai que la pratique du psychanalyste n'a rien à voir avec celle du dentiste ou celle du généraliste, mais reconnaissons que le contrôle de santé annuel simplifie les choses et permet d'éviter les gros problèmes. En ce qui concerne la santé psychique, rien n'est préconisé, ou plus exactement aucune des préconisations de l'Organisation mondiale de la santé et de l'Union européenne n'a retenu l'attention de la France. Nous le regrettons et tenons beaucoup à ces pages qui décrivent ce qu'est un praticien de l'âme.

Nous voulons insister sur la nécessité de consulter avant d'être trop épuisé psychiquement, fatigué, exténué, quand ce n'est pas gangrené par un symptôme dévastateur.

Le symptôme est un langage et il est important de l'entendre comme tel, de le reconnaître et d'aller le prendre en compte. Il ne faut pas tenter de colmater, comme le fait cette femme qui attend le comité de réception à chacun de ses déplacements[1], car le symptôme est entêté et a une énergie inépuisable.

En allant voir un analyste, vous serez peut-être étonné car il ne se fixera pas sur ce mal qui vous ronge. Son but n'est pas de le faire disparaître mais, en le repérant comme un indicateur de sens et en comprenant son rôle dans votre vie, de pouvoir l'amener à se déplacer.

Le symptôme est une parole qui concerne celui qui nous consulte. Il est la part apparente du Sujet, la part émergée de l'iceberg. Mais c'est ce qui le fait vivre et tenir qui doit être décalé en vue de le rendre caduc.

Prenons le cas de l'énurésie. L'enfant énurétique est dans une construction de son *être en relation*. Le *pipi au lit* est un moyen relationnel pour un Sujet libidinal resté au point mort. Il ne peut continuer ainsi, non pas parce qu'il mouille son lit et que c'est pénible pour tout le monde, mais parce qu'il ne peut pas rester fixé dans une étape figée de son Moi. Il ne peut pas continuer à être objet de soins ou de représailles. Être un bout de sa mère qu'il n'arrive pas à quitter n'est pas une vie d'enfant. Il doit accepter de ressentir la souffrance de cette séparation nécessaire. Celle-ci les conduira, lui et sa mère, après ce sevrage, à avoir du plaisir ensemble, en étant à distance, dans des corps autonomes qui se recherchent à travers le plaisir des mots partagés.

Quand notre compréhension de l'*enfant en relation* sera acquise, le travail psychique délogera le symptôme jusqu'à l'annu-

1. Voir *supra*, p. 109.

ler. Ainsi, alors que nous ne visons pas le symptôme, celui-ci, dans un travail bien mené, disparaît.

Cette approche du Sujet peut se faire de façon très précoce, comme dans le cas des psychanalystes en maternité. Mais ceux-ci sont rares et leur pratique est complexe. À l'heure de la vulgarisation de la psychologie, le psy devient un statut indifférencié, mélangeant psychologue, psychanalyste et psychiatre. Or chacun a sa spécialité et son niveau d'intervention auprès du Sujet.

Le psychanalyste, dans un lieu de naissance, travaille auprès des parents, approchant leur vie fantasmatique, celle qui recèle une part non négligeable de leur vécu dans cette période prénatale.

Auprès des enfants, son approche est multiforme mais consiste toujours dans un accès à leur inconscient. Il peut être amené par exemple à aider un enfant à garder un *engramme* du désir de sa mère, pour reprendre une expression qu'utilise Françoise Dolto. Désir qu'il vive et prenne soin de lui, favorisant la substance psychique, décrite par Geneviève Haag. Souvenons-nous de l'enfant qui *regardait la voix* : il avait besoin d'entendre une voix qui le *parle* dès sa naissance. Il avait besoin d'une parole nourricière l'accueillant dans son futur *être parlant*, s'adressant à son désir de vie, caché au creux de sa chair.

Plus particulièrement et prioritairement, l'enfant veut entendre la voix de sa mère. Mais si elle n'est pas là, il faut organiser l'accueil de l'enfant en tenant compte de sa spécificité humaine : la parole qui l'annonce. Il doit pouvoir se sevrer de son espace utérin, lieu de communication sensorielle intense, dans lequel il était tenu et pouvait se nicher, rencontrant toujours un contact peau à peau qui le faisait vivre, pour entrer dans le monde aérien, au premier abord dénué de contenant charnel.

Il va s'agir de lui insuffler la certitude d'une vie possible à l'air libre, lequel possède des qualités contenantes, qui se tiennent différemment mais sur lesquelles il peut compter. L'air n'est pas le liquide, et l'arrivée dans ce nouveau monde où les bruits, les goûts, les odeurs, les contacts, les vues sont autres est en soi une rupture précipitée. Tenter d'aménager cet accueil n'est pas un luxe, même si notre amnésie infantile ne nous rend pas la tâche facile.

Être capable de recevoir une parole ne veut pas dire être capable de comprendre les mots. Françoise Dolto et ses élèves n'ont pour leur part jamais posé les choses ainsi, et nous tenions à le rappeler au début de cet ouvrage, même si, au fil de nos lectures, nous retrouvons parfois cette erreur d'interprétation.

« Les compétences du bébé portent surtout sur la communication analogique, ce qui permet un peu de discuter sur le *Tout est langage* de Françoise Dolto ou le contenu de livres plus récents, tel celui de Caroline Eliacheff *À corps et à cris*, à certains égards extrêmement intéressants mais irritants parce qu'on a l'impression qu'on s'adresse au bébé comme s'il avait vingt-cinq ans et qu'il comprenait tout. Bien sûr le bébé est étudié pour décoder très vite la partie analogique de ce qu'on lui dit, c'est-à-dire qu'il repère les tonalités émotionnelles différentes qu'on éprouve en lui parlant. Mais je ne suis pas le seul à penser qu'au début le bébé n'a pas une compréhension des mots, mot par mot, dans le système digital[1]. »

Nous regrettons que l'auteur n'ait pas pris le temps de parcourir les écrits de Françoise Dolto, en particulier celui qui reprend ses entretiens avec Danielle Marie Lévy entre 1977 et 1988 et dans lequel elle est très claire à ce sujet : « Les bébés ils vivent des mots, ils ne les comprennent pas. Ils vivent autant du sens qui

1. Bernard Golse, « Le développement du langage », *in* Julien Cohen-Solal et Bernard Golse (dir.), *Au début de la vie psychique*, Odile Jacob, 1999.

leur est communiqué que des sonorités et du ton de la voix avec lequel il leur est parlé[1]. »

Si nous parlons à l'enfant, c'est parce que nous lui reconnaissons un statut de Sujet qui le dote de l'inconscient. À ce titre il peut être sollicité dans son désir et recevoir des paroles qui le touchent. Celles-ci disent la vie en dehors de la signification des mots. L'enfant en est marqué dans son désir de vie, dans son désir de « parlêtre[2] ». La syntaxe de la langue du corps, ses codes, ses signifiants sont inscrits dans les mots qui émanent eux-mêmes du corps de celui qui lui parle. L'inconscient entend et écoute, et l'enfant n'en est pas privé.

L'enfant reçoit, accueille des mots qui s'imprègnent dans sa chair, scandant les temps de sa vie, comme l'analyste scande une séance. Derrière les mots, il existe un langage sans les mots qui est écouté par le corps de l'enfant mais aussi par le corps de l'adulte. Une séance de psychanalyse ne repose pas sur la compréhension du mot seul dans son signifiant mais aussi de ce qui enveloppe le mot. Ce qui est recherché, c'est l'émergence d'images qui vont se relier à des *images-scènes* passées. Nous y retrouvons ces premières interactions sensorielles de type vibratoire, odoriférant, gustatif, sonore, visuel, tactile. Nous les détectons soit dans le récit, soit dans le corps empreint d'images.

Pour aller à la rencontre de l'être psychique qui consulte, le psychanalyste qui parle à l'enfant le fait avec son corps psychique ou avec des mots. Les mots qu'il utilise sont ceux de l'enfant.

Nous suivons son discours, reprenons ses périphrases, et parfois nous les accompagnons d'un élément d'interprétation. C'est ce qui va permettre à l'enfant de modifier son état émotionnel. Il ne

1. Françoise Dolto et Danielle Marie Lévy, *Parler juste aux enfants, op. cit.*
2. Denis Vasse, *L'Ombilic et la Voix*, Seuil, 1974.

s'agit pas d'un discours raisonnable et cohérent. Nous présentons à l'enfant ses propres pensées inconscientes, d'où un langage qui peut surprendre parfois. Le langage symbolique et affectif que nous utilisons le touche directement et lui permet un nouveau rapport au réel.

Le psychanalyste, dans son écoute du corps symbolique, tente d'orienter ces constructions autrement ou de les relancer pour qu'elles prennent leur juste place. Tout se joue dans un espace transférentiel et contre-transférentiel, c'est-à-dire habité par les émotions et les affects réciproques que provoque la situation relationnelle.

Quand on prend soin de l'enfant, on s'occupe de l'adulte qu'il va devenir. Il faut être convaincu de cela pour croire au corps bavard et à la nécessité de l'écouter. Il faut avoir cette conviction intime que nous sommes des communicants hors les mots. Si nous possédons cette pensée, nous pouvons conserver notre capacité à parler ce langage. Nous pouvons le préserver et en faire une communication universelle.

Parler l'humain est une faculté qui n'a pas de frontière. Les mères la plupart du temps le font naturellement. C'est seulement en cas de fragilité, d'échec de leur propre sevrage qu'elles nous consultent. Nous ne leur apprenons pas à écouter leur enfant, elles savent déjà le faire. Nous les soutenons dans cette capacité en décodant avec elles le lien qui les unit à cet être tout neuf.

Face à un enfant, nous prêtons notre corps, notre appareil à penser pour nous brancher sensoriellement sur ce qu'il vit. Nous sommes tout à l'écoute de ce qu'il reçoit dans son corps et de l'interprétation qu'il en fait. « Il ne s'agit pas de ressentir la souffrance actuelle qui amène le patient à consulter mais l'ancienne douleur de son traumatisme infantile : *ressentir en soi ce que l'autre a oublié*. Toute notre difficulté de psychanalyste est de réussir une telle opération mentale : ressentir en soi les toutes premières émotions douloureuses vécues jadis par l'autre et qu'il a aujourd'hui oubliées ; ne pas se laisser troubler ; se représenter une scène avec des personnages qui éprouveraient ces émotions ; et faire vivre au patient l'intensité d'une telle scène en la lui décrivant avec des mots prégnants[1]. »

Avec des très jeunes enfants d'âge préverbal ou bien avec des enfants psychotiques ou autistes, nous sommes habités par l'état corporel et mental dans lequel ils se trouvent. En reconnaissant les angoisses corporelles qu'ils sont amenés à vivre, nous pouvons intervenir par la parole, nommer ce que nous percevons de leur propre perception de l'environnement. Nous pouvons être conduits à dire à un enfant agité par un corps qu'il vit en morceaux : « Ne t'inquiète pas, tes bras sont bien fixés à ton corps et tes jambes aussi. Relâche-toi, tu es entier et tu vas le rester », le tout en posant éventuellement la main contre son dos pour le contenir dans un à-plat-dos aux réminiscences archaïques et rassurantes.

C'est avec son outil *inconscient* que le psychanalyste travaille. Il accepte d'aller éprouver en lui les vibrations qui lui sont propres pour comprendre les émois de son patient. C'est un branchement d'inconscient à inconscient.

Tous les patients ne sont pas prêts à effectuer ce travail. Nous entendons souvent autour de nous des personnes insatisfaites, se plaignant de leur psy qui *ne dit jamais rien*. Cela démontre qu'il y a eu au départ une mauvaise orientation et qu'il aurait mieux valu pour ces personnes rencontrer un psychothérapeute qui aurait commencé par dénouer les enjeux relationnels. Évoquer son présent en le reliant au passé permet un travail par étapes, parfois plus accessible et plus adapté au patient. Il accède ainsi à sa

1. Juan David Nasio, *Le Plaisir de lire Freud*, *op. cit.*

souffrance et à son origine dans des temps remémorés qui conduisent à l'inconscient mais sur un mode différent.

Cette approche humaine de situations singulières a quelque chose d'universel et de profond. On ne peut pas faire ce travail sans être passionné par la nature humaine, ses secrets, ses impasses mystérieuses de Sujet. Si l'on aime tout comprendre, si l'on refuse le doute, si l'on veut normer l'être dans son existence et son devenir, on ne peut pas se prêter à cet exercice. Celui-ci requiert avant tout d'être dans un perpétuel renoncement, dans de constantes interrogations. Curiosité et empathie sont au cœur d'un tel travail.

Souvent attaquée, la psychanalyse n'en reste pas moins l'amie de l'homme et son plus fidèle serviteur. Elle est là quand il le demande, ne cherchant jamais à obtenir de lui quoi que ce soit sans son autorisation. Elle est patiente et à l'écoute. Elle supporte l'étrangeté sans s'en offusquer, et accepte l'ingratitude quand elle se présente.

Les corps en transfert

L'enfant en difficulté ou en souffrance sait conduire son parent chez l'interprète. L'écoute de celui-ci va agir, aux confluents du corps bavard, sensoriel, symbolique, métaphorique, et du corps parlé, raisonnable, pris dans la réalité.

Le psychanalyste va en effet écouter les protagonistes, les regarder, les soutenir dans leurs expressions respectives, puis relier les deux langages. Il va plonger au cœur du corps agissant de l'enfant et des mots raisonnables du parent.

Un matin, une petite fille de 6 ans, adoptée à 4 ans, annonce à ses parents qu'elle est triste parce qu'elle a peur que sa maman meure. Ces derniers, tout à l'écoute de sa peine, comprennent sa préoccupation car son pays de naissance est en guerre. Ainsi, le chagrin énoncé est d'emblée pris sur le versant de la réalité et du possible. Les parents tentent de rassurer la petite fille et envisagent même de retourner dans le pays qui l'a vue naître pour lui prouver que sa mère est en vie. Ils lui en parlent mais rien ne l'apaise, pas même la promesse de voyage, bien au contraire. Les comportements de l'enfant deviennent de plus en plus insupportables. Tout est contrariété, opposition, conflit, et à chaque fois que l'enfant est grondée elle s'effondre en larmes, évoquant la peur de la mort de la mère.

Quand ils viennent consulter, les parents sont exténués, envahis par le doute et la culpabilité, s'interrogeant sur la légitimité de leur place auprès de cette petite fille qu'ils sentent déracinée. Ils se vivent comme responsables de sa souffrance et s'inquiètent de l'avenir avec une enfant qui ne peut pas revenir en arrière. Elle est leur fille au regard de la loi et le restera toute sa vie. Ils le savent et ont voulu que les choses soient ainsi. Mais aujourd'hui ils n'ont plus aucune certitude. Tout vole en éclats, à commencer par leur désir.

L'enfant reçue seule m'apparaît comme équilibrée, avec de solides défenses qu'elle a su mettre à son service pour supporter le changement radical de sa vie.

De la naissance à l'âge de 2 ans elle a vécu dans la rue avec sa mère. Puis elle a passé deux autres années dans une institution d'enfants. C'est ainsi qu'à l'âge de 4 ans elle a été proposée à l'adoption.

Aujourd'hui, à 6 ans, elle se présente comme une petite fille ayant des parents qu'elle aime et avec lesquels elle traverse une période œdipienne assez classique. Elle séduit son père, malmène sa mère, la couvrant inconsciemment de tous les désirs de meurtre afin de l'éliminer en tant que rivale. Cela se manifeste au quotidien par des critiques, des refus de câlins, des colères, des moqueries, des méchancetés. Pour tuer la mère, elle tue le lien et la rend inutile et incompétente. Quand le père est là, elle est toute douceur, facilité, et le couple commence à se disputer à son propos. Très vite, cela devient le problème de la mère, qui ne sait pas *y faire*, et la stabilité du couple elle-même est en danger.

La mère malmenée commence à chanceler, et c'est très net dans les projections de l'enfant. Dans la situation *jeu* qui permet, lors de nos consultations, d'éclairer la vie psychique de l'enfant et de rencontrer ses imagos, je vois le dessin d'une mère agressée qui titube et d'un père fragile. Celui-ci ne cesse de mourir, de disparaître, d'être attaqué dans ses pulsions vitales. Il tombe dans les jeux projectifs, « il est mort », livrant l'enfant, lors de ces scènes fantasmatiques, à la mère seule.

J'entends ainsi dans le langage symbolique projeté de l'enfant un autre récit que celui des parents. Cette petite fille n'est pas dans un questionnement lié à des origines extérieures à la famille dans laquelle elle vit. Elle est au contraire dans des préoccupations filiatives intérieures à sa famille, bousculées par une nouvelle donne, son statut d'enfant œdipien, séduite et séductrice, qui voit la réalité prendre le chemin de ses fantasmes.

Les imagos parentaux projetés pendant le bilan de l'enfant sont si fragiles qu'ils me semblent démesurés au regard de la situation. Guidée par la transmission que l'enfant m'a faite de son état psychique, j'envisage de reprendre cette question avec les parents lors d'un prochain entretien.

À la consultation suivante, je questionne Monsieur et Madame sur leur état de santé et leur énonce ma préoccupation : « Je me demande si vous n'êtes pas particulièrement fatigués depuis quelques mois. Est-ce que l'un de vous est malade ou l'aurait été, en particulier vous, Monsieur ? » Je vois la stupéfaction se dessiner sur leur visage. Ils expliquent alors que Monsieur a eu un cancer et que son traitement de chimiothérapie s'est achevé il y a quelques mois. Aujourd'hui il va bien et, même s'il sait qu'il faut attendre plusieurs années avant d'être sûr de sa guérison, il sent que le plus dur est passé. Les médecins lui ont d'ailleurs assuré qu'il devait être très confiant.

Cette réalité si mortifère, l'enfant l'a perçue, ressentie. Rien n'était dit car les parents avaient à cœur de la protéger de la maladie de son père. Ils n'avaient d'ailleurs pas à se sentir obligés de lui dire, mais l'enfant avait besoin de comprendre que son père était fatigué et qu'il se soignait. Que la mort possible du père n'était pas commanditée par ses fantasmes. Les fantasmes appartiennent à une vie psychique. Ils n'ont pas le pouvoir de tuer *pour de vrai*. Mais comment un enfant peut-il le savoir ? Son scénario fantasmatique pourrait être soumis à plusieurs abstracts et donnerait les récits suivants : « Parce que je veux tuer ma mère, celle-ci va me priver de mon père en le tuant à son tour pour ne pas me le laisser », « Mon père va mourir et ma mère va m'abandonner car elle aura découvert que je voulais l'éliminer » ; « Mon père et ma mère vont disparaître, m'abandonnant comme ceux d'avant parce que j'ai des mauvaises pensées ».

Ces récits, dignes d'une logique psychique inconsciente, réactivent la question de l'abandon, vécue cette fois au sein de la famille adoptive. Insupportable logique qui atteint l'enfant au plus profond de son âme, dans une histoire de construction filiative qui a été faite de la réalité de l'abandon puis de la filiation adoptive. L'enfant se débat et redouble d'agirs, pendant que ses parents culpabilisent, aux prises avec les doutes tant redoutés et jamais formulés.

Le quotidien affectif et émotionnel de cette enfant est devenu confus. Entre sa vie projetée et la construction de sa vie réelle, il y a eu fusion, confusion, et elle s'est vue envahie de projections mortifères qui ne laissaient aucune place à la vie. Angoissée à l'extrême, elle se débattait dans un langage symbolique qui criait sa peur, son besoin d'être rassurée. Il lui fallait entendre qu'elle était leur fille et que ses tentatives pour les déstabiliser étaient vouées à l'échec. Qu'elle avait affaire à un père et à une mère bien décidés à jouer leur rôle envers et contre tout. Que rien ne les en empêcherait, pas même la maladie, et encore moins ses manifestations enfantines à elle.

Mais les parents étaient partis sur une autre piste, collant aux mots de la petite fille. Ils ont réellement cru qu'elle voulait retourner dans son pays. Ils en ont alors parlé, accentuant les angoisses de l'enfant, qui en a rajouté dans son langage corporel opposant.

La mise au jour des préoccupations fantasmatiques de la fillette a permis de reprendre les questions des parents sous un angle nouveau et de relier les événements entre eux. Ils se sont éclairés autrement, rendant limpide le sens des comportements de l'enfant. Le corps bavard a été celui grâce auquel la consultation a été possible, conduisant chacun vers une meilleure compréhension du vécu commun.

Les choses se sont dites et déliées.

Les enfants préoccupés ne posent pas toujours de questions. Parfois, ils affirment les faits. Quand ils disent : « Vous ne m'aimez pas », ils demandent : « Comment vous m'aimez ? » Ils veulent entendre quelque chose qui s'énonce. Ils veulent une histoire sur l'amour de leurs parents pour eux. Ils veulent la source du désir dans lequel ils prennent naissance.

Et le désir n'est pas qu'un corps fécondant. Le désir est celui qui mène à la rencontre.

La *fécondité psychique*[1] est une donnée oubliée qu'il est nécessaire de rappeler. Les enfants adoptés, très férus de paroles claires

1. Sophie Marinopoulos, *De l'une à l'autre. De la grossesse à l'abandon*, Hommes et perspectives, 1997.

sur leur compte, ne reculent devant rien pour en entendre parler. Eux qui ne sont pas nés du corps de leurs parents veulent savoir comment ils donnent du sens à l'origine de leur histoire commune. Rien à voir avec les origines dites « biologiques » revendiquées à grand renfort de couverture médiatique. Celles-là appartiennent au monde des adultes en colère, militant, souffrant, demandant à la société de les réparer en leur permettant de retrouver ceux qui leur ont donné la vie.

Pendant ce temps, les enfants concernés posent leurs questions à qui de droit, leurs parents au premier chef, et attendent en retour une parole féconde. Désireux d'entendre quelque chose sur ce corps charnel, celui qui transcende le biologique, celui qui fabrique dans le désir les origines de la vie, ils ne les lâcheront pas sur les mots prononcés. Le moindre faux-fuyant sera l'occasion de revenir à l'attaque.

Une mère me raconte comment sa petite fille de 7 ans l'a mise en difficulté un jour où elles parlaient ensemble de son adoption. L'atmosphère était à la confidence et l'enfant posait des questions ouvertes, que la mère appréhendait sans difficulté. Elle avait prévu qu'un jour l'enfant la questionnerait, aussi n'était-elle pas surprise. L'anticipation avait permis la préparation. Tout était organisé. Les parents avaient fabriqué un album photos qui retraçait leur voyage, la rencontre, les premiers jours dans ce pays qui leur était inconnu. L'album était un ensemble de petits mots, commentaires sur les premiers regards, la première nuit, le personnel qui avait été chargé de la petite fille. Il y avait aussi des descriptions du lieu de vie, du quartier dans lequel il était situé. L'arrivée en France était très largement commentée, avec l'accueil dans la famille élargie. Les grands-parents occupaient une place centrale, ce qui montrait à quel point l'enfant était attendue et inscrite dans une lignée. Tous avaient participé à l'adoption.

Au cours de ces échanges, l'enfant demande soudain : « Pourquoi tu m'as adoptée ? » La mère évoque la situation de pauvreté de sa famille d'origine. Sans doute déçue et insatisfaite, l'enfant poursuit : « Et si tu leur donnais de l'argent ? » C'est alors que la mère s'est sentie défaillir. La parole enfantine a été comme une onde de choc. La douceur de sa voix, sa patience d'enfant, son entêtement de Sujet, la mère les a reçus en même temps, dans une soudaine révélation. Elle a entendu dans l'insistance de l'enfant sa propre voix qui ne répondait pas. Et la voix en écho n'était pas sa voix seule, mais sa voix doublée de la voix de l'enfant qui n'avait pas eu sa réponse. Une cacophonie ? Non, une polyphonie, faite de voix différentes s'exprimant l'une sur l'autre sans se confondre. C'est d'ailleurs d'une beauté étonnante, ces voix mêlées mais jamais emmêlées.

La question inattendue était de l'ordre de l'impensable. Elle n'appartenait à aucun scénario et, en s'entendant elle-même répondre, la mère a compris qu'elle ne comprenait pas. Elle sentait instinctivement qu'il lui échappait l'essentiel dans leur devenir commun. Elle percevait mais n'allait pas au-delà.

C'est la raison pour laquelle elle a décidé de venir en parler en consultation. Ce temps d'échanges appartient au travail que nous sommes amenés à faire. Il ne s'agit pas toujours de thérapie avec des parents et des enfants. Parfois, ce sont des parents qui viennent avec un récit de leur vie commune et qui veulent une traduction pour mieux comprendre le texte de leur vie en construction. Le bout d'histoire qu'ils racontent est telle une lettre écrite dans une langue étrangère : ils demandent de l'aide pour la déchiffrer.

La mère dont nous venons de parler a deux interrogations. Tout d'abord, elle ne comprend pas son incapacité à répondre à la question de sa fille. Elle est surprise et même choquée de ne pas avoir eu les *bons* mots pour parler avec elle. C'est la première fois qu'elle reste ainsi médusée, sans voix, dans un impossible à formuler, et elle en est encore sous le choc.

Sa deuxième interrogation concerne le contenu de la question de l'enfant. La mère, une femme intuitive et très à l'écoute du sens des choses, sent qu'il y a là un point d'achoppement. Sa petite fille n'a pas essayé de la mettre sciemment en difficulté. Elle le sait. L'enfant a posé quelque chose d'essentiel et de vital. Quelque chose que la mère a instinctivement évité avec elle. Mais quoi ?

C'est cela qu'elle veut résoudre d'abord pour elle. La consultation viendra ainsi déchiffrer cet empêchement à formuler son propre désir d'advenir mère par adoption. Quand l'enfant a questionné sa démarche, la mère n'a pas nommé son désir d'avoir un enfant, sa joie de l'avoir rencontrée, sa fierté que cette petite fille soit devenue sa fille. Elle a relié l'enfant aux conditions de son abandon, rendant sans réponse le désir qui les réunissait aujourd'hui dans cette construction familiale.

Elle sait maintenant que la question de l'enfant, elle doit se l'approprier et la poser avec ses propres mots, ceux de son intimité qui l'ont conduite jusqu'à cette maternité. Reprendre les choses à son compte : c'est ce que l'enfant lui propose sans le savoir. Et la mère entend la nécessité de se mettre au clair avec elle-même pour continuer l'aventure filiative. Elle comprend que les parts obscures qui l'ont amenée à désirer cette maternité particulière sont interrogées aujourd'hui par l'enfant qui écoute son corps bavard. L'économie n'est plus possible et la petite fille, dans son besoin de se comprendre, tel un analyste en herbe, l'invite à s'ouvrir aux mots d'un récit qui n'est pas encore ébauché, mais qui devrait les conduire, ensemble, sur le chemin de cette filiation tant désirée, à partager.

Chapitre VI

Le corps du désir

Ceux que le désir nomme

Ses yeux sont menaçants, noirs de colère quand ils se posent sur la jeune fille, encore une enfant, et qu'elle lui crie : « Tu ne pouvais pas prendre la pilule ? Vous n'avez pas assez de moyens, vous les jeunes, pour éviter ce genre de situation ? Non mais ce n'est pas vrai de voir une jeunesse pareille ! Ils ont tout et ils ne sont même pas capables de se protéger. Si on avait eu *ça*, nous… Et maintenant, qu'est-ce qu'on fait ? Tu vas le garder, ce p'tit ? »

Difficile de faire entendre raison à la colère, car la colère est par essence irraisonnable. Elle vient de loin quand elle gronde et semble n'avoir qu'un mode de résolution, l'explosion. Il lui faut éclater dans la bouche de la femme qui, hors d'elle, crie son indignation, son incompréhension, face à la jeune fille enceinte, qui n'a rien à dire.

Pour la femme en colère, celle-ci est à l'image de sa génération, gâtée en technologie, gâtée en tout. Rien à voir avec sa propre jeunesse, faite de restrictions et de prudence, période où le *ça* a été bridé plus que nécessaire. Et dans le reproche à la jeune fille de son inattention se tient toute la force de ces deux lettres ; un *ça* qui veut vivre au-delà de la raison ; un *ça* qui veut exploiter toutes les ficelles de son nid de pulsions ; un *ça* qui ne veut rien entendre, comme cette jeune fille étourdie non pas par sa négligence, mais par son indécent désir consommé. Et l'opulence a pris le pas, plongeant *nos jeunes* dans un *trop de confort*. « Ils ont tout », disent en chœur les représentants de la génération de la femme en colère, qui, tels des Cassandre, attendent de voir quand « cela va mal finir ».

Elle est née après les années 1970, la *jeune fille-enfant*, et elle connaît les moyens de contraception, elle a accès à l'éducation sexuelle, sans compter la *facilité* de l'interruption volontaire de grossesse aujourd'hui.

Car, derrière la colère, ce sont ces pensées qui circulent, partagées par des milliers d'adultes rageurs quand ils apprennent qu'une grossesse est déclarée sans être *désirée*. C'est l'amour facile, pensent certains, avec tous les abus qui vont avec. Et la grossesse qui vient de s'annoncer appartient à ce monde où tout est *trop* simple.

Or une grossesse *non désirée* ne veut rien dire puisque c'est justement le désir qui est à l'origine de cette ébauche de vie, tel un incorrigible bavard qui a quelque chose à signifier. Le *désir-histoire* qui se compose au fil des ans, et même avant les ans du Sujet lui-même, puisqu'il est l'héritier de ceux qui l'ont précédé et qu'il s'inscrit dans la liste de ceux, pas encore nés, qui vont lui succéder. Le désir ne possède pas la qualité de la neutralité, il est dans l'histoire, il est l'histoire et il y laisse sa marque.

Quand il vient ainsi signifier un pan de la vie du Sujet, c'est qu'il énonce son discours sur l'intime. C'est comme si le corps, telle une Cocotte-Minute, sous la pression d'une histoire qui ne pouvait s'avouer, se déclarait en vue de permettre au Sujet psychique de l'énoncer. Parler le corps en vue de parler les mots.

Une grossesse inattendue ne devrait pas être dite *non désirée* mais *non souhaitée*. Le désir est par essence habité d'inconscience et donc acteur de ce qu'il déclenche. Ce n'est pas parce que nous n'en sommes pas conscients que nous ne sommes pas à l'origine de ce que nous traversons.

Le souhait est, dans sa fonction consciente, celui qui pense sur ces actes, peut les projeter et donc les programmer. Le souhait raisonne, pendant que le désir est aux prises avec les résonances de son corps.

La grossesse dans sa dimension imprévue n'a pas été souhaitée, certes, mais elle est désirée, tel un *langage de l'histoire de l'intime*. Tout Sujet possède un corps qui justement véhicule cette histoire, laquelle doit d'une façon ou d'une autre avoir sa propre narration. La narrativité corporelle est dénuée de mots mais pas de signifiants. Une vie qui se déclenche émane de deux corps désirants. Homme et femme sont à l'origine de cet être, et celui-ci aura un devenir si tous deux le projettent dans une pensée qui lui donnera vie.

La vie est une alternance d'actes que nous posons et de passages à l'acte que nous subissons, comme un échec du refoulé qui a perdu sa fonction contenante.

La mise à disposition de moyens de contraception pour contrôler le corps fécondant est à l'origine d'une intolérance grandissante à l'égard de ceux – surtout de celles – qui, malgré la technique et l'information, continuent leur vie de Sujet désirant. Il est vrai qu'il est difficile de prendre conscience de l'inconscient et d'imaginer que le corps peut être un acteur à part entière dans le refus ou l'acceptation de la vie à venir. Comprendre que dans le refus il y a une part d'acceptation et que dans l'acceptation il y a du refus peut rendre fou.

Mais gardons toute notre tête et prenons ce constat comme une nouvelle preuve de la complexité de l'être humain.

Cela fait bien un demi-siècle que les psychanalystes évoquent la maternité en lien avec la résolution des restes émotionnels œdipiens. Cette période qui a fait couler tant d'encre est tellement vulgarisée qu'elle en a perdu sa valeur psychique. Il est si facile de dire *il* ou *elle me fait son œdipe*, comme s'il s'agissait seulement d'une étape visible à l'œil nu, exposée à tous, comme un simple passage obligé. Obligé, certes, mais *faire son œdipe* n'est pas seulement vouloir épouser maman ou papa puis passer à autre chose. Cette phase finale du développement sexuel de l'enfant va surtout le projeter dans une organisation génitale où chaque personnage aura son importance. Filles et garçons ne la vivent pas de la même façon mais l'enjeu pour chacun est l'acquisition de son identité sexuelle, qui sera définitive à l'âge de la puberté. Il est donc important de redonner sa qualité temporelle à cette période de la vie afin que sa prégnance après l'enfance nous soit bien visible.

Dans la pensée freudienne, alors que « le lien à la mère, objet sexuel, se nourrit de l'élan du désir, le lien au père, objet idéal, repose sur un sentiment *d'amour* né de *l'identification* à un idéal. Ces deux sentiments, désir pour la mère et amour pour le père, nous dit Freud, se rapprochent l'un de l'autre, finissent par se rencontrer, et de cette confluence naît le complexe d'Œdipe normal ». Le petit garçon sera donc tiraillé entre son élan désirant pour sa mère et une attitude hostile pour son père qui lui barre la route, mais cela se terminera en « identification au père en tant qu'homme de la mère[1] ». L'œdipe masculin s'organise autour de l'angoisse dite de castration, du fait de la peur du petit garçon de perdre ce qu'il a de plus important, son pénis/phallus, d'autant qu'il perçoit que l'objet féminin en est privé.

Il arrive que l'œdipe s'inverse et que le père apparaisse comme un objet sexuel désirable. Il devient alors celui que l'on voudrait avoir et non plus celui que l'on voudrait être. « En bref, pour le garçon, le père se présente sous trois figures différentes : aimé

1. Juan David Nasio, *Le Plaisir de lire Freud, op. cit.* Voir aussi son livre *L'Œdipe*, Payot, 2005.

comme un idéal, haï comme un rival, et désiré comme un objet sexuel. [..] L'essentiel de l'œdipe masculin, ce sont les vicissitudes du rapport du garçon à l'égard de son père et non point comme on le croit d'habitude à l'égard de sa mère, car c'est dans le lien perturbé au père que réside la cause la plus fréquente de névrose de l'homme adulte[1]. »

La fille, durant son œdipe, est plus préoccupée par le constat de l'absence de phallus, dont elle se croyait dotée. Elle est tourmentée par l'envie de celui-ci, qui se transformera très rapidement en désir d'avoir un enfant du père. Mais sa préoccupation majeure prend une allure anxiogène lorsqu'elle craint de perdre l'amour de l'être aimé, la mère.

La résolution de la période œdipienne chez ces enfants, qu'ils soient fille ou garçon, va colorer leur identité sexuelle future et leurs histoires d'enfantement à venir. Nous n'en savons plus rien à l'âge adulte, puisqu'il ne nous reste que des affects conscients à l'égard de nos parents. Ce qu'ils ont été dans nos fantasmes et ce qu'ils sont devenus en tant *qu'imagos*, ces personnages virtuels qui nous accompagnent, nous l'avons « oublié ». Au point que nous n'avons rien à en dire.

La *jeune fille-enfant* se tait, trop occupée à digérer un savoir qu'elle ne possédait pas jusque-là, la conscience que son propre corps lui échappe, répondant à une logique qu'elle ignore et qui l'affole. Cette prise de conscience de l'existence de son inconscient au travers des paroles qui l'accusent d'inconscience l'enveloppe, la serre au point de l'étourdir. Elle a chaud, se sent mal, ressent son corps comme lourd et insupportable, comme s'il était gonflé d'une chair de sa chair qui allait la dévorer.

1. *Ibid.*

Elle est habitée par une solitude insoutenable et se sent trahie. Son corps l'a trahie, comme le corps social, qui ne cesse de dire aujourd'hui que *si on fait attention, on ne risque rien*. Le message était donc erroné ? Qui sait, dans cette tourmente nouvelle ? Pour l'heure, elle se perd, ne sachant plus qui elle est.

Elle ne maîtrise donc pas tout, même pas sa propre attention sur son corps. Car elle a fait attention, quoi qu'en dise la femme en colère. Elle a utilisé une contraception. Mal ? Au mauvais moment ? Elle ne sait plus et n'arrive pas à mettre des images sur ce qui s'est passé réellement. Pourtant, l'enfant en route n'est pas arrivé tout seul et il a bien fallu qu'elle en soit à l'origine. Son jeune partenaire n'a pas subi la colère de la femme, laquelle lui impute visiblement, à elle, toute la *faute*. Car c'est une faute, à n'en pas douter, et de taille. Mais où se situe-t-elle vraiment ?

Si autrefois on bannissait le rapport sexuel avant le mariage, aujourd'hui il semble que la jeune fille soit mise en accusation pour son incapacité à profiter d'une époque généreuse qui la protège de tout. Et, derrière cette générosité, une tolérance zéro en matière d'erreur, pour ne pas dire une impossibilité accrue de penser hors de la logique consciente.

« T'es complètement inconsciente ou quoi ? » continue la voix de la colère, marquant définitivement ce qu'elle attend qu'elle soit : une jeune fille raisonnable, consciente de ses actes et les maîtrisant.

Il n'y a rien, absolument rien à ajouter face à ce qui sort de l'entendement. Ce qui arrive est incompréhensible, et cet enfant n'est ni attendu ni programmé.

Programmé : le maître mot d'une époque qui se perd dans ce dédale de programmations sans fin, où la vie prend des allures de contrat. On contractualise dès la plus tendre enfance, comme en témoigne cette histoire. En juin 2006, un directeur d'école demande un certificat de capacité de socialisation à des parents qui souhaitent inscrire leur enfant en petite section de maternelle. Il veut une assurance que l'enfant s'adaptera, qu'il en a les aptitudes. Les parents, désorientés mais soumis et prêts à tout pour que leur fils de 3 ans ne rate pas sa première rentrée, iront consulter leur médecin généraliste, lequel, contre toute attente, établira ledit certificat. Ainsi naît, à la suite d'une demande empreinte de bêtise (et parce que celui qui se croit habilité à tout a jugé bon d'y répondre favorablement), le premier contrat qui entend enfermer l'enfant dans un espace contrôlé. Ce médecin inconscient et ce directeur intransigeant pensent-ils vraiment que le désir se contractualise ? Peut-on imaginer le Sujet prisonnier d'une ordonnance ou d'une injonction ?

Ils ne sont pas les seuls, certes, à vouloir dompter le désir. Ainsi, on pouvait lire en 2005 sur le site du ministère de la Famille un programme tout à fait inattendu qui envisageait d'« augmenter le désir d'enfants chez les femmes ».

Nous ne pouvons pas passer sous silence ces différentes manifestations de notre souhait croissant de vaincre en l'homme ce qu'il possède de plus intime mais aussi de plus précieux : son désir d'être. Il est vrai que celui-ci est un tantinet scandaleux, sulfureux, ambivalent et inattendu. Il est peau virtuelle, corps à venir, fréquentant la vie et la mort, jouant avec elles, allant même jusqu'à les ignorer ou à les réclamer.

Bien des histoires peuvent naître de cet habit de la vie, certaines roses et joyeuses, d'autres sombres et tristes, laissant le soin au corps de décliner ses gammes.

À la vie à la mort

Nous comprenons la colère et la rencontrons souvent dans les maternités, hauts lieux d'expression du désir humain. Là se croisent des échecs de désir qui sont tous des souffrances à part entière, chacune avec sa singularité.

Nous y retrouvons le *ça* dans ses expressions les plus diversifiées, source libidinale, ambivalent, pulsion de vie et de mort, toujours prêt à nous donner notre première leçon de vie sur la vie, parlant la souffrance sans se gêner. Le désir est sans complexe et ne cherche pas à faire plaisir. Il veut du plaisir à tout-va, sans se soucier de celui qui en est à l'origine. Son but : se gorger de ce qui l'appelle sans compter, les pulsions qui l'habitent. Nous découvrons à notre insu qu'en *le corps* vit le désir.

Le désir, en se manifestant, fabrique du vivant, passant du virtuel à la chair. Il est à l'origine du corps naissant. Difficile à saisir et à comprendre, il lui arrive de refuser de se reproduire, alors même que le corps, sain d'un point de vue organique, y est tout à fait prêt. « C'est psychogène », entendons-nous pour signifier que le corps physiologique n'est pas empêché et que l'entrave se situe dans un ailleurs. Ce phénomène, devenu assez fréquent dans notre monde occidental, est décrit comme un nouveau fléau, une *nouvelle plaie* qui atteint la personne dans son souhait.

Le projet parental est alors court-circuité, prisonnier de sa propre ambivalence. Les corps d'homme et de femme ne fabriqueront pas de corps tant que ne seront pas conclus de nouveaux pactes psychiques entre les protagonistes. Le corps dans son histoire vient se manifester, rappelant pour mémoire qu'il est un corps symbolique, bavard de surcroît, et que le museler ne fait que le contrarier.

Cette vie suspendue, devenant capricieuse, semble de plus en plus fréquente dans nos sociétés dites modernes. Le paradoxe, déjà exploré dans notre ouvrage de 1997[1], laisse perplexe.

La reproduction humaine dans sa phase raisonnable rencontre directement l'enfantement. Si l'une s'adresse au biologique, l'autre se réfère au biologique doté du psychisme. Quand on assiste à leurs débats silencieux, on ne peut qu'être soufflé par leurs divergences et leurs logiques, qui imposent une impossible discussion. Tout les oppose, et nous en avons la preuve à la fois dans les situations rencontrées à l'échelle nationale et dans celle que peut vivre un couple avec un désir d'enfant, comme nous le verrons plus loin.

Une société doit être préoccupée par le nombre de naissances. Celui-ci est garant de sa reproduction, de sa continuité, de son devenir en tant que nation. Faire naître des enfants permet à une société d'équilibrer sa population. Il y a là un aspect obligatoire et indispensable – d'où le programme politique déjà évoqué qui visait maladroitement le désir des femmes. La mesure de la fécondité passe par un chiffre un peu barbare mais qui a du sens quand les démographes nous expliquent leur calcul. En France, il est de 1,89 enfant par femme. Taux trop modeste, nous alertent les spécialistes, mais qui nous place pourtant dans le peloton de tête des pays européens.

Aux prises avec notre souci d'augmenter notre natalité, nous comprenons difficilement que d'autres pays, aux ressources plus modestes et pour leur part riches de ces naissances, aient une inquiétude inverse. Alors que leurs habitants sont sans cesse menacés de mort précoce, ils font naître toujours plus d'enfants, comme si l'état de pauvreté était exorcisé par ces vies en plus.

1. Sophie Marinopoulos, *De l'une à l'autre, op. cit.*

Forts de notre bonne connaissance des moyens de contraception, nous tentons de les faire entrer dans leur quotidien. Nous les encourageons à avoir moins d'enfants pour préserver leur vie, en particulier celle des femmes, mises en danger lors des accouchements qui se font dans des conditions précaires, et celle des nouveau-nés, dont le taux de mortalité nous effraie.

Nous savons nos conseils sensés et nous suivons notre logique mathématique, sanitaire, juste dans ses préoccupations préventives. Accrochés à nos certitudes, nous nous adressons au corps raisonnable, celui qui sait *calculer* sa vie et la mener selon une logique consciente irréprochable.

Mais force est de constater que les enfants continuent de naître en surnombre. Cela est bien sûr l'effet de normes culturelles, de croyances, des représentations de l'homme et de la femme qui les associent à des fonctions précises. Toutefois, ce rappel cartésien ne nous suffit pas et nous tenons à proposer une approche différente, fondée sur le corps symbolique. Nous partons de l'hypothèse que le corps bavard nous enseigne : *donner la vie pour être en vie*.

En comparant les naissances attendues qui ne viennent pas et celles, nombreuses, qui ne devraient pas exister, nous plongeons au cœur du corps bavard, le plus archaïque qui soit. Nous le haïssons quand il nous échappe ainsi, mais nous ne pouvons l'éviter. Dans ces questions graves de naissances irraisonnables, le jugement ne peut pas avoir droit de cité. Car contrer la mort qui rôde n'appartient pas qu'à la conscience.

Il est complexe de dire quelque chose sur cette dimension si privée de l'humain. On peut nous reprocher notre audace, mais comment ne pas voir ce qui s'expose sans pudeur ? Le corps encore en vie donne la vie, surtout quand on le menace, et il n'est pas question qu'en réponse à son désir le Sujet reçoive une *lettre morte*.

Dans les camps d'extermination de la Seconde Guerre mondiale, des enfants naissaient au milieu de l'horreur, de la faim, de la mort, des supplices. Incroyables images de ces femmes aux corps sans formes qui attendaient la vie, signifiant cette part vivante d'elles-mêmes qui *croit* encore en la vie quand tout semble fini et quand l'inhumanité explose. « Dans ces cas, être enceinte est aussi une forme de résistance[1]. » Une dernière marche pour faire reculer la mort.

C'est ce que nous retrouvons dans les cas de viol[2]. Certaines femmes, sous l'effet de la mort clinique provoquée par le viol, semblent prises par une pulsion de vie telle que l'enfant va naître comme témoin de cette vie qui se manifeste. Le corps de la femme, abusé et mortifié, dégage au plus profond de son être les ingrédients de la vie, comme un sursaut du vivant. Elle ne souhaite pas un enfant, elle est en train de mourir sous l'infamie, et dans cette mort psychique la vie se manifeste au fond de ses propres entrailles.

L'enfant qui naît du viol n'est pas le viol mais la manifestation de la vie. Parfois, la femme qui le met au monde ne peut pas le reconnaître comme son enfant et elle décide de renoncer à lui. Parfois même, elle commet un infanticide, tuant l'enfant pour annuler le viol. Les deux confondus ne laissent aucune chance à la vie.

L'enfant de la femme violée ne naît pas de son désir conscient et de sa volonté de faire, avec un homme qu'elle aime, un enfant. Il naît de cet instant insoutenable que le corps a traduit, comme à son habitude, avec sa dualité pulsionnelle. Pulsion de vie, pulsion de mort, guerre serrée entre ces deux-là qui ne cessent de lutter,

1. Annette Becker, « Exterminations : le corps et les camps », art. cité.
2. Sophie Marinopoulos, *De l'une à l'autre, op. cit.*

de se confronter, de se provoquer. L'une va prendre le pas sur l'autre, et l'histoire s'écrira aussi avec ce langage.

Les rixes pulsionnelles mènent à la naissance d'un enfant dans le cas du viol, mais elles peuvent aussi conduire à de tout autres histoires, dont le déroulement mérite d'être expliqué si l'on veut éclairer la complexité de ces rencontres.

Je me souviens qu'il y a quelques années – trois, peut-être quatre –, j'ai accueilli une jeune fille qui avait été agressée dans un parking par un jeune homme qui avait tenté de la violer. Alors qu'il avait réussi à la déshabiller en partie et s'apprêtait à commettre son crime, elle lui dit : « Tu vas me faire perdre ma virginité comme ça, alors que je ne t'ai rien fait. » Et elle se mit à lui parler d'elle, de qui elle était et de la façon dont son acte allait la tuer. Elle parla, parla et parla, dans une scène qu'elle nomma elle-même « surréaliste » – leurs deux corps nus, entre les voitures, en plein après-midi, l'un se taisant, l'autre parlant. La parole qui a pu émerger dans ce lieu insolite entre deux êtres en souffrance a permis d'éviter le pire. Le jeune homme, touché par les mots qui visiblement ont fait écho à la souffrance de son propre corps, s'est mis à son tour à se révéler. Ma patiente est repartie sans que le jeune homme l'ait touchée, puisqu'il voyait en elle non plus une proie de son désir incontrôlable mais un Sujet en vie, qui les avait tous deux préservés.

Si cette toute jeune fille, si proche de l'enfance, est venue me consulter, ce n'est pas pour me raconter son incroyable présence d'esprit dans un moment si violent, mais pour me révéler ce qui depuis la ronge. Après cette tentative de viol, elle est allée prévenir la police, qui a retrouvé le jeune homme, récidiviste. Elle a donc été convoquée pour reconnaître son agresseur. Celui-ci, aligné avec d'autres suspects, était face à elle, visage baissé, attendant son verdict. Elle l'a identifié, nommé, et ainsi livré à la police.

Depuis, elle se vit comme l'agresseur du jeune homme, celui qui l'avait épargnée et qu'elle a condamné. Elle se juge *pire que tout*, elle qui n'a pas montré la compassion qu'il avait eue pour elle. Elle a oublié qu'il était dangereux et qu'il n'en était pas à sa première tentative. Son corps n'est pas porteur du viol, tout juste évité, mais de la culpabilité de l'inversion des rôles, et c'est ce qui la pénètre aujourd'hui. La pensée qu'elle a d'elle-même la viole dans son image, faisant d'elle la violeuse du violeur qui n'a pas violé.

La scène irréaliste de ces deux êtres à moitié nus dans un parking en train de dialoguer a permis à la mort de battre en retraite. Mais le traumatisme est bien là, tapi au cœur du corps de la jeune fille épargnée et violée par une image déflorée, la laissant en vie sans vie.

Cionfesé1bb : l'enfantement

Le récit de toute vie est une composition unique où le drame côtoie des événements anodins. Nous en sommes habités : chaque être humain contient en sa chair son propre roman.

Rien n'est l'effet du hasard. Tout est la somme de rencontres hasardeuses que nous avons reçues et avec lesquelles nous nous sommes construits. Certains ont une expérience aiguë de la souffrance, d'autres ne l'ont jamais connue. Nous avons *grâce à* ces expériences, ou bien *à cause* d'elles, vécu, aimé, étudié, travaillé, voyagé, fait des enfants. Nous avons été volages ou sérieux, aventuriers ou casaniers, rêveurs ou réalistes. Nous avons attrapé la vie comme on attrape la chance, la maladie, l'amour, la famille, le destin. Nous en sommes heureux ou malheureux. Nous rêvons d'autre chose ou nous sommes satisfaits de ce que nous avons. Nous vivons.

Dans ces banalités racontées, le projet d'enfant occupe une place particulière, centrale, et ce depuis longtemps. Il est celui avec lequel on pense sur l'invisible, on joue de ses fantasmes, on tente de découvrir ce qui n'existe pas encore.

Cela commence très tôt, quand vers 4, 5, 6 ans on s'aventure dans le voyage œdipien en voulant être grand et avoir des enfants, de maman, de papa. C'est un fantasme mais il est solide et il permet de mettre à l'épreuve les partenaires de notre vie. L'enfant teste chacun d'eux et mesure alors ce qui se cache derrière un mot parental, un visage, une attitude. Il palpe l'interdit, tentant d'enfreindre les limites, espérant recevoir une permission là où tout était impossible : dormir avec maman ou avec papa, les embrasser sur la bouche, refuser que papa fasse un câlin avec maman, s'arranger pour se glisser entre eux afin de jouer pour de vrai à celui qui pourrait être l'amoureux, l'amoureuse, rêvant d'un enfant de son amour avec lui, l'adulte convoité.

Le fantasme œdipien occupe un temps l'enfant, qui finira par renoncer après avoir entendu que sa place est dans son lit, que maman a un seul amoureux, c'est papa, que ses parents aiment n'être que tous les deux. Mais ce n'est pas grave pour l'enfant, qui a grandi et qui a des copains avec lesquels il se bagarre, parle, dit des gros mots, transgresse les règles. Il rêve d'aller chez eux, d'être plus grand encore pour faire des choses *sans les parents*. Il est pressé, l'enfant, mais il devra attendre son heure.

Alors, quand tout cela est bien loin, quand tout a été oublié, amnésié, refoulé, quand l'enfant devenu adulte a rencontré une copine, un copain, qui reste, qui a envie de faire des choses avec elle (lui), qu'il aime, il projette de construire avec elle (lui) une vie à deux, comme il a vu ses parents le faire. Et si eux n'ont pas su rester ensemble, s'ils ont divorcé, il évitera le piège qui les a détruits. Car maintenant qu'il est comme eux, il voit clair en l'amour, et il sait ce qu'il ne faut pas faire.

Fort de toutes ces croyances, aveuglé par son désir d'avancer et de construire sa propre histoire, il commence à parler de l'enfant. Le même qu'il voulait à 4 ans, 5 ans, 6 ans, mais différemment. Cette fois il veut le vrai, celui qui se fait dans les bras de l'aimé(e).

Ce bébé pensé puis espéré, devenant un bébé imaginaire, habite les pensées des jeunes ou des moins jeunes, prenant en quelques années de nouvelles formes. Il est non plus un bébé qui prendra racine en soi, mais un bébé qui peut venir d'un ailleurs, qui peut même parfois ressembler au vieux bébé de nos fantasmes œdipiens.

Car nous ne pouvons passer sous silence le fait que nos progrès dans le domaine de la procréation nous permettent de rêver, de flirter avec ce que jusque-là le corps symbolique interdisait. Est-ce grave en soi ? La question pourrait aussi être formulée ainsi : est-ce plus compliqué aujourd'hui d'être parent ?

Peut-être, si l'on considère l'infinitude des solutions disponibles en la matière. Tout pouvoir réaliser n'est pas toujours synonyme de chance, et nos nouveaux exploits nous imposent de penser sur ce qui jusqu'à présent était impensable. Délimiter le champ des possibles semble être un défi moderne pour nos sociétés.

Nous voyons surgir à propos de ces techniques de procréation les inquiétudes face aux éternels optimistes qui, parfois à deux doigts de l'inconscience, prônent les yeux fermés le progrès à tout prix. Pouvons-nous proposer une troisième voix ? Est-il envisageable de s'attarder un temps non plus seulement sur la naissance du corps, mais sur celle du Sujet, que cet ouvrage ne cesse de souligner ? Espace de pensée qui veut s'inspirer de la naissance d'un être en devenir, de la fragilité de son humanité.

Pour mieux entendre les arguments du débat, un tour d'horizon du monde de la procréation est incontournable.

En France, la procréation médicalement assistée est devenue monnaie courante, et c'est 50 000 fécondations in vitro qui ont été pratiquées en 2002, donnant naissance à 12 000 enfants. Au cours de cette même année, on a compté 45 000 inséminations artificielles pour 4 500 naissances. Ces pratiques sont légales et encadrées par des lois de bioéthique (1994 et 2004), qui les réservent aux couples mariés ou vivant ensemble depuis plus de deux ans et en âge de procréer.

Le don de gamètes est anonyme et gratuit. Quant à la mère porteuse, elle est absente de nos pratiques, qui la condamnent.

S'appliquant surtout à des problèmes d'infertilité, ces traitements sont remboursés par la sécurité sociale.

Depuis 1999, le tri sur embryons est autorisé pour détecter les maladies génétiques graves et incurables, dont font partie la mucoviscidose ou la myopathie.

En 2004, on a vu apparaître l'autorisation, sous certaines conditions, de faire naître des *bébés-médicaments*. Il s'agit de sélectionner génétiquement des embryons en raison de leur compatibilité avec un frère ou une sœur atteint(e) d'une maladie incurable. Un premier bébé est né de cette technique aux États-Unis, dans le Colorado. En France, bien que la loi date de 2004, cette possibilité demeure une préoccupation éthique. Le Comité consultatif national d'éthique, à qui était posée la question de l'instrumentalisation de l'être humain, a tranché, considérant qu'elle n'était admissible que si l'enfant était conçu d'abord pour lui-même et seulement en second lieu pour sauver un aîné.

Certaines techniques interdites ou sévèrement réglementées en France sont aujourd'hui accessibles aux couples français décidant de se déplacer à l'étranger. Ainsi, on peut bénéficier d'une mère porteuse, acheter des gamètes et les choisir en fonction de critères précis, ou encore adopter des embryons dans une agence californienne Snowflakes qui, pour 5 000 dollars, vous accompagne dans votre procédure. On peut aussi se rendre en Italie pour accéder au statut de *nonne madri*, « grand-mère mère », grâce aux bons soins du docteur Antinori, qui propose des fécondations in vitro aux femmes ménopausées. La plus âgée d'entre elles est roumaine et a donné naissance en 2005 à une petite fille à l'âge de 67 ans. En France, nous avons la célèbre Jeanine Salomone, 63 ans, qui, avec le don de sperme de son frère, s'est fait inséminer, ainsi qu'une mère porteuse américaine qu'elle avait rémunérée. Deux enfants sont nés à cinq jours d'écart, l'un de Jeanine, l'autre de la mère porteuse. Tous deux vivent avec Jeanine et son frère en France. Celle-ci a vu son système juridique mis en échec puisque à aucun moment Jeanine Salomone n'a transgressé la loi[1].

L'agence Extend Fertility, créée en 2004 par une jeune femme d'affaires, Christy Jones, propose de congeler les ovocytes des femmes promises à de brillantes carrières afin qu'elles puissent s'épanouir dans leur travail sans subir la pression de leur horloge biologique. Ces ovules seront décongelés à leur demande, quand elles jugeront que leurs activités le leur permettent. Plus de deux cents femmes ont fait appel aux services de cette agence pour la somme de 10 000 dollars, et le bruit court qu'au moins une Française y a eu recours.

Quant à demain, nous pourrons compter sur l'utérus artificiel, cette technique appelée ectogenèse qui va permettre la gestation de l'enfant en dehors du corps de la mère. Nous l'espérons dans le demi-siècle à venir, soit pour nos enfants et petits-enfants.

1. Voir Sophie Marinopoulos, *Dans l'intime des mères, op. cit.*

Au terme de cette liste sûrement pas exhaustive, la question demeure, et c'est au corps bavard, celui du désir, corps symbolique, que nous la posons : quels sont les ingrédients indispensables pour que le mot *filiation* garde tout son sens ? De quelles expériences cliniques pouvons-nous disposer pour penser sur ces nouvelles formes filiatives et celles à venir ?

Parler des liens de filiation, de la famille, c'est parler de ce qui la constitue, un homme, une femme et un désir d'enfant... qui deviendra peut-être un enfant, première pierre de l'édifice familial au sein du couple. « Le désir d'enfant, qui peut paraître la plus naturelle et la plus universelle des valeurs humaines, est en réalité un processus complexe où se retrouvent les souhaits conscients d'immortalité et d'identification aux parents qui nous ont précédés. À ces vœux conscients se combinent les représentations inconscientes et pour certaines transgénérationnelles de chacun des deux parents, tout spécialement de la mère, physiquement engagée dans le processus. La combinaison va se faire dans un processus d'organisation imprévisible par avance[1]. »

Cet imprévisible, ce sont les histoires réelles où l'enfant, bien que sincèrement espéré, n'arrive pas ; les situations où l'enfant n'est pas espéré et vient de naître ; les récits où, après des traitements de fécondation in vitro réussis, des couples demandent une interruption de la grossesse obtenue ; d'autres encore où la femme en train d'accoucher apprend que son conjoint en a épousé une autre la veille et ne viendra pas reconnaître l'enfant.

Certains réclament que nos progrès scientifiques se mettent à leur disposition en faisant fi de leur âge (demande de fécondation par un couple âgé), de leur sexe (couple de même sexe), de la vie (demande de fécondation post mortem par le conjoint vivant).

1. Monique Bydlowski, *Je rêve un enfant*, Odile Jacob, 2000.

Comment ne pas se perdre face à ce kaléidoscope de tableaux familiaux inimaginables ? Comment penser des règles, des limites, sur un sujet où le désir règne en maître, prêt à tout pour s'imposer ?

Dans ce combat des dieux où la *raison* affronte le *désir*, comment le collectif humain peut-il trouver le juste milieu qui lui confère son humanité, tout en s'emparant de la technique, salvatrice parfois ?

Si les choses sont si complexes, c'est qu'au centre se trouve le plus redouté des adversaires : la *souffrance*. N'en doutons pas, dans chaque situation la souffrance est au cœur de la demande, et nous ne pouvons ni l'évacuer, ni l'annuler, ni l'ordrer, accordant à certains un *passe-droit à l'enfant* et à d'autres non. Les choses ne peuvent prendre cette tournure injuste, de même qu'elles ne peuvent s'inscrire dans une logique compassionnelle. L'une et l'autre sont faites de nocivité.

À l'heure où je rédige ce livre, le débat est parti sur un chemin de traverse et se formule sur un mode binaire : on est *pour* ou on est *contre* ce qui est accessible. Nous sommes abreuvés de dossiers dans la presse magazine, nous poussant dans ces voies bien étroites. Ainsi, on est *pour ou contre* la parentalité pour deux personnes de même sexe, *pour ou contre* le retrait d'un enfant, *pour ou contre* l'anonymat dans l'accouchement, *pour ou contre* les mères porteuses, l'adoption des embryons, la fécondation des femmes âgées, le clonage...

Et nous voilà plongés au cœur d'une pensée stérile, alors que c'est de stérilité qu'il est question.

Le corps bavard, dans sa fonction humanisante, dans son enseignement de la vie, qui dit si bien comment l'être se fonde dans les corps, porteurs de vie, est injustement oublié. Il aurait pu nous donner quelques pistes de réflexion, généreux dans son rôle signifiant. Lui seul sait de quoi nous sommes faits. Notre chair en porte la marque, elle qui n'est pas seulement une masse organique mais un corps habité, véhiculant une histoire. Et en celle-ci circule de la vie et pas de la mort, deux sexes, des différences de génération, le tout se côtoyant.

Sans compter que, si l'être humain n'a pas de prix, c'est bien parce qu'il ne s'achète pas, qu'il n'est pas une valeur marchande, et quand l'histoire en a voulu autrement nous avons vécu des monstruosités. L'esclavage est loin derrière nous et pourtant à notre porte.

Cette troisième voix qui cherche à questionner, qui veut éviter de précipiter les choses, prend naissance de-ci, de-là, dans des discussions improvisées, dans des dîners mondains, dans des cafés bondés, dans des tête-à-tête familiers.

Elle a 22 ans, elle sort de l'adolescence, c'est une mère de demain, du futur, qui choisira de faire un enfant avec ou sans sexe, avec ou sans vie, avec ou sans utérus, avec ou sans âge. Elle sait ce que j'en pense ou croit le savoir. C'est mon interlocutrice préférée car jeune, excessive, franche, jamais empruntée, avec une vivacité qui ne défaille pas. Elle tranche, elle fonce, elle a la vie au bout des doigts et ne tolère pas qu'on la freine. Parfois elle se brûle les ailes, en souffre, réfléchit, corrige, continue.

Elle m'entend souvent parler du corps psychique, de sa chair porteuse d'histoire, de sa construction étrange et si forte. Matière passionnante que j'aime partager avec mes amis du psychisme, ceux qui me côtoient dans ma pratique professionnelle et qui me nourrissent de leurs pensées créatives.

Elle est étonnée, sceptique, amusée, en désaccord quand elle m'entend, et j'aime voir sa pensée voyager sous l'impulsion de mes propres doutes. Souvent elle se moque gentiment, comme gênée de m'entendre parler de l'intimité d'un Sujet. Fine dans son regard, elle se tient à distance mais fait preuve d'une réelle maturité à chaque fois qu'un sujet déjà débattu ensemble apparaît dans l'actualité.

« Tu sais que dans *Elle* il y a un article sur les "Pour ou contre l'homoparentalité"[1] ? C'est pour parler de l'adoption par les homosexuels. Tu l'as lu ?

— Non. Et alors, c'est intéressant ?

— Oui, mais j'ai pas tout compris.

— Mais qu'est-ce que tu en penses, toi ? Tu as retenu quelque chose de l'article ?

— Eh bien celui qui est contre, il est un peu *chelou.* »

Je ris et répète, interrogative :

« *Chelou* ?

— Oui, c'est bizarre, son truc. Il dit que quand on est homosexuel c'est qu'on a choisi de l'être. Et donc on a choisi inconsciemment de ne pas avoir d'enfants.

— Quand on choisit, ce ne peut pas être inconscient.

— Non, d'accord, je sais, mais il dit que celui qui est homosexuel refuse quelque part d'être parent. Il parle de l'enfantement ou quelque chose comme *ça.*

— Oui, tu as bien retenu, il parle sûrement de l'enfantement, et j'imagine qu'il rappelle que l'adoption est à relier directement à cette question. Donc au désir d'enfant.

— Oui, peut-être.

— Mais, finalement, ça t'aide à y voir clair ?

— En fait, celui qui est contre, à la fin il dit des *trucs intéressants.*

— Intéressants comment ?

1. Interview de Serge Hefez et Christian Flavigny par Françoise Colombani, *Elle*, 16-23 juillet 2006.

— Je ne sais pas expliquer mais j'ai compris. Et toi tu es pour ou tu es contre ?

— Je n'aime pas cette façon de poser les questions. On ne peut pas être pour ou contre. Mais on peut distinguer la filiation de la parentalité et surtout on a le droit de réfléchir et de penser.

— Bon, d'accord, c'est parti pour un tour. Je crains la prise de tête. T'as du simple dans tes bagages psy ?

— Tu veux faire simple ? OK, faisons simple ! Si je meurs demain…

— Ça commence bien. Ça s'annonce hyper gai !

— Si je meurs demain, est-ce que tu penses que tes grands-parents, malgré leurs 80 ans, peuvent s'occuper de toi ?

— Ben oui, je ne vois pas le rapport !

— Je veux dire, est-ce que tu penses qu'ils peuvent être comme tes parents ? Qu'ils peuvent t'aimer, t'élever, prendre soin de toi, t'accompagner dans la vie, suivre tes études, te conseiller, être là pour les moments difficiles et les joies de la vie ? »

Ses yeux s'arrondissent, puis se plissent comme pour accompagner sa réponse réfléchie. Cette fois elle ne se précipite pas pour répliquer, semblant se laisser envahir par ces images proposées :

« Oui, bien sûr, ils sont encore en forme et je sais que je pourrais compter sur eux.

— Ils pourraient occuper ces fonctions parentales même s'ils sont vieux ?

— Oui, bien sûr.

— Je suis d'accord avec toi. Ils pourraient t'élever, t'éduquer. Maintenant, si demain ta grand-mère de 80 ans veut se faire inséminer parce qu'elle se sent encore en forme pour avoir un enfant, quel est ton avis à ce sujet ? Serais-tu d'accord ?

— Ah non ! Tu te rends compte de ce que tu dis, elle a 80 ans !

— Tu vois, tu sais mieux que moi la différence entre la parentalité et la filiation. La preuve, tu accordes à tes grands-parents, qui sont vieux, le statut de parents encore aujourd'hui si nécessaire, mais tu leur refuses l'accès à la filiation au nom de leur âge. Et tu as raison, car les deux ne reposent pas sur les mêmes choses. Sans doute, Christian Flavigny en a parlé et tu l'as compris sans le comprendre, car tu en es habitée, toi-même, dans ton corps et dans ta chair. D'ailleurs, je suis contente de constater qu'au bout du compte celui qui est contre te fait plus réfléchir que celui qui est pour. Finalement, il a attisé ta curiosité et te conduit dans un monde de questions.

« Dans cette histoire de filiation, les lois symboliques font la part entre la mort et le vivant, la différence des générations et la différence des sexes. Ton corps est porteur de ces données. Tu n'as besoin de personne pour savoir qu'on ne peut pas accéder à la filiation quand on est mort, quand on est deux personnes du même sexe ou quand on est un père avec sa fille ou un fils avec sa mère. Par contre on peut être vieux, deux hommes, deux femmes, et aimer des enfants, les élever et leur donner, avec toutes les qualités du monde, une vie. Mais on ne peut pas leur donner la vie.

« Que pourrions-nous créer pour répondre à ce problème ? C'est ma question d'aujourd'hui. C'est pour cela que je ne veux pas être enfermée dans cette pensée qui ne pense pas, qui fige l'être humain dans des positions qui ressemblent à des prisons.

« La question n'est donc pas d'être pour ou contre l'adoption par les homosexuels, ou tout aussi bien la procréation pour les personnes âgées ou pour les morts, *mais de savoir à quoi on tient collectivement, pourquoi on y tient et ce que nous voulons transmettre.*

« De savoir si la dimension symbolique de l'humanité, cela parle encore à quelqu'un ou bien si c'est à ranger sous l'étiquette *ringard*. Car tu n'es pas sans savoir que, quand on ne dit pas tout de suite que l'adoption par les homosexuels, c'est formidable, on est d'emblée étiqueté *homophobe* ou *incapable de progresser avec son époque*.

« Entre raciste et vieux jeu, tu concevras que le choix est limité et peu attirant.

« Pourtant, ce n'est pas si compliqué ce que le corps psychique chargé de signifiants nous transmet. Pour l'instant, il est important pour moi d'éviter cette prise de position stérile et de proposer de donner du sens aux événements de la vie.

« On nous pousse beaucoup, nous les psychanalystes, à prendre position sur des questions de société. C'est comme le chant des sirènes. C'est tentant mais c'est un piège, car répondre sur ce mode, c'est quitter le champ psychanalytique, qui reste dans une préoccupation de compréhension. Dire le sens des choses et permettre une compréhension de ce qui ne se formule pas dans les questions formulées, voilà notre choix quand on se dit analyste. Nos interventions dans les médias ou dans le monde politique et social devraient garder cette fonction.

« S'y tenir n'est ni un pensum ni une coquetterie. C'est la place que nous avons choisie. Elle est moins valorisante, je l'entends bien, que celle du psy qui flatte le public. Celui qui ramène les choses du côté du signifiant et que tu nommes le *chelou* – qui, au passage, s'appelle Christian Flavigny – a tenu cette place dans l'interview dont tu me parles. Je regrette le titre de l'article, ce “Pour ou contre”, car les propos de Flavigny sont autrement plus vastes que cela et ils engagent une réflexion de fond sur cette question, qui n'est pas aussi simple que nous aimerions qu'elle soit. Il aurait d'ailleurs dû refuser d'être mis dans une position binaire pour rester dans la seule place que la psychanalyse porte : un positionnement. Prendre position conduit au jugement *(pour ou contre)*, se positionner mène au signifiant et donne du sens. »

Cet échange entre deux générations est vivifiant car les adolescents et les jeunes adultes sont encore dans le désir d'apprendre. Ils critiquent beaucoup, mais c'est à la hauteur de leur ouverture d'esprit.

Lors d'une de mes interventions dans une classe de seconde sur les questions de filiation, j'ai été surprise de la qualité des remarques et interrogations de ces jeunes gens et jeunes filles de 15, 16 ans. Est-ce que leur jeunesse les rend plus à l'écoute de ce corps psychique chargé de son langage symbolique ?

Ils sont tout à fait conscients qu'il est facile d'affirmer : « Je suis pour l'homoparentalité » – un mot qui, par ailleurs, ne veut rien dire. La sexualité ne rend pas parent et les parents ont des sexualités variées qui n'entrent pas dans la vie ni dans l'éducation des enfants. Si elles le font, c'est dans le cas des abus, et nous sommes alors dans une pathologie répréhensible et soumise à la loi. Sinon, cela ne nous regarde pas.

La filiation parle de l'enfantement, et dans l'enfantement il y a du réel, de l'imaginaire et du symbolique. Les lois symboliques ordrent la vie et humanisent. Elles sont visiblement accessibles aux jeunes, qui en entendent plus qu'on ne veut bien le croire.

Ils ressentent, comme la jeune fille de la discussion, que le corps possède une part de l'énigme de la conception. Il en est à l'origine et il a quelque chose à en dire. Ce corps est son propre biographe et, à l'heure où il lui faut se reproduire, il parle et parle encore de ce qu'il est. Il se souvient qu'il a été lui-même conçu et choyé, soigné, touché, aimé, dans des rencontres qui l'ont accompagné jusqu'à aujourd'hui.

Le corps est façonné dans l'histoire familiale et pétri de l'expérience du vécu du triangle œdipien, pris dans une suite de signifiants, support des relations passées nées de rencontres. Là est la naissance de l'humain.

Ainsi, *rien n'est forgé par le hasard* mais par la vie qui s'est constituée au rythme fécond d'une temporalité éprouvée. Chaque enfant reçoit et emmagasine, avec un regard qui lui est propre, une nourriture qui, nous l'avons dit, est constituée d'affects, de pensées, de fantasmes. Chaque enfant occupe une place, la sienne, et la sculpte dans le temps de la vie. Ainsi, il devient.

Perdus dans des moyens techniques multiples et infinis, nous ne savons plus comment limiter le corps du savoir, qui pense pouvoir faire du corps sans limite. *Procréation*, disent nos scientifiques, qui s'occupent de l'infertilité du corps, pendant que les psychanalystes disent *enfantement* en s'occupant des infertilités psychiques. Les premiers travaillent une matière docile, la chair, pendant que nous explorons une matière rebelle, l'esprit. L'une se soumet pendant que l'autre se révolte. L'une se voit et se saisit pendant que l'autre, invisible, nous échappe souvent.

Dans ces corps inféconds que l'on veut féconder à n'importe quel prix, quels enjeux réels ? C'est l'objet du chapitre qui suit, que nous avons voulu comme un espace de réflexions sur divers thèmes qui ont secoué ou secouent l'actualité et sur lesquels le corps bavard a son mot à dire.

Chapitre VII

Corps publics

Le corps-État face à ses corps-Sujets

Freud a affirmé que parmi les professions impossibles figuraient celles qui voulaient gouverner, éduquer, soigner. En se penchant sur ses propos, Michel Schneider analyse : « Ce n'est pourtant pas un constat désespéré ou nihiliste. J'y verrais plutôt une simple définition : dans ces métiers-là, réussir, c'est échouer. C'est par leur échec à tout savoir, tout guérir, tout pouvoir, que le psychanalyste, l'enseignant ou l'homme politique réussissent à donner au patient, à l'élève ou au citoyen la force d'être soi[1]. »

Être soi semble être aujourd'hui la première question qui se pose à nos hommes politiques – engagés, à l'heure où j'écris, dans la course à la présidence, laquelle n'est pas un jeu mais un réel combat à l'issue duquel un seul sera élu. Alors, comment être soi, comment être *Sujet* de son discours tout en étant assuré que celui-ci trouvera des échos ? Séduire et être séduit sont des objectifs qui pénètrent insidieusement tout programme de gouvernement afin de combattre ce que l'homme politique redoute le plus : échouer.

Ce dernier ignore que dans l'espace de l'échec énoncé (qui n'est pas l'échec réel en soi) se situent le manque, le désir, et donc la pensée. En échouant dans sa fonction tout en restant présent, attentif et bienveillant, l'homme politique ouvre l'espace de la parole et

1. Michel Schneider, *Big Mother. Psychopathologie de la vie politique*, Odile Jacob, 2002.

l'autorise. Il fait alors participer les citoyens à cette création de pensée collective et leur permet d'échapper à l'infantilisation qui les guette. *L'espace-échec* est en réalité une ouverture qui s'appuie sur chacun. Leurre ? Ou tout simplement le vœu que nous gardions en mémoire le fait que le Sujet s'inscrit dans le symbolique et que toute société se réfère à un ordre symbolique ? Tel un corps bavard, le *corps-État* est soumis à cet ordre et dépend de lui. Vouloir lui échapper, c'est courir à l'échec. Plus nous annulerons le Sujet dans son statut d'être symbolique, plus il se manifestera et reviendra s'exprimer, plus tard, quand le mal aura été fait.

Ce qui s'énonce depuis le début de cet ouvrage, c'est que le corps bavard qui véhicule une histoire raconte de quoi celle-ci s'est construite – entre autres de rencontres humanisantes par lesquelles des personnes réelles ont pris place auprès de l'enfant pour le conduire à sa vie d'adulte.

Ces rencontres d'êtres symboliques ont permis que le langage émerge et que le désir, sous le contrôle parental, anime le Sujet tout en le réfrénant. Mission difficile, certes, mais impossible sans les repères symboliques qui sous-tendent notre condition de Sujets humains. Et le Sujet politique ne peut appréhender les Sujets de notre société en faisant fi de ces balises aux fonctions essentielles.

Mon analyse est teintée d'inquiétude lorsque je parle de nos dirigeants, prisonniers d'un *public-citoyens* exigeant qui les conduit à se placer dans des rôles d'acteurs plus que de politiciens. Nous aimerions les entendre dans leurs idées, même si elles rencontrent la désapprobation, car en elles est le débat, la créativité.

Mais on ne saurait concentrer nos reproches sur les travers des hommes. Car pourquoi échapperaient-ils à leur condition humaine, celle du Sujet de l'inconscient ? Ils sont tels qu'ils sont, avec leurs défauts et leurs qualités, le plus souvent exacerbés par le pouvoir.

Là où la critique trouve tout son sens, c'est lorsqu'il s'agit d'évoquer la manière dont nos politiques aujourd'hui gèrent les grandes questions qui se poseront demain. « Comme les parents laxistes, l'État ne sait pas qu'une demande se satisfait ou se refuse, mais surtout s'interprète[1]. » Et c'est ce que nous attendons de la part de ces sprinters de la présidentielle.

Le sujet d'actualité qui suscite le plus d'interrogations autour de la famille est la demande d'adoption d'un enfant par un couple de même sexe. C'est devenu le thème en vogue, celui qui, durant le printemps et l'été, s'est intercalé entre les nouveaux régimes « spécial plage » et sur lequel les politiques ont dû plancher. Ce sujet, qui ne devrait pas être isolé puisqu'il s'inscrit à mon avis dans de plus vastes travaux concernant la filiation, vient différencier l'homme politique moderne, qui est à l'écoute de ses concitoyens, et l'homme politique vieux jeu, qui s'accroche à ses croyances éculées. Ainsi, il a le pouvoir de fabriquer des images de modernité.

Ma question publique est la suivante : si une demande émerge et qu'elle n'entre pas dans les normes établies, doit-on obligatoirement toucher à ce qui existe déjà ? La filiation dans ses fondements actuels est-elle de fait obsolète, ou bien s'agit-il de penser un autre lien que le lien de filiation capable d'unir les personnes ?

Nous avons fait pour notre part quelques élaborations. Elles ont pris la forme d'un rapport, dont les passages qui suivent sont extraits[2].

Nous avons pensé qu'il était intéressant de se saisir de la demande actuelle des couples de même sexe pour envisager un autre lien légal pouvant répondre à leurs préoccupations sans

1. *Ibid.*
2. Sophie Marinopoulos et Pierre Lévy-Soussan, « La légitimation du lien parental à l'enfant, hors filiation », rapport non publié.

toutefois annuler la filiation et les bases symboliques sur lesquelles elle repose.

Aujourd'hui, la question est celle de l'enfant à naître ou à adopter, celui espéré par un couple de même sexe, mais aussi parfois par des couples âgés, des couples sans sexualité ou encore des personnes dont le conjoint est décédé. Il s'agit de l'enfant à venir, de *l'enfant du désir*, celui qui constituera la famille. Il pourrait naître d'un corps, de deux corps, d'une sexualité ou à partir de cellules prélevées qui deviendraient des vies humaines. C'est l'enfant hors sexe, hors corps, hors vie.

Les demandes considérées sont donc celles non seulement d'un corpus social – les homosexuels –, mais aussi de tous ceux souhaitant accéder à la parentalité selon des vœux qui leur sont propres. Et les vœux sont nombreux. Le débat à engager exige que nous prenions le temps de nous interroger sur ces demandes modernes de construction familiale. Et tenter d'approcher les raisons qui sous-tendent les points de vue de chacun est indispensable afin d'appréhender ce qui les anime, d'éclairer la famille de demain sur ce qui la définit et la légitimise, sachant qu'il va falloir trouver des finalités sociales collectives, des normes et des règles.

Le conflit social requiert un débat, et celui-ci doit au minimum répondre aux questions de fond, qui sont plus complexes qu'elles veulent bien le paraître. Parmi elles, nous relèverons : qu'est-ce qui fonde la filiation ? Qu'est-ce qui construit la parentalité ? Qu'est-ce qui légitimise la famille ?

De notre point de vue, une question demande une réponse mais chaque réponse produit de la question. C'est l'éternel devenir du *familial* d'être en mouvement, d'osciller, de se déplacer à l'intérieur de ces repères, au rythme de l'avancée de l'humanité.

Permettre aux opinions divergentes de se rencontrer n'est pas si simple. Le sujet est passionnel et le risque est l'apparition de lois compassionnelles. Elles viendraient empêcher les effets attendus d'un conflit engagé, à savoir la défense du dialogue social, la possibilité de la négociation, la mise en scène de l'impartialité et l'élaboration de normes.

Au final, le conflit va devoir trancher pour concilier l'émancipation personnelle et l'émancipation sociale dans un cadre collectif. Il va devoir construire une *politique du vivant* cohérente. Car la naissance est un phénomène individuel mais aussi un phénomène collectif, un événement pour l'espèce humaine, un sujet politique.

Mettons la demande à avoir un enfant à l'épreuve de nos trois organisateurs symboliques de la filiation, ancrés dans le corps bavard : la différence des sexes, la différence des générations, la différence entre vivant et mort.

Avec *la demande de suppression de la différence des sexes*, il s'agit d'accepter la filiation dans un couple de même sexe et d'établir des livrets de famille où un enfant aurait deux parents du même sexe. L'enfant serait inscrit comme étant né de M. A et de M. B ou de Mme A et de Mme B. Cette suppression nous conduit aussi à invalider la notion de couple masculin/féminin propre à la filiation. On peut ainsi imaginer des demandes filiatives émanant de plus de deux personnes. Rappelons pour mémoire qu'il est arrivé qu'un mari et un amant souhaitant tous deux avoir une place auprès de l'enfant à naître de la femme qu'ils aimaient se soient déclarés dans leur mairie. Étant donné l'irrecevabilité de leur demande, c'est le test ADN qui a tranché et un seul père a été nommé. Si nous supprimons les règles filiatives, l'enfant pourrait être inscrit, par exemple, comme étant né de M. A, de M. B, de M. C et de Mme D. Serions-nous alors toujours dans la fiction filiative, ou dans de la science-fiction ?

Avec *la suppression de la différence des générations*, nous pourrions accepter des unions intrafamiliales telles que mère-fils, père-fille, frère-sœur. Leur dimension incestuelle serait caduque, l'inceste ne se définissant qu'à travers des liens filiatifs symboliques. Le livret de famille dirait alors un enfant né de Mme A et de M. B, fils de Mme A. Fréquemment, des femmes demandent à leur mère de jouer les mères porteuses pour un embryon qu'elles ont conçu avec leur conjoint. De nouveau est à interroger le rôle de la fiction filiative dans ces scénarios.

Enfin, avec *la suppression de la différence entre vivant et mort,* nous verrions resurgir les demandes de fécondation post mortem, pratique actuellement interdite. Le livret de famille dirait un enfant né de Mme A et de M. B, décédé cinq ans auparavant. Ici, semble-t-il, la science-fiction prend le pas sur la fiction filiative.

Nous pouvons désormais poser le problème autrement qu'en termes de *pour ou contre l'homoparentalité*, et revenir à la question de départ : quels sont, dans la filiation, les axes auxquels nous tenons ? Pouvons-nous en supprimer un sans supprimer les autres ? Si oui, à quel titre ?

Si, à l'issue de cette démonstration, les fondements symboliques de la filiation ont encore du sens pour beaucoup d'entre nous, nous allons devoir relever nos manches, réfléchir à un nouveau lien entre des adultes et des enfants, garant de la place de chacun, et construire un nouveau statut de parents hors filiation.

Pourquoi ne pas créer un *lien d'alliance* qui serait juridiquement reconnu, sorte de parrainage légal donnant des droits et des devoirs ? Nous proposons ci-dessous quelques règles, sachant qu'elles peuvent être modifiées par un débat collectif.

Par exemple, l'enfant pourrait être le destinataire testamentaire de ses deux référents parentaux si ceux-ci en font la demande. Nous pourrions imaginer que, si l'enfant a plus de 13 ans au moment de la mise en place de son parrainage parental, il lui faudra donner son accord. Bien entendu, ces référents parentaux devenant les tuteurs légaux de l'enfant, ils ne pourront avoir d'autres liens légaux avec lui (mariage) et ils auront des obligations concernant son entretien (pension alimentaire, prise en charge de ses études jusqu'à ses 23 ans, ou 26 ans en cas d'études supérieures). Ils ne pourront pas se dédire de leurs engagements. S'il s'agit d'un couple, leur séparation n'aura aucune incidence sur les obligations contractées. Ils resteront les responsables légaux de l'enfant et devront devant la justice organiser sa prise en charge et y participer. Un enfant ne pourra pas avoir plus de deux parrains légaux afin d'éviter la multiplication des adultes autour de lui. Le sexe n'entrera pas en ligne de compte dans ce statut, pas plus que l'âge.

Voilà une ébauche de statut de *parent hors lien de filiation*, respectant les demandes variées à venir, permettant au lien filiatif de demeurer dans ses axes symboliques et d'en signifier le sens, tout en créant entre deux adultes et un enfant un lien légal qui procure une sécurité juridique.

Le corps médical : la peau revue et corrigée

Le sujet du corps de chair et de ses maux peut paraître à certains égards bien léger. Mais quoi de plus tentant pour nous qui écrivons sur le corps bavard que de nous pencher sur la question du corps retouché, de l'image, de la plastique, du beau, provoquant cet autre corps, celui de la psyché aux images invisibles, au vieillissement inconnu, à la plastique mystérieuse ? Existe-t-il de belles psychés comme il existe de beaux corps ?

Je suis femme, psychanalyste plongée dans les méandres de ce mystérieux corps de l'inconscient et quadragénaire : voilà trois facteurs qui m'amènent à m'intéresser à ce thème. D'ailleurs, celui-ci est-il si futile qu'il semble l'être ? La recherche de la beauté, de la jeunesse, de la justesse du trait n'est-elle que folie, déraison, caprice ?

Nous aimons tous l'harmonie et la grâce, qu'elles soient celles d'un corps, d'un visage, d'un objet ou d'un paysage. Tout nous entraîne vers les courbes généreuses et bien faites du beau. C'est dans ce sens que nous aménageons notre lieu de vie, attendant de lui qu'il nous accueille, nous rassure, nous confine dans notre intimité, nous restaure au mieux pour le souci de notre bien-être.

Pour le corps, il en va de même : nous l'habitons et ne supportons pas de le voir se modifier malgré nous. Car, du fait de ces changements involontaires, nous perdons notre sentiment de continuité d'être. Ce n'est pas la peau en tant que telle que l'être vieillissant veut transformer, mais l'image que cette peau renvoie d'un point de vue narcissique. Se perdre dans un reflet qu'il ne reconnaît pas est une épreuve qui peut déprimer un Sujet. Être un étranger dans sa propre peau est une expérience qui peut avoir une allure terrifiante et pour certains obsédante. Nous en sommes conscients quand nous entendons les témoignages de ceux qui ont *franchi le pas*. Tous avaient besoin de rester eux-mêmes, et ils avaient le sentiment que cela passait par un travail de maintien de la jeunesse. Certains aujourd'hui s'en trouvent mieux et imputent à leur visage restauré ce bien-être conservé. Ils ont l'impression de pouvoir contrôler les effets du temps sur eux-mêmes.

C'est le plus souvent le passage des dizaines qui réveille les doutes, les peurs et rend les yeux méfiants. Ces changements de décennie, que certains disent douloureux, sont de plus en plus souvent fêtés, comme s'il fallait être soutenu pour supporter cette épreuve. Mais où se situe l'épreuve ? Est-elle une *simple* question de peau, ou bien sommes-nous face au vaste problème de notre désir inassouvi de contrôler le temps et, avec lui, notre propre finitude ?

Il est vrai que notre culture ne cesse de s'appuyer sur l'âge pour donner une valeur à l'homme, comme on donne une valeur aux choses. La jeunesse est recherchée et enviée et la vieillesse est traquée, oubliée. Le miroir interrogé ne peut mentir. Dans sa cruauté, il renvoie la profondeur d'une ride, le teint jauni du fatigué ou le noir de ses cernes, fournissant au Sujet l'occasion de répertorier les bouts de chair qui ne lui semblent plus très valides et pour lesquels il va falloir envisager des corrections. Le miroir est l'ami de l'enfant, le partenaire de l'adolescent, mais l'ennemi de l'adulte vieillissant.

Car, quand le corps vieillit, ce qui est inéluctable, il est vécu comme un traître. Son habitant est alors contrarié, parfois déstabilisé, et il veut lui rappeler qui est le maître en tentant de lui faire retrouver son allure d'antan. Pour cela, l'homme a tout prévu. Il a créé sa propre *médecine des ans*. Elle chasse la ride, déloge la graisse, tire la peau, redresse les os, et peut même se risquer à fabriquer une nouvelle tête à l'insoumis si son propriétaire le décide. Nous ne sommes pas dans le soin mais dans la transformation, et nous bénéficions dans ce domaine du savoir des meilleurs magiciens. Grâce à leurs mains habiles, ils font des merveilles, sculptant à la demande. Nous pouvons commander un nez, une bouche, des seins, des fesses, des abdominaux, ou l'ensemble si l'envie nous en prend.

Il est ainsi possible d'avoir à portée de la main de la jeunesse en vieillissant, de la beauté quand on n'en possède pas. Plus besoin de s'inquiéter, pour un enfant qui naît avec un physique ingrat, comme le fait cette mère qui déclare : « Eh bien, il lui faudra du caractère pour compenser. » Qu'elle se rassure à présent : le marché du lisse et du beau est là pour réparer ce que, justement, la *nature* n'a pas donné.

L'envie me prend de poser la question : Quelle serait l'image de Freud s'il avait eu recours à ce qui, à son époque, était inaccessible ? Quand je regarde les photos de nos grands hommes, écrivains, chercheurs, je lis sur chaque ride leur labeur, leur engagement, leur caractère parfois impétueux. Mais ne suis-je pas en train d'inventer la bosse de la ride, faisant croire que le labeur est obligatoirement ridé ? Je cherche dans mes souvenirs de lectrice des photos de Marie Curie. Comment était-elle ? Une jeune femme dite belle, il me semble. Alors, quel est ce discours déviant ?

Quoi qu'il en soit, quand ces hommes étaient jeunes, ils faisaient déjà vieux, comme si la vie ne leur avait pas laissé le choix, comme si ces traits s'étaient imposés. Creusées en leur chair, leurs pensées ravagées par le désir d'entreprendre, de chercher, de dire se lisent encore aujourd'hui sur leurs images exposées. Nos *vieux*, ainsi immortalisés, sont bien vivants dans leur génie. C'est la photo qui le dit, celle qui a su *prendre* sur l'instant l'expression de leur intimité.

Et une photo n'est considérée comme étant de qualité que si, justement, elle sait transmettre cette part dite *intime* de la personne humaine, ou si elle peut prendre dans le corps charnel l'expression du corps psychique qui soudainement se laisse apercevoir, devenant saisissable. Le photographe qui excelle dans son art est celui qui est capable d'approcher à son insu le psychisme dévoilé. Et celui-ci n'est pas simplement contenu dans les traits du visage ; les courbes du corps elles aussi sont habitées. *Le corps n'est pas qu'un corps, il véhicule un récit de vie :* c'est une formule déjà dite qui vient insister sur l'histoire inscrite en la chair, qui devient comme un parchemin à déchiffrer. Il y a ceux qui savent et ceux qui passent à côté.

D'ailleurs, s'il s'agit d'un corps sec, d'une coquille vide sans âme capable de la rendre expressive, la photo de l'humain sera le simple rendu d'un corps dépouillé. Pour exemple, les corps en plastique fabriqués par Di Andréa sont calqués fidèlement sur des corps véritables mais leur photo renvoie une étrangeté qui tient justement au fait qu'ils ne sont que des simulacres de Sujets humains[1].

Quand nous sommes face au tirage de la photo, nous attendons une lecture de l'image que nous nous faisons de nous-mêmes. Nous aimons donner notre *bon profil* pour ne pas être déçus. À moins que ce ne soit pour ne pas être dévoilés.

Les enfants, pour leur part, tout à la découverte de leur corps grandissant, jouent à grimacer sur les pellicules, proposant à la caméra ou à l'appareil photo la plus horrible mimique, qui fera trace. Mémoire de leur enfance, de leur espièglerie, de leur maîtrise de ce visage auquel ils font dire ce qu'ils veulent. Ils aiment que la vie s'inscrive sur le papier pour ensuite le faire circuler et glousser de plaisir en se voyant si laids. Les enfants n'ont pas le même rapport à la beauté que les adultes, ils affectionnent les corps marqués, ceux qui parlent.

Plus tard, devenus adolescents, ils reprocheront à leurs parents de les avoir pris dans des postures aussi ridicules : « Comment j'étais habillé ! N'importe quoi ! On voit bien que tu t'en foutais totalement de mon look. On se demande comment je m'en suis sorti avec des parents pareils ! » Les mots qui accusent se partageront autour d'un cliché qui rassemblera la famille dans d'éternelles discussions. « Oh là là, qu'est-ce que j'étais jeune à l'époque ! » s'exclamera la mère désolée, se levant pour aller s'observer dans la glace, constatant qu'en effet la peau est plus souple, les rides plus nombreuses, le visage moins modelé, comme si les contours s'étaient envolés avec la jeunesse.

Ira-t-elle jusqu'à changer de tête ? Ses amies sont déjà passées par là et elles ont l'air si jeunes et éclatantes maintenant. Elle hésite,

1. Photo reproduite dans Marco Bussagli, *Le Corps. Anatomie et symboles*, Hazan, 2006.

dit ne pas savoir, se fait rabrouer par son mari qui trouve que « c'est ridicule » et qu'elle « n'ira pas plus vite pour faire ses courses » puisque son corps gardera les traces des ans. Mots qui tuent.

Pour beaucoup, la réponse à la question : « Est-ce que je dois changer ma tête, mon corps ? » est marquée par l'hésitation. Elle est là, au cœur de ces propositions alléchantes, comme si la bataille corps charnel/corps psychique était engagée. La *raison* tente de ralentir le *désir*, comme quand, encore enfant, le corps ne cessait de vouloir aller du côté de la réalisation des désirs. *Raison* et *désir*, ces deux-là se connaissent bien, il y a si longtemps qu'ils croisent le fer, cherchant à récupérer le Sujet quand il est confronté au doute, son ennemi numéro un.

Autrefois, la libido et ses manifestations faisaient entendre à l'enfant deux petites voix intérieures. L'une disait : « Vas-y, fais ce qu'il te plaît », pendant que l'autre, arc-boutée sur un corps aux prises avec ses pulsions, commandait de se calmer et de résister.

Ainsi était, est, sera la vie psychique quand, encore soumis à l'expression brute de la libido, le corps se sent tiraillé. La voix parentale, dite Surmoi, qui intervient pour interdire, poser les règles, la loi qui conduit à la raison, vient faire son travail, son *sale boulot* de contrôle qui permet à l'homme de devenir socialisé en canalisant ses désirs.

Ne vivre que sous l'impulsion de ses pulsions conduit à des impasses mortifères, à des espaces sans limites où tout peut se réaliser, plongeant l'humanité dans le chaos. C'est le rôle des barrières au désir que de maintenir l'homme en la raison. Tout ne peut pas se réaliser, et l'homme convaincu devient un être de langage, de pensée, qui ne passe pas à l'acte sous l'effet du désir mais qui pose des actes sous l'effet de la raison.

Toutefois, vouloir être jeune et beau, est-ce véritablement grave en soi ? Qui peut affirmer aujourd'hui, pour revenir à Freud, qu'il n'aurait pas corrigé sur son corps vieillissant ici une ride, là un muscle, ou bien qu'il n'aurait pas choisi un nez plus adapté aux courbes de son visage ? Rien n'est formulable à ce sujet. Celui qui est à l'origine de la découverte de l'inconscient, tournant décisif dans notre regard sur l'homme, était aussi un être humain, et, à ce titre, il n'était pas à une contradiction près.

Mais vivons avec notre époque et obligeons notre pensée à penser avec ces nouvelles techniques, sans tenter de les enlaidir, elles qui ne font que rechercher du beau, elles qui sont nées des gestes précis, habiles et réparateurs de ces médecins magiciens, à qui l'on peut confier une peau flasque pour qu'ils la transforment en peau lisse. Pour cela, le corps, habitacle charnel, est endormi et soumis aux caprices de l'âme de son propriétaire. Vengeance après des années de cohabitation pendant lesquelles ce corps ne plaisait pas à celui qui l'habitait, ou simple besoin de recharger un narcissisme en baisse ?

Nouvelle peau, nouveau corps... nouveau Sujet ? Telle est la question. Est-ce que, lorsqu'on tire la peau, on remonte le temps ? La formule « avoir l'âge de ses artères » n'est-elle plus d'actualité ? Surtout, est-ce que, lorsque la peau de chair est restaurée, la peau psychique l'est aussi ? Est-ce que les enveloppes, images de notre Moi, se sentent par là même rajeunies ? Est-ce que le corps de l'éprouvé est capable de transmettre les émotions, les affects, sans se sentir à l'étroit dans sa propre peau tout étirée ? Est-ce que le narcissisme restauré demeure, ou bien l'effet n'est-il qu'éphémère, durant le temps d'un témoignage à la télévision ?

Le plus intéressant, semble-t-il, est de constater que ce sont les médecins qui agissent sur la chair alors qu'au fond c'est le corps-image, celui de la psyché, qui est atteint. Le corps est sain, et d'ailleurs il s'agit bien d'esthétique et non de réparation. Un corps sain va donc être retouché pour permettre à la psyché perdue de se retrouver. Mais prenons-nous le temps de comprendre ce qui, chez l'individu concerné, le conduit à *se sentir* vieux, à *s'imaginer* laid ? Le sentiment de soi qui appartient à ce corps que nous suivons depuis le début du livre est en effet en perdition. Qu'il demande une nouvelle image capable de le préserver des changements est une chose, mais comment vit-il, derrière ce visage de jeunesse, la réalité de ses années ? Quel est son rapport aux autres ? Comment ses humeurs s'adaptent-elles au temps qui, lui, ne s'arrête pas et qui voit les enfants devenir grands, jeunes, beaux pour de vrai ? Comment assiste-t-il à la naissance des petits-enfants qui crient « mamie », « papi » à la face du monde ?

Nous craignons le leurre et, avec lui, une douleur sourde qui ne se voit pas mais qui peut à tout moment exploser. L'image est si capricieuse et si dépendante de notre époque, de notre culture, pleine d'idéaux fabriqués et de normes esthétiques discutables. Celles-ci posent la question de la liberté de l'homme dans ses propres choix esthétiques. Qu'est-ce qui anime réellement celui qui pratique le rajeunissement de sa chair ?

En même temps, nous ne voudrions pas retourner un siècle en arrière, quand le corps déformé ou monstrueux était source de profit. Les frères Giacomo et Giovanni[1] en savaient quelque chose, « enfants phénomènes » rattachés par le tronc mais possédant deux têtes, quatre bras, et deux jambes. Leur père en avait fait des bêtes de foire et les exhibait dans des spectacles de rue dans les années 1880.

Sort identique pour John Merrick, né avec une bouche monstrueuse qui lui valut sa réputation d'« homme-éléphant ». Le médecin chirurgien Frédérick Trêves le découvrit pour la première fois dans une exhibition publique et finit par l'accueillir dans son hôpital, lui offrant une fin parmi les humains.

---

1. Voir Alain Corbin, Jean-Jacques Courtine, Georges Vigarello (dir.), *Histoire du corps*, vol. 3, *op. cit.*

Dans le registre de l'exploitation des monstruosités des corps, Taylor Barnum est sans doute celui qui a été le plus loin. Son musée des curiosités, situé en plein cœur de Manhattan, a reçu en vingt-cinq ans plus de 40 millions de visiteurs, fournissant un témoignage direct de notre voyeurisme de masse[1].

Les curiosités humaines et les misères anatomiques ont ainsi longtemps été transformées en objets de commerce et de divertissement. Il fallut attendre 1930 pour que cesse la commercialisation des cartes postales représentant de telles monstruosités et pour qu'enfin l'on comprenne que leur exhibition n'était pas banale mais choquante.

1930 n'est pas une année sans importance pour le corps réparé. C'est alors que le combat des gueules cassées pour la reconstruction de tous ceux qui avaient perdu visage humain pendant la guerre 14-18 est en pleine extension. Les gueules cassées se sont engagées pour que la médecine devienne réparatrice, associant ainsi les soins du corps aux soins de l'âme. Car, en reprenant figure humaine, en reconstituant leur peau de chair, les anciens combattants ont retrouvé leur âme, leur corps psychique et leur désir de vivre. L'histoire montre qu'ils ont fait des miracles.

Aujourd'hui encore les miracles se produisent. C'est ce qui est arrivé à cette jeune femme, agressée par son chien qui lui avait dévoré une partie du visage, la laissant monstrueuse et handicapée dans tous les aspects de sa vie. D'ailleurs, de vie elle n'avait plus. Elle n'était qu'une plaie béante, saignante et souffrante.

Les médecins chirurgiens ont agi avec un savoir-faire unique et se sont montrés époustouflants d'assurance, greffant sur le visage meurtri de cette femme un bout du visage d'une autre. Le résultat nous a été présenté sur papier glacé et sous la forme d'images télévisées qui nous ont laissés médusés. Ainsi, on peut avoir une

1. *Ibid.*

autre tête si on le veut ? Comment penser sur l'impensable ? Comment suivre ces exploits et les comprendre sans se projeter dans un monde où la science-fiction régnerait en maître ? Le rapport de la médecine au corps est là à la porte de l'irréel.

Reste à s'assurer que l'autre part du vivant, le corps psychique, survit, elle, à ces transformations.

La greffe n'est pas qu'une affaire d'adoption réciproque de morceaux de corps ; elle repose à jamais sur la capacité de l'homme à intérioriser, à prendre en lui une part de soi qui n'est pas à soi. Le processus devient alors psychique. Il s'agit pour le Sujet de réussir le processus du *comme si*. C'est *comme si* l'organe était le sien. Ce n'est pas sa chair mais cela pourrait l'être. C'est la capacité à transcender le biologique, à dépasser l'objet chair pour en faire un objet de vie pour soi. Si cette transformation s'accomplit avec succès, alors les risques de rejet physiologique seront dépassés et le nouveau morceau de corps prendra sa place en le corps de l'opéré.

Une fois de plus, autour de ces techniques très sophistiquées, un diagnostic psychique ne serait pas superflu. Certains médecins indiquent qu'ils assurent souvent eux-mêmes l'accompagnement psychologique. Nous n'en doutons pas et nous les y encourageons. Mais le soin psychique est tout autre, et une négligence dans ce domaine peut entraîner de graves complications. On ne saurait réduire la psyché à un seul rapport humain conscientisé. Derrière l'image réparée, ou qui va l'être, existe l'image psychique du Sujet qui, dans sa composition virtuelle, est à prendre en compte. Cette image-là ne s'opère pas, mais elle s'écoute. Sous la peau refaite, la peau de l'âme, fragile et solide à la fois, est à conquérir, à rassurer, à entendre dans ses doutes. Elle est un partenaire de la vie dont il faut toujours tenir compte dans ces moments de transformation.

Derrière le désir de chacun de posséder un corps conforme à son idéal se profile l'idée qu'un corps beau renferme une personnalité équilibrée. À partir de là, le Sujet s'emballe et, avide de paraître, il tente par tous les moyens de dompter son corps. Les adultes ont des comportements addictifs pour soumettre leur corps à l'épreuve du beau : ils consomment de l'esthétique, achètent du sport, contrôlent leur poids, s'enfermant toujours davantage dans des exigences obsédantes. Prisonniers de leur corps qu'ils veulent parfait, ils ne font que traduire leur peur de vieillir, leur peur de la mort, leur quête d'éternité et la maîtrise d'une âme qu'ils comptent bien exploiter. Ils sont assoiffés d'une image inaccessible puisqu'elle appartient à l'idéal qui lui n'est pas réel, seulement fantasmatique.

Si être beau, c'est ressembler à son voisin, être identique à une figure fabriquée, alors le clonage esthétique nous guette et avec lui la perte du singulier.

Un monde d'identiques, un monde où régnerait l'uniformité esthétique corporelle, voilà de quoi faire naître l'angoisse. « L'uniforme est comme la nudité. Il confond. Il confond des êtres dont il abolit le passé, il confond la langue, qu'il réduit en même temps que la pensée, l'expression, l'esprit[1]. » Nous craignons dans la ressemblance cette confusion qui réduirait l'homme à une *peau-uniforme* privée d'expression, et au-delà privée d'histoire. Un monde sans génération, sans passé. Nous voulons résister à l'idée que l'intégration sociale repose sur le beau et que ceux qui ne consomment pas ce marché-là doivent être en marge, exclus ou supprimés, devenant des traîtres qui refusent le paraître.

Nous craignons que l'image fabriquée ne perturbe le Sujet en lui collant une peau dans laquelle il se perd. Pourra-t-il encore la sentir et la ressentir ? Est-ce que sa chair transformée permettra l'accès au bien-être recherché, que le corps bavard exprime dans ses propres courbes ? Y a-t-il encore des courbes dans le corps tendu ?

1. Francis Hofstein, *L'Amour du corps, op. cit.*

Un être humain ne peut être beau que s'il peut éprouver sa propre beauté, dans un corps qui lui appartient et qui est animé par lui-même. Il s'agit bien sûr de l'estime de soi, et elle ne peut pas être extérieure à la personne. Comment s'assurer que le corps et l'esprit continuent ensemble le chemin de la vie ? Le mécanisme narcissique, dans son aspect originaire et primaire, naît dans la chair éprouvée, dans le partage des regards qui se succèdent et disent à l'enfant qu'il est un Sujet. Par la suite, l'enfant intériorise ces regards, les porte en lui, et ils l'accompagnent dans ses expériences. Il en est habité et peut alors avancer, découvrir, aimer, partager. S'estimer, c'est se savoir aimable, parce que cela nous a été signifié et que c'est inscrit en notre chair, celle-là même que l'homme insatisfait voudrait modeler. Chacun porte ainsi en lui une part de soi et une part que le regard de l'autre projette.

Chacun construit *son* beau. En la matière, comment trouver grâce à ses propres yeux ? Est-ce que c'est une démarche qui s'appuie sur le physique ou sur le psychique ? Se sentir beau pour avoir une bonne santé mentale est certes utile. Mais la beauté parle au corps alors que le bien-être parle au psychisme. Ces deux-là font toutefois la paire et ils doivent se satisfaire. Quel dilemme…

« La satisfaction est à double tranchant. Elle est nécessaire à la survie du corps, elle est agréable et utile à l'intelligence, mais elle est une fin. Elle éteint. Physiquement et psychiquement, l'homme souhaite l'homéostasie. La santé, autrement dit cet état normal qui désigne à la fois l'état habituel des organes et leur état idéal, celle qui laisse l'homme en paix, celle que Canguilhem nomme *l'innocence organique*, mais qui doit être perdue, comme toute innocence, pour qu'une connaissance soit possible[1]. »

1. Francis Hofstein, *L'Amour du corps, op. cit.*

Construire son beau en vue de se connaître soi-même, voilà un projet auquel ne songe pas l'enfant boudeuse qui déambule dans ce musée parisien. Elle boude. Parce qu'elle s'ennuie mais aussi parce qu'elle grandit et qu'elle n'aime pas ce corps qui la trahit. Il ne *ressemble à rien*, et quand elle ouvre ses magazines, réservés aux 11-16 ans, ou ceux de sa mère, elle voit bien qu'il y a un problème. Et il est conséquent. Elle n'a pas la taille prévue, ni la couleur d'yeux, ni la couleur de cheveux, sans compter qu'elle ne possède pas la moitié de la garde-robe recommandée pour avoir le *total look*.

L'humeur maussade, elle se promène avec un air sérieux entre les tableaux qui ne l'inspirent pas. Quelle idée ont eue ses parents de l'emmener dans ce lieu prétendument superbe mais qui en définitive ne renferme que quelques pièces à ses yeux sans grand intérêt ! Comme quoi, se dit-elle en son for intérieur, la question du beau, c'est plutôt *perso*. Et elle repense à la discussion qu'elle a eue récemment avec sa mère au sujet justement des looks que l'on voit dans les magazines. Car sa mère lui jure qu'elle est belle et qu'elle n'a *rien à envier à personne*. Cette parole l'exaspère en général : « C'est normal que tu dises ça, t'es ma mère ! » argumente-t-elle, tout en se comparant aux filles sur papier glacé, « plus grandes », « plus jolies », « plus fines ». Ces filles *plus* pourrissent sa vie et par ricochet celle de sa famille, en butte à ses jérémiades.

Perdue dans ses pensées, elle finit par s'appuyer contre un coin de mur. Un gardien bougon la surveille, prêt à bondir si elle frôle le précieux tableau à côté d'elle. Mais l'enfant n'a pas l'intention de le toucher, ni même de le regarder. Tout est laid. Elle ne comprend pas les adultes enthousiasmés et elle attend avec impatience le sandwich promis à la cafétéria, seule pièce vivante du musée. Et puis le fameux Picasso, il s'est pas *cassé* pour plaire aux enfants.

La tête penchée, le corps de profil, elle se tient à l'entrée de la salle, attendant la fin de son supplice.

Ce qu'elle ne voit pas, l'enfant, c'est la stupéfaction des visiteurs pénétrant dans cette pièce, accueillis par un visage en chair et en os, le sien, qui semble être la réplique du tableau qui se trouve face à eux. Le dessin représente une femme, Françoise, la dernière compagne de Picasso. Il renvoie un visage ovale impeccable, au nez droit et prononcé. L'enfant, presque une adolescente, fait revivre par sa ressemblance cette femme considérée comme belle à l'époque mais dans laquelle les toutes jeunes filles d'aujourd'hui ne peuvent se reconnaître.

Les yeux ébahis des visiteurs participent à la grâce de cette scène de double tableau, constitué par une superposition de visages, l'un réel, l'autre sur papier.

Ainsi est la beauté, volage, singulière, personnelle, excessive, surprenante, inattendue, faite de son propre regard associé au regard des autres. Parfois, sans complexes, elle s'exhibe ; d'autres fois au contraire, pudique, elle se cache. On la croit riche de tous les bons vœux des bonnes fées, or elle masque elle aussi des souffrances insoupçonnées. Marilyn Monroe en est morte, et elle n'est pas la seule sur la liste des beautés qui ont choisi de se supprimer. La beauté peut isoler si elle devient un objet de convoitise, transformant celui qui l'arbore en objet à posséder. Elle contient des excès et des risques. Les beautés peuvent être fatales et il existe des regards qui les pénètrent au lieu de les porter, les projetant dans des pulsions mortifères parfois fatales à leur tour.

Nous voilà de retour sur le terrain du regard maternel, avec ses excès et ses dérives. Bébé transpercé égale bébé exposé, annulé et plongé dans un statut d'objet de jouissance. Un bébé porté par le regard vaut un bébé équilibré, narcissisé, Sujet de son corps et libre d'en jouir.

Ainsi, la beauté, au lieu d'être un élixir, est un poison qui atteint parfois le Sujet directement au cœur. D'ailleurs, il peut en mourir, comme toutes ces belles privées du repos de l'âme, celui qui équilibre pulsion de vie et pulsion de mort. Prises dans la libido criarde des regards permanents, elles passent de vie à trépas, fusillées par les *balles-regards*.

Est-ce cela que les mendiantes de beauté réclament des hommes aux mains d'or ? Ou bien sont-elles des écervelées, collant aux critiques que font aux femmes les hommes qui les convoitent ? Car les hommes aiment sûrement ces distraites pour être si souvent happés dans le filet de leurs charmes.

D'ailleurs, ont-elles ainsi besoin de geler le temps des ans pour plaire encore et encore ? Ne possèdent-elles pas en commun un bagage de séduction, hors ces projets de sculpture de leur chair ?

Nos propos, révélateurs de notre époque, inachevés pour rester en questionnement, témoignent de notre crainte que les beautés au bistouri ne deviennent des prisonnières de leur corps-image, fabriqué et non pas vécu. La différence ne risque-t-elle pas de laisser la beauté à l'extérieur du corps de la femme, puisque, non convoqué dans ce projet d'être belle, le corps bavard peut s'en trouver vexé et décider de ne rien exprimer ?

Ce serait alors une bien sévère punition que de se retrouver avec un visage ou un corps vivant qui ne saurait pas vivre sa beauté.

La justice à bras-le-corps : l'affaire d'Outreau sous le filtre du corps bavard

« Les enfants ont menti ! » entendons-nous de toute part à propos de cette affaire qui est venue heurter de plein fouet l'opinion publique. Une affaire de pédophilie dite de grande ampleur, dans laquelle de nombreux adultes ont été arrêtés à la suite des accusations des enfants. Ces derniers, tous très jeunes, pour certains à peine en âge de parler, ont été écoutés, auditionnés, enregistrés, expertisés. On en a conclu qu'ils disaient la vérité et que tous ces adultes leur avaient fait du mal – pis, qu'ils avait commis des actes criminels envers eux.

Après l'effroi suscité par les sévices subis, les démentis ont couru les médias, et c'est la colère qui a pris la place des regards compassionnels.

Je n'aborderai pas cette affaire éminemment grave du point de vue des adultes innocents qui ont vu leur vie basculer, car sur ce sujet tout a été dit, et justement dit. Ils vont être indemnisés mais nous savons tous que le psychisme meurtri se remet difficilement des traumatismes. Nous avons été collectivement émus de les savoir aux prises avec des cauchemars qui vont avoir la vie dure, et nous nous sommes identifiés en masse à l'horreur de ce qu'ils ont traversé. Nous n'oublions pas non plus que, pour certains, la mort est apparue comme la seule issue possible.

Mon objectif est de donner la parole au corps bavard et de procéder au décryptage de ce que ces corps d'enfant ont subi et exprimé sans un mot, au point que nous n'avons pas pu prendre le temps d'entendre au-delà des mots prononcés.

Car les enfants en question ont été abusés, violés. Ils n'ont donc pas menti, et nous devrions réfréner nos mots accusateurs. Nous avons le devoir de nous projeter dans leur futur pour imaginer comment ils vont, à leur tour, supporter de recevoir du monde des adultes de tels propos quand ils seront en âge de les lire, si ce n'est pas déjà le cas.

Comment en effet un enfant peut-il se remettre psychiquement et devenir un adulte serein après avoir été 1) violé dans son corps *pour de vrai* et 2) accusé dans sa respectabilité et sa dignité ? Nous devons prendre garde à ce que les enfants ne voient pas les adultes comme des personnes aux gestes qui pénètrent et aux mots qui tuent. Cette confusion aurait un effet délétère sur leur future santé psychique d'adultes, déjà bien secouée aujourd'hui.

Nous sommes ici en présence d'enfants qui ont été abusés. Leur corps en est marqué, leur psychisme aussi. Quand ils parlent, ils le font à partir d'un corps éprouvé, maltraité, fragilisé et donc porteur de toutes ces défaillances. Leur parole émerge avec ce soubassement d'expériences enfants/adultes perverties.

On ne grandit pas de la même façon quand on a été un enfant prisonnier du désir parental et quand on a été un enfant Sujet, choyé et respecté. On ne met pas en scène sa pensée de la même façon. Chez ceux qui ont été maltraités sexuellement, le regard sur le monde est filtré par des canaux relationnels on ne peut plus complexes. Ces enfants sont avant tout des êtres qui ont construit des stratégies pour survivre, et dans celles-là la raison n'est pas convoquée. Une fois de plus, la pulsion vitale n'attend pas et tout est bon à prendre pour exister, se sentir vivant, attraper la vie quand elle s'enfuit. Ces enfants sont des miraculés, et dans le miracle tout n'est pas bon.

Les enfants dont nous parlons sont habités par leurs expériences de *corps-jouet*, victimes des mains de *parents infantiles* frustes, eux-mêmes visiblement bien peu attentifs au soin de leur corps. Ces parents portent le titre de parents comme on porte un costume qui n'est pas à sa taille. Ils ont été nommés ainsi au regard de la loi mais à aucun moment ils n'ont accédé au statut de parents. Il ne suffit pas d'avoir un enfant pour pouvoir fonctionner dans une parentalité accomplie. D'ailleurs, ont-ils seulement été enfants eux-mêmes ? Nous ne pouvons qu'en douter quand nos yeux se posent sur leurs corps sans forme, que nous avons pour habitude dans notre profession d'appeler *corps-sacs*, exhibés sur nos petits écrans. Corps qui tels des sacs contiennent pêle-mêle tout et n'importe quoi. Pour ces individus, pulsions, désirs, besoins s'entremêlent, ce qui rend leurs actes porteurs d'archaïsmes jamais contrôlés. L'enfant-objet a été privé de son enfance et les effets délétères sont apparus sur un mode bien inattendu.

Le doigt des enfants a pointé des adultes au hasard. Il les a *reconnus*. Parole accusatrice, grave, certes, mais qui leur a soudainement offert puissance et reconnaissance. Nous devons garder en tête que, dans la logique psychique, les effets secondaires sont une force vive. Si accuser revient à exister, à se sentir vivre, le choix est inéluctable et viendra affirmer le Sujet.

Car, dans cette affaire tout de suite médiatique, l'enfant qui accuse est un enfant qui existe. On parle de lui, on le reconnaît, et surtout on prend soin de lui. Les bras réconfortants d'adultes compatissants l'entourent, mêlant compassion et sentiment d'être. Dans cette reconnaissance soudaine et excessive, l'enfant éprouve enfin sa propre naissance de Sujet. Sa parole énoncée a prise sur la réalité. Cela ne lui était jamais arrivé. Il est une personne et *cela s'entend, puisqu'il est entendu.*

Nous avons tenté de montrer que la naissance n'est pas que l'arrivée d'un corps charnel dans un monde aérien et qu'il faut pour naître à la vie bien plus qu'un système organique respirant, s'alimentant, dormant. Il faut, au-delà, le regard parental et social qui vient reconnaître l'enfant dans sa valeur humaine. Celle-ci est perdue ou jamais acquise quand l'enfant est vu et traité comme un objet. Nous le savons tous, mais le réalisons-nous dans ce type d'affaire ? Un enfant maltraité, abusé, acheté, vendu, n'est pas un enfant. Il est une marchandise, un objet de plaisir, et il ne reçoit pas en sa chair le qualificatif *d'humain*. Privé de cet essentiel, il survit. Il n'est rien, ne ressent rien, ne dit rien.

Alors l'accusation entendue, répétée, est arrivée comme un mirage, une hallucination, puis une réalité. La parole accusatrice entendue et rendant agissants les adultes était tel un bras vengeur et consolateur. Triste dénouement de ce sentiment perverti par une émotion jusque-là inconnue mais tellement désirée. Car, n'en doutons pas, les enfants ont pris dans cette parodie un plaisir intense que leur corps a enregistré. Plaisir pervers qui échappe à la conscience du Sujet, qui lui ne l'est pas.

Dans l'affaire des enfants d'Outreau, le corps réel a été malmené, détourné de ses besoins propres au nom du plaisir d'adultes perturbés. Les enfants ont subi des relations précoces jalonnées d'abus, d'excès, d'excitation, de non-respect, d'absence d'intimité, de non-réponse à leurs besoins. Ils ont vécu dans un regard parental trop séducteur qui laissait libre cours à des gestes, à des paroles, à des fantasmes ne faisant pas fonction de pare-excitations. Ils ont été pénétrés par des regards annonciateurs de leur perte. Nous savons que les défaillances du pare-excitations maternel ont des effets délétères sur les enfants, qui deviennent psychiquement fragiles. On ne dira jamais assez que soigner maternellement ou paternellement un enfant, être séduit par lui, n'est pas sans interdits. Même avec un nourrisson. « Car, dans l'inconscient, nous savons combien violente et dangereuse est la mère quand rien ne la limite[1]. »

Dans des affaires aussi graves que celle-ci, nous devons réhabiliter ce que les corps des enfants viennent nous dire de ce qu'ils ont vécu. Leurs corps sont des *parlants* fidèles qu'il nous faut apprendre à écouter. Et c'est à partir d'eux que nous pourrions repenser l'accueil et les temps de parole des enfants dans des affaires de maltraitances et d'abus.

Commençons par redonner toute sa place au temps et tentons d'obtenir de la part de la justice cet espace nécessaire pour écouter non pas les mots des enfants mais leur corps. Un enfant ne s'auditionne pas. Un enfant n'a pas la maturité des mots et ses signifiants ne sont pas nos signifiants. Pour éviter les erreurs et

1. Michel Schneider, *Big Mother, op. cit.*

s'efforcer d'être au plus près de la vérité, mieux vaut aller les entendre là où ils parlent le mieux, au niveau de leur corps.

La question fondamentale d'un point de vue psychique est : *qui parle à qui ?* C'est-à-dire : quel est l'enfant libidinal qui nous parle, à partir de quelle expérience, et par qui veut-il être entendu ? Il s'agit de l'écouter de là où il parle, de s'appliquer à une exploration physique de son corps dans son expression psychique, sans attendre toutes les révélations clés de l'examen gynécologique. C'est une approche du corps signifiant, avec l'accord de l'enfant qui est acteur de ce qu'il dépose.

Nous ne devons pas voler des informations mais nous imprégner du développement de l'enfant, le reconnaître dans ce qu'il a construit de l'autre, du monde, des siens. Comprendre comment l'extérieur et l'intérieur sont actifs chez lui. Qu'est-ce qui lui est étranger et qu'est-ce qui lui est familier ? Comment son corps reçoit-il le regard, les gestes, les mots, la tendresse, l'amour, les soins ? Comment lui manifeste-t-on le respect de son intimité ? Comment joue-t-il ? Comment est-il psychiquement lorsqu'il est séparé de son parent ?

« La pensée vraie requiert la possession du langage, avec ses mots pour dire les images et les affects, avec ses énonciations réflexives ou réfléchies. Penser vrai, c'est se pencher soi-même dans sa ressemblance et sa différence à l'autre[1]. »

Ces phrases de Didier Anzieu soulignent l'importance, dans l'accueil de l'enfant, du *recueil de sa pensée* en tant que parole propre. Car un enfant abusé appartient à son parent et ne se différencie pas de lui. Ses enveloppes psychiques peu efficaces dans leurs fonctions respectives ne lui permettent pas de distinguer précisément ce qui vient du dehors et ce qui vient du dedans. La réalité est confondue avec l'éprouvé. Pour l'enfant, une pénétration peut

1. Didier Anzieu, *Les Enveloppes psychiques, op. cit.*

être celle de son corps interne, corps psychique et pas toujours corps physique. Pour nous, les spécialistes de la psyché, ces atteintes sont graves, mais elles ne rentrent pas dans la logique judiciaire.

Les effractions du corps psychique sont pourtant l'objet d'une littérature abondante, et nous regrettons que ces préoccupations ne soient pas relayées dans les milieux de la protection de l'enfance et auprès des experts dont le métier est d'écouter les très jeunes enfants. Didier Anzieu évoque les différents contacts tactiles que peut recevoir un jeune enfant et les effets qu'ils ont sur lui. Alain Bouregba parle des héritages mnésiques des soins maternels insensibles aux manifestations spontanées du nourrisson[1].

Il est intéressant, dans le cadre du recueil de la pensée de l'enfant, de lui créer un espace d'expression hors les mots. Il doit savoir qu'il n'est pas obligé de parler. Qu'il peut aussi nous dire des choses en se taisant. Et, surtout, dire des choses qui n'ont rien à voir avec le viol ou l'abus. Un enfant qui se raconte nous dessine de quoi sa vie a été faite, comment les acteurs familiaux ont pris place et quelle place, justement, ils ont occupée. On en apprend beaucoup plus sur un enfant potentiellement abusé en s'attardant sur ses centres d'intérêt, ses amitiés, ses jeux, ses goûts qu'en voulant lui faire dire ce que les mots lui refusent.

Notre approche doit aussi prendre en compte le lien de l'enfant à ses parents dans leur dimension fantasmatique, imaginaire et réelle. Par exemple, dans l'affaire évoquée, nous sommes confrontés à des enfants qui ont repris à leur compte la parole maternelle accusatrice. C'est-à-dire que, même si la mère n'a pas dénoncé tous les adultes mis en cause, elle a été l'initiatrice des accusations. La reprise de celles-ci par les enfants pouvait être réelle,

---

1. Travaux repris et détaillés par José Morel Cinq-Mars, *Quand la pudeur prend corps, op. cit.*

mais elle pouvait tout aussi bien appartenir à un fonctionnement psychique dans lequel les enfants demeuraient objets de leur mère. Ils se soumettaient à ses désirs, ceux d'un corps possédé ou d'une parole manipulée. Ces enfants ont mis en lumière à quel point ils étaient peu autonomes psychiquement et surtout troublés dans leur développement. En répétant ou en initiant des accusations, ils n'ont fait que poursuivre une logique psychique.

Les mots qui *collent* sont les signes d'une absence d'espace de pensée libérée. Dire pareil peut parfois être vital ou salvateur. C'était visiblement le cas au regard du dénouement de cette affaire.

Toutefois, nous pouvons aussi voir en chacun des enfants une Katie qui sommeille[1]. Souvenons-nous comment cette héroïne de James Garner abusée par son père est devenue pyromane, tuant tout sur son passage. Les mots accusateurs des enfants d'Outreau peuvent aussi être tels des doigts pointant le coupable, cherchant à tuer chaque abuseur potentiel que contient un corps d'adulte.

Nous n'avons pas rencontré ces enfants et nous ne savons donc rien de leur psychisme, mais ce que nous savons, c'est que les enfants parlent leur corps comme nous parlons les mots. La communication est au centre de l'objet visé. Que nous ont-ils dit dans ces comportements impulsifs qui semblaient habités par une rage d'accuser ? La rage d'un corps mutilé, violé par l'adulte qui a voulu le réduire à une simple fonction : jouir.

Pour avoir travaillé pendant dix ans dans une consultation qui a été baptisée du jour au lendemain « consultation spécialisée dans l'accueil des enfants victimes d'abus sexuels », je peux témoigner de la difficulté de cet exercice, perturbant psychiquement pour les accueillants. En tant que professionnels, nous sommes aussi parents, et cette image est malmenée quand nous recevons ces enfants.

---

1. Voir *supra*, p. 173.

Autre problème : apprécier la véracité des dires de l'enfant est extrêmement acrobatique, et cela demande un temps qui ne nous est pas accordé. Sans compter qu'un adulte dans cette fonction est civilement responsable de ses erreurs, l'institution se retranchant derrière son irresponsabilité. Même le secret médical est levé de fait quand un enfant est en danger.

J'ai gardé un souvenir cuisant des menaces de poursuites proférées par un juge me reprochant de ne pas m'être rendue à l'une de ses convocations pour déposer comme témoin dans une affaire d'abus sexuel sur un enfant. J'eus beau lui expliquer que la convocation avait été envoyée sur mon lieu de travail alors que j'étais en vacances, il n'a rien voulu entendre. Quant à l'argument que j'avançai selon lequel j'avais reçu l'enfant dans une consultation en tant que *salariée* et non en tant que *témoin*, il n'a fait qu'aggraver son mécontentement.

Dans cette tâche complexe, la bonne volonté et les qualités professionnelles ne suffisent pas. Il faut beaucoup plus pour être fort face à la faiblesse des hommes. Il faut être plusieurs, solidaires, modestes, pertinents, réflexifs, et surtout ne jamais se précipiter, gardant en tête que le corps est bavard et qu'il va nous révéler le mystère de sa vie à condition que nous acceptions de nous plier à sa temporalité.

Vivre le temps du corps, c'est partager des éprouvés, les intérioriser, les métaboliser pour les entendre en tant que langage de l'intime.

Parmi tous les enfants rencontrés, je me souviens de cette petite fille de 11 ans que je reçois quelques jours après son arrivée dans notre service. Elle a subi une intervention chirurgicale à la suite du viol dont elle a été victime.

Cette enfant au visage fin, au corps menu de petite fille non pubère, avait été enlevée chez elle en pleine nuit pendant que ses frères et sœurs dormaient. La famille restera meurtrie à tout jamais par cette nuit où on l'a condamnée à porter le poids de la culpabilité. Dormir est devenu un crime. Dormir est devenu une faute.

L'enfant enlevée a été violée dans le jardin familial, puis l'homme s'est enfui. Récidiviste, il terrorisera pendant plusieurs années notre région, enlevant d'autres petites filles endormies. La jouissance et l'excitation étaient pleines et entières quand il parvenait à extraire l'enfant de sa maison, de son sommeil, au nez et à la barbe des siens.

L'enfant violée, traumatisée, est retournée plus tard à l'école. Elle a été accueillie par la haine et l'agressivité des autres enfants. Difficile à comprendre pour nous, adultes, qui aurions aimé qu'elle soit au contraire cajolée, entourée pour oublier son épreuve. Mais les enfants ne pouvaient pas oublier qu'elle était à l'origine de leur propre peur. Une petite fille est venue un jour lui dire : « À cause de toi, tout le monde a peur. On n'a plus le droit de rien faire. » L'enfant a reçu ces mots giflants et a souffert dans son corps d'être non pas l'enfant violée mais *celle par qui le scandale arrive*.

Le viol, c'est aussi cela, un regard qui détruit, des adultes qui ont peur, des enfants qui s'éloignent.

Les années ont passé mais le viol est resté là, au sein de cette famille brisée. L'enfant, devenue jeune fille, vit avec un fantôme qui la poursuit par périodes, riant de sa peur et, sans aucune pitié, lui refusant le repos.

Nous n'avons plus d'informations sur les protagonistes d'Outreau maintenant que l'affaire est passée. Comment vont les enfants ? Comment ont-ils supporté d'être en permanence à la une de l'actualité ? Que vivent-ils dans leur rétractation ? Rien. Plus un mot à leur propos. Ils ont disparu, mais reste l'inquiétude de leur devenir.

Nous sommes là au cœur du problème des abus sexuels, souvent transformés en *affaires*, conduisant à oublier l'enfant dans son être. Tandis que les adultes sont occupés à rechercher des preuves, les enfants disparaissent dans l'anonymat, sans jamais que soient évalués les effets de ce drame sur leur santé psychique à long terme.

L'anonymat est-il salvateur ? Nous l'espérons.

Le corps social face à l'impensable réalité : déni et infanticide

Si le corps est le messager privilégié de l'âme, il arrive parfois que son silence conduise le Sujet dans une histoire impensable, où plus rien n'a de sens. Rares sont les moments où nous pouvons prendre conscience de la force de la psyché et de sa communion avec le *corps-organes*. Rares sont les histoires où nous rencontrons un corps capable de trahir celui qui l'habite, faisant de ces deux-là les pires ennemis.

L'histoire se passe il y a de nombreuses années. J'avais été appelée par le service de néonatalogie qui venait de recevoir un petit garçon que sa mère ne souhaitait pas reconnaître. À l'époque, je travaillais beaucoup sur la mise en place de l'accueil pour les bébés abandonnés à la naissance. Il me semblait indispensable de savoir les accueillir par un bain de mots pour les inscrire dans le monde symbolique de la parole, celle qui parle à l'enfant, celle qu'il ne comprend pas mais qui s'imprègne dans sa chair, lui transmettant pour toujours le partage du vivant. Ce travail, si simple dans son énonciation, a demandé du temps mais aussi une ouverture collective sur ce qu'un enfant reçoit précocement de la vie. Nous nous gargarisons tous aujourd'hui des compétences du bébé, mais construire un accueil *avec* lui et non pas *pour* lui reste complexe. Actuellement encore le travail vacille chaque jour, manquant de s'annuler, parfois du fait de l'orgueil d'un seul qui pense autrement sur les bébés, ou plus simplement parce que l'organisation temporelle de ces services très médicalisés ne laisse pas de place à la parole.

Il est si facile d'oublier un bébé dans ses besoins propres. Non pas oublier de le nourrir, loin de là, mais de le reconnaître dans sa place de Sujet parlant en devenir et dans son aptitude à communiquer. Cet oubli est à mes yeux une entrave à la vie et, malgré ses effets délétères, il passe inaperçu.

Le petit Ulysse est un enfant magnifique. Né à terme, ses mensurations de « bébé de rêve » – 3,4 kilos pour 53 cm – renvoient une image de poupon idéal, digne de figurer dans les magazines pour parents. Il est la coqueluche du service et sa beauté le relie à tous, mères et pères potentiels, fantasmant sur nos capacités de substitution.

Ma visite effectuée, je descends voir sa mère, celle qui ne veut pas le rester, rejetant le lien juridique avec cet enfant, marquant son refus de poursuivre sa vie avec lui. Je ne connais pas cette femme, je ne l'ai pas suivie pendant sa grossesse. J'ai en tête bien d'autres histoires qui, comme celle-ci, se soldent par une impossible rencontre. Il ne s'agit pas d'un manque d'amour de la mère pour l'enfant, mais d'une incapacité à poursuivre une histoire ensemble. Le renoncement à l'enfant vient alors poser clairement le renoncement à une transmission familiale et filiative où l'intime est convoqué.

Je la découvre seule, assise dans son lit, vision troublante d'une jeune femme gracile, très pâle, sans doute entre 25 et 30 ans. Sa blondeur, sa peau blanche, ses membres fluets, son ventre plat, tout m'empêche de faire le lien entre Ulysse, ce bébé dodu, et cette femme, celle qui l'a mis au monde, m'exposant un corps qui n'est pas celui d'une jeune accouchée. Défi ou provocation de la nature ? Je sais depuis maintenant de nombreuses années que cela arrive de ne pas se savoir enceinte, mais malgré cela il est des moments comme celui-ci où il est difficile d'accepter d'y croire sans résistance.

Je reste silencieuse et me sens aux prises avec une pensée vacillante. Je prends de ses nouvelles, m'inquiète de savoir « comment elle se sent », et me risque alors à des questions dont le seul but est de mettre sa pensée en mouvement. Me répondre serait pour elle l'occasion de se formuler des interrogations singulières. Pour l'heure, seul le silence peut parler. Les mots disent si mal la souffrance.

« Vous saviez que vous alliez accoucher ?

— Non.

— Mais vous deviez bien sentir que votre corps n'était pas pareil ?

— Non... J'étais fatiguée mais je suis en pleine période d'examens et je travaille beaucoup.

— Personne ne vous a fait de réflexions ?

— Non. Mes parents, je les vois de temps en temps, et puis je suis séparée de mon ami.

— Il est au courant ?

— Oui, je l'ai appelé, il va venir me voir.

— Et après ?

— Il respecte ma décision.

— Il ne veut pas prendre sa propre décision ? Vous êtes chacun libre de décider pour vous-même face à cet enfant.

— Il dit qu'il ne se sent pas prêt.

— Vous ne pouvez pas rester ainsi sans prendre le temps de comprendre ce qui vous arrive. »

Silence. Puis elle demande :

« Il va comment ?

— Il va bien. Vous pouvez aller le voir quand vous voulez, vous le savez ?

— Oui, mais je ne préfère pas pour le moment. »

Je m'assure qu'elle connaît ses droits, qu'elle a été bien informée et respectée dans son projet. Je nomme le temps à venir, celui de la réflexion et de la nécessaire compréhension de cette part d'elle-même qui a mis au monde un enfant sans en prendre conscience.

Dialogue sobre et ouvert pendant lequel cette jeune femme, si elle ne refuse pas l'échange, démontre son peu de disponibilité psychique dans l'après-naissance. Si elle a une conscience claire de l'acte qu'elle est en train de poser et de ses conséquences, le sens de celui-ci lui échappe. La souffrance qu'il découvre également. Sans doute en prend-elle toute la mesure, puisqu'elle accepte de revenir, mais cette fois en consultation, en vue de construire sa pensée. Elle me prévient : « Ma décision est claire, je ne changerai pas d'avis. » La méfiance est de mise et me paraît légitime au regard de nos désirs collectifs envahissants, nous qui aimons les belles histoires, avec de belles naissances qui font de belles familles.

Il lui faudra du temps pour se comprendre, pour faire le *lien* entre ce *lien* avec l'enfant, qu'elle refuse, et ses *propres liens* aux autres, aux siens, à tous ceux qui l'ont construite et accompagnée dans la vie.

Ce type de situation trahit à mes yeux l'échec cuisant de notre prise en compte de la maternité dans toutes ses manifestations. Une femme enceinte non suivie est soit une femme qui se sait enceinte et se cache, honteuse de son projet de se séparer de l'enfant à la naissance, soit une femme qui ignore qu'elle est enceinte (déni), soit encore une femme qui se sait enceinte tout en refusant de reconnaître cet état et ses effets (dénégation). Celles qui se trouvent dans le dernier cas de figure poursuivent leur vie comme si le temps n'allait pas faire son œuvre. Elles sont d'ailleurs très déstabilisantes en consultation, parlant de ce qu'elles vivent tout en annulant le processus de réalité. La grossesse existe, l'enfant aussi, mais le temps de la naissance n'est pas évocable ni représentable. Il est tout simplement annulé.

Ces femmes qui se cachent traduisent notre forte attente collective face aux mères en devenir. Elles le savent et ne se sentent pas capables d'affronter une image qu'elles portent au plus profond de leurs représentations et que leur état égratigne.

La maternité est porteuse de mythes, d'idéaux qui nous poussent à la définir comme un état merveilleux comblant la femme et lui procurant une plénitude sans faille. Un état sur lequel on pourrait inscrire, comme à côté des tableaux dans les musées : « Ne pas toucher ». Être mère et le devenir serait comme atteindre le firmament. Ce mythe donne à voir une représentation figée de la mère portant l'enfant en elle ou l'accueillant dans ses bras bienveillants. La mère grimaçant à la vue de son enfant, ou plus simplement dubitative, ou encore apeurée, voilà une image qui n'a jamais été proposée, ni par les artistes d'antan ni par nos contemporains. Ce serait plus vrai mais tellement moins joli !

La maternité comme processus complexe peut s'écrire dans les manuels de psychologie, mais une fois de plus on s'arrête à la description intellectuelle d'un état d'être sans aller jusqu'à la pensée mentale qui projette la prévention. *Prendre soin* des mères en plus de les *soigner* devient le leitmotiv de tous mes écrits. Mais ce vœu bien simple reste impensable et souvent encore inentendable.

Impensable, comme ce que vivent les mères qui défaillent, celles qui viennent nous heurter collectivement parce qu'elles abandonnent l'enfant, le tuent, le maltraitent, abusent de lui, l'oublient. Notre société, sourde et aveugle au moment où ces actes maternels « contre nature » se réalisent, retrouve la vue et l'audition quand il s'agit de s'en offusquer. Mais la maternité n'est ni naturelle ni instinctive.

Derrière ces actes inimaginables se jouent des mécanismes psychiques complexes aux ancrages archaïques. Pour mieux les appréhender, quelques mots un peu théoriques sont nécessaires. Ils définissent la maternité comme un *processus* qui se déroule dans le temps et qui naît dans l'histoire du Sujet. *La maternité n'est pas instinctive mais historique.* Elle prend sens dans la construction de l'histoire de l'enfant, dans des repères filiatifs où père et mère occupent des places centrales. Le tournant de cette construction se situe dans la prise de conscience par l'enfant qu'il est un être sexué dans un couple parental lui-même sexué. Ce moment est comme un rite de passage qui bouleverse les projections de l'enfant envers ses parents, le nourrissant de nouveaux enjeux psychiques, alimentant des identifications et des contre-identifications sources d'affects et d'émois, lesquels seront des traces mnésiques que le corps gardera pendant que la psyché oubliera. Voilà comment une histoire psychique qui fait naître un Sujet symbolique se construit dans le plus grand silence, à l'abri des regards, élaborant la part énigmatique des êtres que nous sommes. Nous ne nous souvenons de rien et pourtant nous n'avons rien oublié.

Ainsi, on devient mère avec des mères qui nous ont précédées, porteuses des pères qui les accompagnent et qu'elles ont intériorisés ; avec des mères mythiques et idéales que nous partageons ; avec des croyances que nous défendons farouchement pour ne pas voir nos propres défaillances.

Ce que nous avons du mal à comprendre, c'est que, lorsque le Sujet défaille, ce n'est pas l'être social qui se révèle. Lui ne fait qu'agir. C'est le Sujet *symbolique* qui s'exprime, mettant en lumière une histoire obscure et sans parole qui, lorsqu'elle apparaît, nous agresse et nous empêche de penser. Le Sujet symbolique est celui qui est lié et relié à ceux qui l'ont précédé. D'ailleurs, quand nous entendons parler d'une histoire terrible sous forme de *fait divers*, nous sommes dans un premier temps saisis, privés de pensée, abasourdis. Puis nous nous mettons en colère, laissant exploser notre agressivité, notre violence verbale, pour nous défendre de ce que nous recevons.

C'est ce que provoquent en nous ces femmes qui ne prennent pas conscience de leur grossesse, aux prises avec le *déni* de leur état. Certaines peuvent traverser les neuf mois de la gestation sans qu'aucune manifestation physique apparaisse. Moins extrêmes et plus fréquents sont les cas de femmes qui viennent faire des examens en maternité et à qui l'on annonce une grossesse de 4 ou 5 mois, dont elles n'avaient aucune conscience. De telles situations se produisent dans tous les milieux sociaux, dans tous les contextes familiaux, quel que soit l'âge de la femme et de son conjoint. Un conjoint qui, la plupart du temps, n'a lui-même rien vu, tout comme la famille proche et les amis, donnant au *déni* sa qualité *contagieuse*.

Le déni n'est pas une pathologie psychiatrique et je le définis comme un *trouble grave de la représentation*[1] qui prive la mère d'une pensée sur son enfant. La femme enceinte ne se sait pas enceinte. L'enfant n'existe pas. Son corps, en ne manifestant rien de son état, le trahit, devenant complice d'une psyché qui choisit de faire émerger une part de son histoire, sans un mot. Cruelle manifestation psychique d'une souffrance intime, profonde, refoulée, indicible.

Le corps est-il coupable et la psyché inconsciemment responsable ?

L'enfant va naître sans être attendu. Privé de sa qualité d'être humain en devenir, il meurt *de ne pas être*. La mère, surprise par les douleurs de l'enfantement, tente d'annuler l'acte, de faire taire les bruits de la vie, se défendant de l'intrusion intense de cet événement qu'est la naissance. En annulant la naissance, elle annule l'enfant réel, elle l'empêche d'être afin qu'il reste ce qu'il était, un *non-être*. Mais il est bien né, et le corps de la vie qui n'est plus est là, gisant dans une réalité terrible. L'enfant est mort ; elle ne le voulait pas, lui, pas plus que la mort. Alors elle le conserve, témoin d'un acte qui un jour se révélera. Certaines femmes gardent l'enfant dans le congélateur,

1. Sophie Marinopoulos, *Dans l'intime des mères, op. cit.*

provoquant notre effroi. Garder la « vie morte » pour garder l'existence de l'acte ? Garder près de soi le témoin de sa souffrance si prête à se dire et encore incapable de parler, seulement de se laisser mettre au jour plus tard, quand un autre que soi fera la macabre découverte.

C'est ce que les médias ont rendu public en évoquant l'histoire d'un couple au-dessus de tout soupçon, M. et Mme Courjault, histoire devenue au fil des jours *l'affaire Courjault*. Au départ, un homme et une femme avec deux enfants. Une famille. Lui cadre supérieur travaillant comme expatrié en Corée du Sud ; elle mère au foyer, aimante, appréciée par ses proches, reconnue pour ses aptitudes maternelles et ses qualités humaines. Tout vacille quand un jour le mari, seul à la maison, découvre dans un congélateur les corps de deux bébés. (On apprendra plus tard qu'un autre enfant était né et avait été brûlé.) Sous le choc, il appelle la police. Une enquête est ouverte qui conclura que les bébés sont bien génétiquement les enfants du couple. Madame s'offusque, nie les faits pour plus tard finir par les reconnaître. Son visage exposé dans les médias me frappe. Elle n'est pas triste ou fermée mais absente, dans un gel d'affect qui fige ses traits et en dit long sur cette part affective et émotionnelle d'elle-même. C'est un visage énigmatique qui ne laisse aucune possibilité de décoder l'état psychique de la personne. Un visage que j'ai déjà vu maintes fois dans des situations similaires, comme si le sujet, pour se protéger, se rendait inaccessible aux autres et à lui-même. Il est privé de ses sens, de ses émotions. C'est le signe évident d'une souffrance sourde, lointaine et qui n'a pas droit de cité, d'un état ancien, bien antérieur aux événements. Vivre une grossesse cachée ou ne pas en prendre conscience relève toujours d'une histoire singulière, psychique, où l'inconscient agit là où il n'a pas pu s'exprimer.

Le mari, lui, présente un visage de souffrance qui donne accès au choc qu'il vit, à sa sidération ; nous pouvons lire et qualifier ses émotions. Ces deux visages très différents, traversés par une douleur aiguë, sont des signifiants que leurs corps nous confient.

Nous ne pouvons rien dire de ce que sont ou ont été les Courjault. Nous ne les connaissons pas et seuls les spécialistes de la psyché qui auront pour tâche de les expertiser – et pour d'autres de les suivre – pourront nous transmettre des éléments de compréhension lors du procès.

Aujourd'hui, c'est une histoire terrible, terrifiante, pleine de non-sens pour notre esprit rationnel. L'horreur nous frappe de plein fouet et déclenche une cascade de questions. Nous voulons comprendre, comprendre pour lutter contre l'angoisse qui nous assaille collectivement. Comment une mère ayant déjà deux enfants, dont elle s'occupe à merveille, peut-elle ôter la vie à d'autres enfants qu'elle a mis au monde ? Plus simplement, comment une mère peut-elle tuer ? Comment le mari peut-il n'avoir rien vu ? Et la famille, les amis, les collègues ? La cécité collective existe-t-elle alors ?

La presse m'a beaucoup questionnée pour tenter de saisir quelque chose de cette étrange histoire, que certains disent monstrueuse. Ce fait divers, loin d'être unique, nous a particulièrement bouleversés car il est venu heurter pêle-mêle nos croyances en la maternité idéale, notre image de la bonne mère, notre conviction que de tels actes ne peuvent se produire dans des milieux sociaux favorisés ayant accès à la contraception, etc.

À quoi bon lister toutes les certitudes ébranlées ? Contentons-nous dans un premier temps de briser ces évidences pour entendre ce que la souffrance peut dire et voir les formes qu'elle peut prendre. Le déni est un fléau dans sa dimension mortifère. Ce corps silencieux qui ne se modifie pas, qui défie le temps de la grossesse et qui rend l'enfant clandestin, allant jusqu'à le priver de vie, est un langage à lui seul, fait de mots cruels qui ne sont pas prononcés.

Pour ces femmes, l'intervention policière et judiciaire est nécessaire : par son irruption dans la réalité, elle permet à la mère de se relier à son enfant, d'inscrire son acte. Celle-ci est désignée au regard social comme la mère d'un enfant qu'elle a tué. Si la justice punit en comprenant le Sujet agissant, c'est-à-dire en infligeant une peine qui soutient la pensée, alors le *Sujet-mère* pourra effectuer un travail sur lui-même.

Mme Courjault a avoué, mais il lui reste maintenant à se révéler. C'est un cheminement complexe, long, douloureux, pour faire naître une parole qui vient dévoiler beaucoup plus que le contenu même de la révélation. Une parole qui va témoigner d'abord d'un corps éprouvé qui a emmagasiné, stocké, gardé en mémoire des bouts d'histoire qui font l'histoire d'aujourd'hui. M. Courjault aussi va devoir affronter une quête de lui-même, interroger sa cécité et sa surdité, dite déni, pour aller vers la compréhension de ce qui fait non-sens aujourd'hui pour lui.

À ce cas plus qu'à tout autre s'appliquent les paroles de tolérance de Paul Ricœur qui ouvrent ce livre, paroles qui éveillent notre attention sur cette part de vérité de nous-même qui nous échappe. Signe de notre humanité.

Nul ne peut conclure

Le *corps-texte* est fini, laissant là tous ces personnages réels aux histoires éclairantes que leur corps a bien voulu nous révéler. Derrière ces corps bavards, des hommes, des femmes, des enfants, des prénoms, des visages, des vies, les nôtres, celles de nos proches, de nos connaissances, d'inconnus, issus de notre société, de notre culture, de pays voisins, tous témoins de notre humanité. Le corps sait parler, transcendant le biologique, lui donnant une âme, l'accompagnant dans sa croissance, le guidant tel un protecteur de l'histoire à construire. Il est présent à tous les temps de la vie, ceux qui scandent les étapes de nos constructions personnelles et sociales, nous conseillant de ne pas les brûler. *Corps-métronome*, rythmeur de la vie, il sait aller à l'essentiel et nous protège dans notre caractéristique originelle *d'être parlant*.

Le livre s'achève sans conclure sur ce corps-désir, qui reste un sujet d'observation, de réflexion, de méditation, d'interrogation, aux ressources éternellement renouvelées. Libre à chacun de laisser la trace de son passage.

Une lecture est un corps qui reçoit. Toujours unique, elle crée à partir du récit lu un nouveau livre composé de ses impressions, imprimant un texte personnel dans une résonance qui va conduire au raisonnement du *Sujet-lecteur*.

Alimenté de pensées fantasmatiques éclairantes, enseignantes, uniques, dynamiques, virtuelles, en mouvement perpétuel, le corps a un seul désir : être parlé. Être discuté, débattu pendant des heures, pour faire naître et renaître ce désir de le partager sans toutefois le saisir.

S'il demeure, malgré notre attention, dans toute son *insaisissabilité*, ce n'est pas par ingratitude mais parce qu'il refuse d'admettre que nous puissions en avoir fini avec lui. Il est dans une demande infinie de recevoir les mots de la vie. Il les veut tous, tel un enfant qui scrute dans le regard de ses proches des mots le concernant.

Étrange, ce livre sur le corps bavard qui énonce la complétude de son sujet et y renonce en même temps. Renoncement nécessaire, puisque son premier enseignement est d'accepter celui-ci dans son étrangeté, sa vivacité, son silence. Le corps bavard ne veut pas se définir, seulement se raconter. Jamais informatif, il reste narratif pour le plaisir du plus grand nombre.

Merveilleux sujet que celui qui ne se referme jamais. Celui qui garde ainsi en sa chair le désir porteur de l'espace infini des mots à venir et des variations de la vie. Nous l'aimons ainsi, lui qui, loin d'être ingrat, nous rend créatifs, permettant la naissance de récits, écrits, filmés, lus, mis en scène. À travers eux, des histoires jamais éteintes, perpétuellement différentes, piochant avec délices dans les thèmes du corps, de l'amour et du désir, faisant et défaisant les rencontres, leur donnant des airs romantiques, mystérieux, sanguins, dramatiques, policiers, étranges, passionnants, angoissants… Énumération qui ne peut se refermer.

Nous nous en délectons quand nous pénétrons, désireux de nous détendre, dans la salle obscure d'un cinéma ou d'un théâtre, quand nous tournons le bouton de la radio dans l'habitacle étroit de nos voitures, à l'arrêt pour cause d'embouteillage, quand nous ouvrons dans le silence de nos oreillers un livre tout juste acheté.

Là, nous sommes au cœur d'un corps bavard, le nôtre, celui qui vibre pour les héros, s'identifiant à eux au point de les aimer ou de les détester, héros qui ne nous laissent jamais indifférents tant ils nous font vivre et ressentir en notre chair la profondeur de l'âme humaine.

Que les fables des vies réelles que nous venons de traverser vous accompagnent et vous donnent le goût de vous attarder silencieusement sur les enseignements de ce corps bavard à l'origine de notre humanité.

Bibliographie

Allard Isabelle et Marinopoulos Sophie, « Prise en charge psychanalytique des tout-petits et de leur famille au sein du CAMSP Henri-Wallon de Nantes », *Confluences*, n° 57, mars 2003.

Anzieu Didier, *Le Moi-peau*, Dunod, 1985.

Bayle Benoît, *L'Embryon sur le divan*, Masson, 2003.

Becker Annette, « Exterminations : le corps et les camps », *in* Alain Corbin, Jean-Jacques Courtine, Georges Vigarello (dir.), *Histoire du corps*, vol. 3 : *Les mutations du regard. Le XXe siècle*, Seuil, 2006.

Bick Esther, *L'Expérience de la peau dans les relations d'objets précoces*, Payot, 1984.

Bion Wilfred R., *Aux sources de l'expérience*, PUF, 1979.

Bussagli Marco, *Le Corps. Anatomie et symboles*, Hazan, 2006.

Bydlowski Monique, *Je rêve un enfant*, Odile Jacob, 2000.

Cinq-Mars José Morel, *Quand la pudeur prend corps*, PUF, 2002.

Corbin Alain, Courtine Jean-Jacques, Vigarello Georges (dir.), *Histoire du corps*, vol. 3 *Les mutations du regard. Le XXe siècle*, Seuil, 2006.

Cyrulnik Boris, « Les premiers liens », *Le Nouvel Observateur*, hors-série n° 31.

Dolto Françoise, *L'Image inconsciente du corps*, Seuil, 1984.

—, *Le Sentiment de soi. Aux sources de l'image du corps*, Gallimard, 1997.

— et Lévy Danielle Marie, *Parler juste aux enfants. Entretiens*, Mercure de France, 2002.

—, *Tout est langage*, Vertiges-Carrère, 1987.

Enquist Per Olov, *Blanche et Marie*, Actes Sud, 2006.

Flavigny Christian, *Parents d'aujourd'hui, enfant de toujours*, Armand Colin, 2006.

García Márquez Gabriel, *Vivre pour la raconter*, Grasset, 2003.

Garner James, *Vie et mort de Katie Olson*, La Dragonne, 2006.

Golse Bernard, « Le développement du langage », *in* Julien Cohen-Solal et Bernard Golse (dir.), *Au début de la vie psychique*, Odile Jacob, 1999.

Haag Geneviève, « Les troubles de l'image du corps dans les psychoses infantiles », *Thérapie psychomotrice*, n° 86, 1990.

Halter Marek, *Bethsabée ou l'éloge de l'adultère*, Robert Laffont, 2005.

Hofstein Francis, *L'Amour du corps*, Odile Jacob, 2005.

Houzel Didier, « L'enveloppe psychique : concepts et propriétés », *in* Didier Anzieu (dir.), *Les Enveloppes psychiques*, Dunod, 2003.

Kaës René, Faimberg Haydée, Enriquez Micheline, Baranes Jean-José, *Transmission de la vie psychique entre générations*, Dunod, 2001.

Lévy-Soussan Pierre, *Éloge du secret*, Hachette Littératures, 2006.

Marinopoulos Sophie et Lévy-Soussan Pierre, « La légitimation du lien parental à l'enfant, hors filiation », rapport non publié.

Merleau-Ponty Maurice, *Signes*, Gallimard, 1960.

Nasio Juan David, « Comment écouter un enfant : l'image inconsciente du corps », conférence donnée à Nantes le 13 octobre 2000.

—, *Le Plaisir de lire Freud*, Payot, 2001.

Racamier Paul-Claude, *Autour de l'inceste. Gruppo 7*, Apsygée, 1991.

Schneider Michel, *Big Mother. Psychopathologie de la vie politique*, Odile Jacob, 2002.

Spitz René A., *De la naissance à la parole. La première année de la vie*, PUF, 1984.

Süskind Patrick, *Le Parfum*, Fayard, 1986.

Vasse Denis, *L'Ombilic et la Voix*, Seuil, 1974.

Winnicott Donald W., « La préoccupation maternelle primaire », in *De la pédiatrie à la psychanalyse*, Payot, 1969.

—, *L'Enfant et le Monde extérieur*, Payot, 1975.

—, *L'Enfant, la Psyché et le Corps*, Payot, 1999.

Table des matières

Sommaire 9

La page d'avant 11

Pour introduire 15

Le goût des mots 15
Idées fausses et mises en garde 22

Chapitre premier. Ce que le corps prononce 27

Naître communicant 29
Quand tout était langage 33
Corps à corps 41
Le corps dépouillé 48

Chapitre II. Enveloppe-Moi 51

Du bout des doigts 53
J'aurai ta peau 58
La peau psychique 65
L'âme pelée 77

Chapitre III. L'empreinte du regard 85

Le regard en question 87
Trape-trape-regards 95

L'enfant qui regardait la voix 100
Le reflet de Soi 105
Passeport sans mère 110
Regard tatoué 118
Jeux de regards 121
Les attracteurs de regards 127

Chapitre IV. Le corps des sens 131

Quand l'odeur prend corps 133
À l'aube des sens 143
Sensorialité et organe psychique 146
Le petit carnet d'odeurs 152
Mamie-cartons 165
Odeurs pestilentielles 166
Odeurs et littérature 169

Chapitre V. Le corps indic 179

La narine 181
Impudique rougeur 184
Les interprètes 191
Les corps en transfert 200

Chapitre VI. Le corps du désir 209

Ceux que le désir nomme 211
À la vie à la mort 218
Cionfesé1bb : l'enfantement 223

Chapitre VII. Corps publics 237

Le corps-État face à ses corps-Sujets 239
Le corps médical : la peau revue et corrigée 245
La justice à bras-le-corps :
l'affaire d'Outreau sous le filtre du corps bavard 259
Le corps social face à l'impensable réalité :
déni et infanticide 269

Nul ne peut conclure 279

Bibliographie 283

Achevé d'imprimé en Allemagne par GGP Media GmbH Pößneck
Dépôt légal : Septembre 2011
ISBN : 978-2-501-06472-9
40 535 34